발효 음식 인문학

발효 음식 인문학

정혜경 지음

기다림이 빚은 궁극의 맛, 문화로 풀어내다

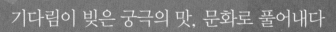

헬스레터

"인류는 발효 음식의 자손들"

_ 한국 발효 음식의 인문학 개론서

한식은 곧 발효 음식이다, 발효 음식을 빼고 한식을 설명하기 어렵다. 오랜 세월 한식을 공부해 왔지만, 이 책을 집필하면서 이제야 한식의 정수에 도달한 느낌이 든다. 한식의 정수는 바로 '발효 음식'이기 때문이다. 우리가 즐겨 먹는 김치, 된장찌개, 간장게장, 불고기, 떡볶이 등등 우리가 먹는 음식 대부분이 발효 음식이라고 해도 과언이 아니다. 발효 음식 공부는 우리 한식을 관통하는 중요한 주제이다. 한국 문화는 발효 문화라고 할 만큼 한국인의 식생활은 발효 음식 없이는 상상하기 어렵다. 콩을 발효시켜 만드는 장, 채소를 발효시킨 김치, 생선을 발효시켜 만드는 젓갈 그리고 곡물을 발효시켜 만드는 술에 이르기까지 발효 음식이 빠진 한식 상차림은 상상하기 어렵다.

필자는 그동안 밥, 채소, 고기에 관한 인문학 서적을 출판하였는데, 이러한 음식들을 꿰뚫는 주제는 역시 '발효'라는 명제였다. 우리 발효 음식은 끝을 알 수 없는 깊이가 대단한 음식이었다. 그래서 이 책을 쓰면서 비로소 뒤늦게 발효 음식과 사랑에 빠졌다. 책을 쓰는 내내 행복하였다. 무엇보다 발효 음식을 공부하면서 한식의 핵심에 가 닿았다는 생각이 들었기 때문이다. 발효 음식을 공부하는 것 외에도 실제로 발효 음식들을 먹어보고, 도처의 발효 음식 장인을 만나 그들의 이야기를 듣는 일은 좋은 경험이었다.

발효는 식품학적인 현상일 뿐 아니라 문화적 현상이다. 그런데 발효라고 하면 사람들은 대부분 다르게 생각한다. 어떤 사람은 발효의 원인이 되는 발효 미생물에 대한 과학적인 주제로, 어떤 사람들은 발효는 신이 주신 선물로서 인문학인 주제로 고민한다. 발효 음식은 바로 이러한 다양한 분야의 융합 문화라고 생각한다. 발효는 음식을 또 다른 차원으로 끌어올린다. 즉, 어떤 의미로 우리의 인간관계, 인간사의 다양한 통과의례, 개인과 집단의 기억, 사회 집단의 정체성, 나아가 종교적이고 영적인 차원으로 들어오는 것이다.

한국 발효 음식은
세계 발효 음식의 최정점 위치

한국 발효 음식은 세계 발효 음식의 최정점에 있다. 이미 2013년에는 한국의 '김장문화(Kimjang; Making and Sharing Kimchi in the Republic of Korea)'가 유네스코 인류무형문화유산으로 등재되어 한국의 김치를 세계에 널리 알렸다. 한국 발효 음식의 가치를 전 세계인에게 알린 것이다. 한편, 2018년에는 한국의 '장 담그기'가 국가무형문화재로 지정되었다. 그리고 한국 문화재위원회는 2019년에 '한국의 전통 장(醬) 문화'를 2022년 인류무형문화유산 대표 목록 신청 대상으로 정했다. 현재 '장 담그기'는 국가무형문화재 제137호로 지정되어 있으며, 한국 국민은 물론 해외동포들도 전통을 계승하기 위해 노력 중이다. 장은 한국 음식 맛과 정체성을 결정하는 중요한 요소로서, 만들고 나누는 행위를 통해 가족과 공동체를 유지하는 데 기여했다는 평가를 받고 있다.

따라서 세계 인류무형문화유산인 김장을 비롯한 장, 그 외 독특한 한국의 민족음식인 발효 음식들에 대한 인문학적 개론서가 무엇보다 필요한 시점이다. 발효식품을 과학적으로 살피는 책은 이미 많이 소개되어 있다. 그렇지만 한국 발효 음식을 인문학적 주제로 삼은 책은 보이지 않았다. 따라서 이 책은 인문학적 맥락에서 발효의 가치와 의미를 총체적으로 다루어 보려고 한다. 더 나아가 발효 음식의 역사와 문화 그리고 미래 지속 가능성을 다루고자 한다. 이를 통해 우리 발효 한식을 제대로 알리고, 더 나아가 세계인들도 우리 발효 한식을 이해할 수 있게 하는 개론서의 역할에 목적을 둔다.

세계의 발효 담론, 문화적 이해 필요

본 책은 다음과 같은 내용으로 구성하였다. 먼저, 발효란 무엇인가를 통해 발효에 대한 국내외의 다양한 인문학적 담론을 다룬다. 우리뿐 아니라, 아니 우리보다 더 세계인들은 이 신비한 발효 음식에 주목하고 발효에 관한 많은 담론을 제기한다. 바로 이러한 무수한 담론 중에서도 의미가 있다고 판단되는 이야기들을 살펴보게 될 것이다. 예를 들어, '천지인(天地人)의 조화'로서의 발효 음식, 그리고 "날것도 아니고 익힌 것도 아닌"(마리클레르 프레데리크), "인간이 발효를 만든 게 아니라 발효가 인간을 만들었다."(산도르 엘릭스 카츠), "여기서는 별미, 저기서는 혐오식품"(발효와 부패의 차이), "우리 모두는 발효식품의 자손들이다." 문화인류학자가 말하는 '접신(接神)과 보존(保存)의 발효', '날것과 익힌 것'(클로드 레비스트로스의 요리 삼각형) 그리고 '흙: 발효라는 차가운 불'(마이클 폴란) 등의 발효 담론에 관해 다룬다. 그리고 발효 맛을 잘 파악하는 한국인의 신비한 발효 음식에 관해서 말한다.

다음으로 제1부에서는 발효의 문화적 이해를 다룬다. 발효와 발효 음식, 음양오행의 음식, 발효의 맛, 기다림의 음식을 다룬다.

제2부에서는 한국인의 전통 발효 음식에 관해 다룬다. 우리 민족이 먹어 온 한국 전통 발효 음식의 역사와 문화 그리고 정서와 미래에 관해 다룬다. 제2부 2장에서는 한식의 기본인 장, 3장에서는 세계

인의 문화유산인 김장문화와 김치, 4장에서는 젓갈과 식해가 될 것이다. 5장에서는 집집마다 담근 곡물 식초, 그리고 6장에서는 한국 고유성을 간직한 전통주 문화, 7장에서는 증편, 노티, 안동식혜 같은 기타 발효 음식을 다룬다. 8장에서는 보편성과 특수성으로서의 세계 발효 음식 문화를 다루었다. 발효 음식은 한국인만의 음식 문화를 뛰어넘어 세계인의 음식 문화이다. 우리 민족은 좀 더 독특하고 다양한 발효 음식 문화를 누려 왔다는 점에 주목하여 세계인의 발효 음식 문화를 다루었다. 이를 위해 세계인의 발효 음식 문화를 다음 다섯 가지 식재료 문화권으로 분류하였다. 첫째, 고기 발효권 문화, 둘째, 우유 발효권 문화, 셋째, 생선 발효권 문화, 넷째, 콩 발효권 문화, 그리고 다섯째, 채소 발효권 문화이다. 9장에서는 발효가 만드는 세상을 주제로 하여 종갓집, 장수 마을, 사찰, 왕실 등을 비롯하여 북한의 발효 음식을 다루었다.

제3부에서는 발효 음식을 만드는 장인에 관한 구체적인 기록이다. 그래서 발효 음식 장인을 직접 만나는 발로 뛰는 현장 조사를 하였으며, 발효 음식 담그기를 현재의 살아있는 문화로서 다루었다. 이는 현재 발효 음식을 담고 있는 개인이나 공동체 등을 대상으로 장인(匠人)의 개념부터 장, 김치, 장아찌, 젓갈, 식해, 전통 식초, 술 분야의 장인까지 살펴보았다. 이러한 우리나라 전통 발효 음식을 다룸으로써 궁극적으로 전통 발효의 미래와 지속 가능성에 관하여 살펴보았다. 왜 발효 음식이 지구의 미래 대안 음식이 될 수 있는지, 그리고 앞으로의 지속 가능성을 위해 우리는 무엇을 해야 하는지 살펴보아

우리 발효 음식 문화의 미래 대안까지 살펴보는 작업을 하였다.

이 책을 쓰면서 발효 음식을 통한 한국 음식 문화의 정체성 확립이 가능하다고 느꼈다. 한민족의 특징은 우리가 수천 년간 먹어 온 바로 발효 음식을 통해서 규정된다. 발효 음식에 담긴 정성, 기다림 그리고 끈기가 바로 우리 한민족의 정체성이 아니겠는가 하고 생각하였다. 즉, '한국 문화는 곧 발효 문화'이다. 우리의 음식 문화는 발효 음식에서 나온다. 채소를 발효시켜 만드는 김치와 장아찌, 콩을 발효시켜 장류, 곡물을 발효시켜 제조한 술, 생선을 발효시킨 젓갈, 식해 등과 같은 다양하고 독창적인 발효 음식이 우리에게는 있다. 따라서 발효 음식이 지역 환경과 어울려 어떻게 생성되고 확산, 발달하였는가를 살피는 것은 그 속에 녹아든 한국인의 정서와 지혜, 삶의 방식, 곧 한국의 문화적 정체성에 대한 이해에 있어서 필수적이다. 여기에서 필자는 발효 음식을 한국인의 정체성을 형성하는 본질적인 문화 현상으로 파악하고자 하였다.

그동안 부족함 속에서도 끊임없이 교양서를 저술하면서 대중과의 교감 작업을 해 온 이유를 생각해 보았다. 사회 속에서 자국 음식의 중요성이 커지고 한국 사회에서 전통 음식 문화에 관한 관심은 높으나, 우리 전통 음식 연구가 부족하고 이로 인해 우리의 전통 음식이 사라지고 있다고 판단했기 때문이다. 우리 국민이 우리 음식 문화를 잘 알지 못하고 외면하고 젊은 세대에서 이러한 경향은 더 심각했다. 이로 인해 세계의 먹거리 시장에서 점점 한국 전통 음식은 외면당하고 우리 먹거리 시장은 서구의 패스트푸드에 점령당하고 있다는 절박감 때문이었다.

한식의 정수는 발효 음식

그러나 이제 세상은 많이 변했다. 최근 한식의 위상이 세계에서 높아지고 있다. 그럴수록 우리는 다양한 개별 한식에 주목하고 이를 연구하고 결과물을 알려야 한다. 발효 음식은 한식의 정수이다. 특히, 한국의 독특하고 다양한 발효 음식 문화는 세계적으로나 국내에서도 좋은 문화 콘텐츠이다. 그러나 실증적 한식 연구가 부족하고, 셰프나 음식 관계자를 위한 연구 교양서는 상당히 부족한 현실이다. 한국 발효 음식을 총체적으로 살펴보는 이 책은 앞으로 일반인뿐 아니라, 한국 사회 발효 음식을 공부하려는 사람들에게나 현장의 셰프에게 중요한 정보서 역할을 하게 될 것이다.

이 책이 나오기까지 감사한 분이 정말 많다. 무엇보다 이 책을 기획하고 출판해준 황윤역 대표에게 감사한다. 그는 이 책의 출판뿐 아니라, 책의 처음부터 끝까지 함께해 주었다. 처음 이 책을 기획할 때는 발효 장인을 만나 인터뷰하는 과정은 없었다. 그러나 발효 음식을 공부할수록 직접 발효 음식을 만든 장인이 얼마나 소중한 존재인지를 깨달았다. 그런데 누구를 어떻게 만나야 할지 막막하였다. 황 대표는 10년 전 부터 발효 음식의 중요성을 깨닫고 서울 서초동에서 '발효아카데미센터'를 열고 있다. 그는 발효 휴먼 네트워크로 현장 장인들을 소개해 주었다. 이분들과의 인터뷰가 사실 나에게는 소중한 경험이 되었고 이 책의 중심 내용이 되었다.

그리고 많은 자료를 남겨주신 한식 문화 학계의 선학(先學)들께 감사드린다. 또 이 책이 세상에 나올 수 있도록 출판하는 데 지원을 아끼지 않은 한식진흥원 관계자분들께도 고마움을 전한다. 무엇보다 이 땅의 발효 음식을 만들고 계시는 수많은 숨어있는 재야의 발효 음식 장인들께 이 책을 바친다.

저자 정혜경

서문 · 4

프롤로그 _ 발효란 무엇인가? · 16

제1부 | 발효의 문화적 이해

1장. 발효와 발효 음식 · 32

    1. 발효는 부패와 어떻게 다른가? · 33

2장. 발효 음식의 다양한 담론 · 38

    1. 발효는 문화적 개념 · 39

    2. 발효 문화, '연금술적 상상력의 산물' · 40

    3. 종교와 발효 음식 · 41

    4. 동아시아의 발효 음식과 조엽수림문화론 · 43

3장. 음양오행설로 본 발효 음식 · 47

    1. 음양오행설과 생명 존중의 소우주론 · 48

    2. 음양오행의 음식; 김치 · 49

    3. 음양오행의 음식; 장 · 51

4장. 발효 맛의 비밀 · 53

    1. 발효 맛; 감칠맛 · 54

    2. 발효 향과 냄새 · 55

5장. 발효 음식, 기다림의 시간 · 58

제2부 | 발효 음식의 나라, 한국

1장. 한국 발효 음식, 같은 맥락에서 탄생하다   • 66
    1. 장, 김치, 젓갈, 식해의 역사는 맥이 같다   • 67
    2. 젓갈이나 김치의 시작은 발견에서, 장은 발명에 가깝다   • 69
    3. 술과 식초 또한 같은 맥락이다   • 71

2장. 장(醬) 종주국, 한국   • 72
    1. 한국 장이란 무엇인가?   • 73
    2. 장은 어떻게 만드는가?   • 78
    3. 장은 언제부터, 왜 먹게 되었을까?   • 82
    4. 장이 동북아시아 문화에 미친 영향   • 85
    5. 장과 고추의 절묘한 만남; 고추장   • 101
    6. 끈질긴 한민족, 느림의 음식; 장   • 107
    7. 장의 지속 성장 가능성   • 113

3장. 민족의 음식, 김치   • 119
    1. 김치는 젖산 발효 대표 음식   • 120
    2. 우리나라 김치의 역사   • 124
    3. 조선 후기, 고추가 김치를 바꾸다   • 132
    4. 김치의 풍속사적 의미   • 141
    5. 김치의 과학과 건강   • 149
    6. 김장문화, 인류무형문화유산 등재   • 155

4장. 젓갈과 식해의 세계   • 158
    1. 감칠맛 폭발, 젓갈 문화   • 159
    2. 식혜 문화, 주로 생선 식해로 남다   • 170

5장. 가가호호(家家戶戶) 담가 먹었던 우리 식초   • 181
    1. 식초 이름, 초(醋)는 어디서?   • 183
    2. 우리나라 식초의 역사   • 186

6장. 음주 가무의 민족, 술 · 203

1. 술은 어떻게 만들어졌을까? · 205

2. 술의 제조와 종류 · 206

3. 우리 술의 핵심, 누룩 · 207

4. 우리나라 술의 역사 · 209

5. 가양주 전성시대, 조선시대 술 문화 · 213

6. 일제강점기, 한국 술의 수난사 · 222

7. 풍속화에 담긴 우리 술 문화 · 225

8. 마리아주, 아름다운 술과 안주 · 231

9. 우리 술의 미래 · 235

7장. 발효 한식-기타 · 238

1. 발효 빵 대신에 발효 떡, 증편 · 239

2. 평안도 발효 떡, 노티 떡 · 242

3. 안동식혜는 최고의 발효 음료이다 · 244

4. 발효 음식 최고봉 '홍어' · 246

5. 최근 많이 만드는 발효액 · 250

8장. 세계 각 민족의 발효 음식 · 253

1. 세계의 다양한 발효 음식 · 255

2. 채소 발효 음식 · 262

3. 콩류 발효 음식 · 267

4. 곡물 발효 음식, 발효 빵과 떡 · 271

5. 곡물 발효식품, 죽과 음료 · 274

6. 동물 젖 발효 음식 · 279

7. 어패류 발효 음식 · 284

8. 고기 발효 음식 · 287

9. 알코올음료 · 288

10. 나라별로 본 유명한 발효 음식 · 291

9장. 발효가 만드는 세상 • 298

　　1. 발효 음식 무형문화재와 식품명인 • 299

　　2. 종가의 내림 발효 음식 • 301

　　3. 종갓집의 장 담그기 • 307

　　4. 장수 마을의 발효 음식—구례, 곡성, 순천, 담양 • 311

　　5. 사찰의 발효 음식 • 314

　　6. 왕실의 발효 음식 • 324

　　7. 북한의 발효 음식 • 335

제3부 발효 음식의 장인들

1장. 장인(匠人); 현대문명이 잃어버린 생각하는 손 • 344

2장. 장의 장인들 • 347

　　1. 생선과 고기로 담근 최고의 장, 어육장을 담그다 • 349

　　2. 천주교 수사가 담그는 간장과 된장 • 352

3장. 김치와 장아찌 장인 • 357

　　1. 김치 장인, 이하연 명인 • 359

　　2. 장아찌 장인, 이선미 박사 • 365

4장. 젓갈과 식해 장인 • 372

5장. 전통 발효식초 장인들 • 386

6장. 술을 빚는 장인들 • 395

에필로그 _ 코로나 시대, 맞춤 음식 / 발효 한식이 면역 음식 • 406

찾아보기 • 412

참고 문헌 • 421

발효란 무엇인가?

발효(醱酵, fermentation)란 용어의 사전적인 정의는 다음과 같이 간단명료하다. 즉, "효모나 세균 따위의 미생물이 유기 화합물을 분해하여 알코올류, 유기산류, 이산화탄소 따위를 생기게 하는 작용을 이른다."라는 것이다. 그러나 발효의 과학적인 정의 외에 발효에 대해 많은 사람은 생각하고 이야기해 왔다. 이들은 발효란 단순한 과학적인 현상을 넘어 새로운 삶의 창조이며, 새로운 문화 현상이며, 새로운 인문학적 영역으로 생각해 온 것이다. 국내외로 이렇게 다양한 분야의 다양한 학자나 실천가들이 생각하는 발효를 우선 살펴보는 것이 필요하다고 보았다. 그래서 이 책의 본론으로 들어가기 전에 이러한 다양한 발효에 관한 그들의 생각을 들어보기로 하자.

'천(天)·지(地)·인(人)의 조화'로 본 발효 문화

발효 음식은 하늘과 땅과의 조화 속에서 사람이 수행하는 천지인의 조화가 만들어낸 음식이다. 그래서 발효 음식에는 무엇보다 하늘과 땅, 그리고 사람의 조화가 이루어 낸 음식이라고 생각한다. 우리나라 음식 중 기운으로 가득 찬 음식으로 발효 음식을 꼽을 수 있다. 발효 음식은 천·지·인이 모두 어우러진 음식이며 정성의 음식이다. 동양에서 말하는 발효 음식의 특징은 발효 미생물을 가리지 않고 전부 받아들여 수용한다는 점이다. 특정 발효 미생물만을 고집하지 않고 모든 것을 받아들이는 것이 특히 우리나라의 발효 음식이라고 할 수 있다. 우리 고유의 발효 음식처럼 조화의 마음이 중시된다. 그래서 여러 미생물이 어우러져 새로운 맛을 내는 발효 음식처럼, 나와 다르다고 하여 외면하지 않고 포용하며 수용하는 지구인으로 살아가야 한다고 본다.

2011년에는 드라마 〈발효가족〉이라는 드라마가 방영되었다. 한식당 '천지인'을 무대로 고아 청년 기호태가 자신의 잃어버린 과거를 찾아 나서는 과정을 그렸다. 내용은 피 한 방울 섞이지 않은 이들이 김치의 발효 과정과도 같은 수많은 숙성 과정을 거치며 진정한 가족이 되어가는 여정을 통해 대안가족의 의미를 조명해보고자 한다. 천지인이라는 한식당을 운영하는 이야기이면서 김치와 한식당이 주제였다.

레비스트로스의 '날것과 익힌 것'
음식이원론이 남긴 과제

문화인류학에서 음식이 인류 문화의 본질적 구성 요소임을 밝힌 프랑스의 구조주의 인류학자 클로드 레비스트로스(Claude Lévi-Strauss, 1908-2009)는 《신화학》 I에서 '날것'과 '익힌 것'을 근거로 인간의 보편적인 의식구조를 논의하였다.

레비스트로스는 '날것'과 '익힌 것'이라는 음식의 이항대립적 중심축을 출발점으로 인간의 보편적인 의식구조를 논의하면서, '날것'과 '익힌 것'의 이원적 대립의 짝에 '썩은 것'이라는 매개 항을 설정함으로써 음식의 3원 구조를 제안한 바 있다. 이때 날것과 익힌 것은 '자연'과 '문화'의 이원적 대립을 상징적으로 나타낸 것이다. 즉, 레비스트로스는 익힌 것을 '문화적 변형'으로, 썩은 것을 '자연적 변형'으로 보았다. 그런데 서구인들도 엄연히 먹고 있는 치즈 및 포도주, 요구르트, 사워크라우트(sauerkraut, 독일 양배추 절임)와 같은 발효 음식의 자리는 레비스트로스의 3원 구조 논리에서 제외되었다[1]고 한다. 즉, 이를 다시 설명하면 서구적 진위의 논리 선상에서 볼 때, 발효 음식은 불로 익힌 것이 아니므로 문화적 변형이라 할 수 없고, 또 이것은 먹을 수 있기 때문에 자연적 변형이라 할 수 없는 것이다. 다시 말해서, 발효 음식은 물을 통한 변형이기에 자연적 변형이기도 하지만, 이것은 부패가 아닌 먹을 수 있는 음식이기에 문화적 변형이다. 이렇

---

1 오정호(2013). 〈레비스트로스의 인류학적 이원론과 동양의 음양오행 – 발효 음식과 '날것/익힌 것'을 중심으로〉. 서울여자대학교. 한국연구재단보고서.

듯 발효 음식은 진정한 의미의 날것도 익힌 것도 아니요, 그렇다고 부패한 것도 아니기 때문에 서구의 이원론에 근거한 3원 구조의 논리에서 설 자리를 확보하지 못한 것으로 본 것이다. 이처럼 발효 음식은 날것과 익힌 것, 썩은 것 중 어느 것에도 속하지 않으면서, 문화적 변형과 자연적 변형의 속성을 동시에 지니고 있다.

따라서 한국인의 식생활 속에 살아있는 발효 음식은 자연적 변형과 문화적 변형이 함께 어우러진 것이다. 상징적으로는 서로 상극(相剋) 관계인 물(水)과 불(火)의 속성을 동시에 지녔다고 볼 수 있다. 이러한 측면에서 발효 음식은 서구의 이원론적 사고로 고려할 때 논리적 모순에 직면하게 된다.

발효, '날것도 아니고 익힌 것도 아닌'

음식 전문 기자이자 평론가인 마리클레르 프레데리크는 그의 저서 《날것도 아니고 익힌 것도 아닌》(원제 *Ni Cru Ni Cuit. Histoire Et Civilisation De L'Aliment Fermente*)에서 우리 문명을 살찌운 거의 모든 발효의 역사를 다루었다. 그녀는, 발효는 어쩌면 인류 문명과 그 기원을 함께하며 전 세계의 수많은 고고학적, 신화적, 역사적 자료를 살펴보면, 발효는 불을 이용한 가열 조리보다 그 출발이 빠르다고 본 것이다.

인류는 소와 말 같은 가축을 길들이기 훨씬 이전부터 발효를 일으키는 미생물을 키웠다고 할 수 있다(과학적 규명은 최근의 일이다). 좀 더 급진적으로 말하면, 인류는 농사와 가축 길들이기를 통해 발효 음식을 알게 된 것이 아니라, 역으로 발효 음식을 먹기 위해 가축을 키우고 농사를 짓기 시작했다.

인간은 불을 사용해 음식을 조리해서 먹기 훨씬 전부터 과일과 채소를 저장하고 고기를 숙성시키며, 술을 담가 먹었다. MSG*와 저온 살균으로 대표되는 현대의 식품산업이 활성화하기 훨씬 이전부터 인류 역사와 문명은 발효라는 생명 활동에 기대어 있었다고 보았다. 즉, 메소포타미아, 아프리카, 이누이트, 마야문명 등의 선사시대는 물론, 고대 로마, 유럽, 중국, 몽골, 한국, 일본 등의 시공간을 넘나드는 발효가 인류 문명을 발전시킨다고 하였다. 하지만 발효 음식은 어떤 곳에서는 '별미'로 통하지만, 또 어떤 곳에서는 '혐오 식품'으로 치부될 정도로 토착성, 지역성, 호불호가 분명한 아주 오래된 문화적 현상이다. 동시에 발효 음식은 인류가 그 존재를 과학적으로 규명하기 이전부터 지구상에 존재해 온 수많은 미생물이 개입하는 적극적인 생명 활동이기도 하다. 전 세계에 산재한 수많은 맥주와 포도주, 치즈와 버터, 젓갈과 간장, 빵과 죽, 그리고 우리의 김치까지 모든 발효 음식은 단순한 영양 공급원에 그치지 않는다.

마리클레르 프레데리크가 생각하는 발효 음식의 중요성은 우리에게도 생각할 여지를 준다. 첫째, 발효 음식은 살아가는 데 필요할 뿐 아니라, 때때로 목숨까지 구한다. 맛도 좋고 건강에 유익하기 때문이다. 둘째, 발효 음식에는 식도락적 가치와 영양학적 가치를 초월하는 상징적 측면이 있다. 셋째, 발효 음식은 완전히 토착적인 것으로서

---

* MSG : 글루탐산모노나트륨(monosodium glutamate)으로, 감칠맛을 내는 화학 조미료의 한 종류.

다른 곳으로 옮겨 가면 본래의 특색을 잃을 위험이 있다. 넷째, 발효 음식은 그 나라 사람들에게 자신의 역사와 이어져 있는 것으로 간주한다. 그래서 이 음식은 공동체를 대표하고 문화의 일부가 된다. 사람들은 발효 음식에서 자기 정체성을 확인한다.

인간이 발효를 만든 게 아니라, 발효가 인간을 만들었다

자신을 '발효 예찬론자'라 부르는 산도르 엘릭스 카츠[2]는 뉴욕에서 태어나 현재 테네시주의 수목이 우거진 언덕에 있는 쇼트 마운틴에서 작은 공동체를 이루며 살고 있으며, 많은 사람에게 발효를 전파하고 큰 영향력을 가진 사람으로 통한다. 그런데 그가 한 이야기가 흥미롭다. 우리는 모두 발효식품의 자손들이라고 한 것이다.

카츠는 음식 행동주의자로서, 발효식품에 대한 열정적인 관심과 애정으로 발효식품을 만드는 차원을 넘어서 세계 각국의 발효식품을 실질적으로 배우고 연구하는 단계로까지 나아가게 하였다. 실제로 그는 공동체를 구성하여 직접 발효식품을 만들어 주변 사람들과 나누어 먹으면서 발효식품의 효용성과 가치를 알리는 발효식품 전도사로 활동하고 있다. 나아가 느리게 사는 삶의 중요성과 식품의 생명력을 품고 있는 밭의 소중함을 일깨워 주었다. 카츠는 오래전에 HIV(에이즈)에 걸렸지만, 지금까지도 발효식품을 만들어 먹으면서 건강하

---

2 산도르 에릭스 카츠(2018). 《내 몸을 살리는 천연 발효식품》. 김소정(역). 전나무숲.

게 살아가고 있다.

발효 음식은 음식의 보존 기간을 늘리고, 소화하기 쉬운 형태로 바꾸며, 영양분을 훨씬 더 풍부하게 만드는 발효식품의 역사는 인류의 역사만큼이나 오래됐다는 것이다. 그리고 음식을 부드럽고 달콤하게 만들기 위해 땅에 구멍을 파고 카사바를 던져 넣는 열대지방에서부터 아이스크림처럼 흐물흐물한 상태가 될 때까지 생선을 묵혀서 먹는 북극지방에 이르기까지 발효식품은 몸을 건강하게 만들고, 까다로운 입맛을 사로잡는 훌륭한 음식으로 대접받아 왔다. 생명의 음식으로 건강에도 좋고, 만드는 방법도 간단하며 맛있기까지 해 즉석식품과 서양식 식단에 밀렸던 발효식품을 식탁의 중심에 세우는 것이 건강한 삶을 살아가는 비결이라고 보고 있다.

식품을 발효시키는 목적은 맛과 향, 저장성을 높이기 위한 것이며, 이러한 발효식품의 기능을 과학적으로 해석해내는 시도가 지속적으로 이뤄지고 있다. 세계에는 민족마다 다양한 천연 발효식품이 있으며, 이 천연 발효식품에는 다양한 역사와 각국의 발효식품 문화가 고스란히 담긴다.

우리나라의 전통적인 발효식품으로는 장, 김치, 식초, 식혜, 술 등이 있으며, 서구적인 식습관의 유입으로 요구르트나 치즈 같은 유제품, 와인 등도 요즘 인기를 끌고 있는 발효식품이다. 그러니 인류 역사와 함께해 온 발효식품의 문화적 의미와 발효식품의 원리를 밝혀낸 과학적 노력을 정리하고, 인류 문명의 성장 과정을 통해 밝혀진 발효식품의 식품영양학적 가치를 규명하며, 또한 가공식품의 등장으로 식품의 영양 파괴를 불러온 대량 생산, 산업화에 대한 반론을 제기하는 문화 보고서이다.

인류학자가 말하는 발효,
'보존과 접신(接神) 위한 술 발효'

한국의 인류학자인 전경수[3]는 "음식은 문화의 문제이다. 레비스트로스의 구조인류학은 이 부분에 착안하여 성공적으로 '날것'과 '익힌 것'의 이항대립을 통하여 인간의 심성을 분석하고 있다. 그런데 그는 '삭힌 것'의 존재를 전혀 언급하지 않았다. 이항대립의 구조분석이 설 자리가 없음을 확인하게 된다."라고 하였다.

발효에 의한 음식의 보존은 장기간 저장이라는 방식을 통하여 부족한 음식을 보완하는 게 목적이고, 접신 즉, 신을 만난다는 것은 축제나 의례를 통하여 신과 조우하기 위한 매개체 역할을 한다. 전자를 신체적인 측면에서의 보완이라고 한다면, 후자는 정신적인 측면에서의 보완이라고 말할 수 있다. 발효 음식의 존재는 궁극적으로 심신의 보완이라는 목적을 추구하는 것으로서, 사람과 미생물 그리고 자연이 함께 어우러져서 만들어내는 조합이라고 생각한다.

그는 발효 음식의 대표적인 두 가지 종류는 유산 발효의 결과인 장류와 알코올 발효의 대표인 주류가 있다. 유산 발효의 목적은 보존에

---

3 전경수(2010), 〈보존과 접신의 발효 문화론: 통합과학의 시행 모델을 지향하며〉, 《비교민속학회》, 41권 41호.

있고, 알코올 발효의 목적은 접신에 있다고 생각한 것이다. 그러나 이는 발효를 너무 단순화한 경향이 있으나, 발효 특히 알코올 발효에 의한 술이 가진 문화적 특성을 신을 부르고 만나는 접신의 맥락까지 끌어올려 논의해주었다.

흙; 발효라는 차가운 불

미국의 유명한 음식 칼럼니스트인 마이클 폴란은 《요리를 욕망하다》(원제 *Cooked; A Natural History of Transformation*)라는 저서에서 발효에 관해 다음과 같이 정의하였다. 모든 발효를 일으키는 현상에는 흙이 있다. 흙은 콩을 장으로, 배추를 김치나 장아찌로, 쌀을 술로 그리고 식초로, 생선을 젓갈이나 식해로 변화시킨다. 이러한 모든 발효 현상은 미생물의 작용으로 일어나는 것이다. 이 미생물은 대우주 속에서 미생물의 먹이를 찾아다니고 있다. 발효의 변화가 성공하려면 부패하지 않고 알맞게 분해되도록 해야 한다. 그냥 내버려 두면 흙으로 되돌아가 완전히 분해될 때까지 계속 부패가 진행될 것이다. 우리가 발효시키는 것 대부분은 부패를 방해해서 흙에서 흙으로 돌아가는 과정을 지연시킨 것이다.

마이클 폴란은 발효를 설명하기를 발효도 요리의 일종으로 보았다. 그러나 이는 눈에 보이지 않는 차가운 불인 흙에 의해 일어나는

---

4 위의 책. pp.223–252.

과정으로 보았다. 즉, '흙' 자체와 마찬가지로 발효의 여러 기술은 유기물을 어떤 상태에서 더 영양가 있고 맛있는 다른 상태로 변화시키는 생물학에 달렸다. 우리는 여기서 세상에서 가장 놀라운 연금술과 맞닥뜨린다. 곰팡이와 세균—이들 대부분은 땅속에 산다—은 창조적 파괴라는 보이지 않는 일에 몰두하면서, 강하면서도 은근한 맛을 내는 강력한 취음제를 만들고 있다[5]고 본 것이다. 또 마이클 폴란은 이 책을 쓰기 위하여 한국을 방문하여 김치 담그기를 배웠다. 이를 바탕으로 이 책에서는 한국인의 김치를 대표적인 발효 음식으로 소개하면서 김치라는 발효 음식의 핵심은 바로 손맛이라고 하였다.

'발효미[味域]'를 잘 파악하는 한국인
밥반찬 80% 발효 음식

한국에서 문화 칼럼니스트로 유명한 이규태(李奎泰, 1933-2006)는 우리나라에서 발효 음식 문화론을 가장 많이 이야기한 인물이다. 그는 20세기 초반에 미국에 이민한 한국인의 후손이 지닌 민족적 자질에 주목하면서 "맛에 대한 민족의 유전질이 가장 강력한 우성으로 늦게까지 잔존한다."[6]라고 주장한다. 그중에서도 그는 미역(味域) 즉, 특정한 음식의 맛을 감지하는 능력으로 한국인이 좋아하는 맛을 찾

---

5 마이클 폴란(2014). 《요리를 욕망하다》. 김현정(역). 에코리브르.
6 이규태(2000). 《한국인의 밥상문화》 ①. ②. 원문화사. 머리말.

는다고 하였다. 즉, "이 세상에서 삭혀서 나는 맛난 맛인 발효미(醱酵
味)를 감지하는 미역이 가장 발달한 민족이 한국인이다. 왜냐하면,
서양 사람의 음식 가운데 발효 음식은 거의 없다시피 한데, 한국인이
먹는 밥반찬의 80%는 발효식품이기 때문"[7]이라고까지 하였다. 한국
인의 발효 음식 문화론의 핵심은 이규태가 말한 바와 같이 반찬의 거
의 80%를 차지한다는 데 있다. 그러나 서양에도 발효 음식은 분명히
존재하며 한국인만 유난히 발효미 미역이 존재한다는 사실에 대한
과학적인 근거를 찾기는 어렵다. 그런데도 한식의 반찬이 주로 발효
음식으로 이루어짐을 강조한 것은 의미가 있다고 보인다.

과학적이고 신비한 한국 발효 음식

　한국의 발효 음식에 관해 처음으로 종합적인 책을 집필한 식품학
자는 이서래(李瑞來, 1932-2007)이다. 자신의 저서인 《한국의 발효식
품》(1986년)[8] 머리말에서 "한국 사람은 양식을 하건 중국식을 하건 적
어도 김치를 곁들여야 직성이 풀린다…. 한국 고유의 식품 중 오랜
전통을 가지고 널리 보급되고 있는 발효식품에 대하여 그들의 역사
적 배경과 아울러 관련된 문헌·자료를 수집, 정리하는 동시에 현대
과학의 지식으로 그들의 신비성과 과학적 합리성을 평가, 분석하고
자 시도하였다."라는 말로 이 책의 집필 의도를 밝혔다.

---

7 이규태(2000). 《한국인의 밥상문화》 ①. ②. 원문화사. 머리말.
8 이서래(1986). 《한국의 발효식품》. 이화여자대학교출판부. p.3.

하지만 식품과학자로서 이서래는 이 책에서 한국 발효 음식에 대한 문화론을 논하지는 않고 각 전통 발효식품의 유래만 다루었다. 오히려 세계 각국의 발효식품을 식품과학적으로 분류하고, 한국의 발효식품을 대두 발효식품[醬類], 김치류[沈菜類], 술[酒類], 젓갈류[水産醱酵食品] 등으로 나누었다. 각각의 발효식품에서 역사적 배경, 제조 과정, 관련 미생물, 구성 성분 및 변화, 저장성 및 안정성, 생산 및 소비 현황을 정리하였다.

이서래는 발효 음식의 유래를 식품 재료의 가공 과정에서 발생한 것으로 보았다. 그는 이 책에서 주장하기를, "초기의 가공 방법은 병원성 미생물과 유독 물질을 생성하는 생물체의 발육을 억제하기 위하여 마련되었다. 여기에서 시행착오는 오랜 기간에 걸쳐 되풀이되었고, 수많은 비극적인 실패를 가져왔음에 틀림없다. 이와 같이 거치는 동안 미생물의 작용으로 일어난 어떤 형태의 변질(變質, deterioration)은 바람직한 것으로 받아들여지게 되었다. 왜냐하면, 이러한 변화는 병원성 유독 미생물의 오염을 막아주는 동시에 맛과 향기를 향상해 주었다. 이러한 식품이 오늘날 우리가 발효식품(fermented food)이라고 부르는 것의 최초의 것이었다."[9]라고 하였다.

발효 음식은 가공 과정에서 발견된 것으로, 미생물의 작용으로 인해 오히려 맛과 향기를 향상하는 과학적인 현상으로 설명하고 있다. 그러면서 특히, 한국의 발효식품인 장과 김치, 술, 젓갈류의 유래와 과학 현상을 다루었으나, 그는 전통 발효식초는 다루지 않았다.

---

9 이서래(1986), 《한국의 발효식품》, 이화여자대학교출판부, p.22.

－ 1장. 발효와 발효 음식 －

－ 2장. 발효 음식의 다양한 담론 －

－ 3장. 음양오행설로 본 발효 음식 －

－ 4장. 발효 맛의 비밀 －

－ 5장. 발효 음식, 기다림의 시간 －

제 1 부

발효의
문화적
이해

인류가 먹어 온 음식 중에 가장 불가사의하면서도 매력적인 음식이 있다면 그것은 발효 음식으로 생각된다. 그래서 "인류의 문화는 종족의 번식과 보전이라는 욕구와 절대적인 관계이다. 인간은 이런 원초적 욕구를 위해 자연과의 관계 속에서 문화를 만들고 역사적으로 발전시켜 왔다. 이러한 문화와 역사라는 '만듦' 속에서 우리의 삶을 유지하는 가장 중요한 것이 바로 음식이다."[10]라고 보았다.

모든 음식은 변화하며 기적이라고 볼 수 있지만, 특별히 발효는 사람들에게 신비하게 여겨졌다. 이러한 이유로는 발효를 통해 극적인 변화가 일어나기 때문이다. 예를 들어, 쌀이 술이 되고 식초가 되는 과정, 전혀 다른 물질로 변하는 과정을 어떻게 이해할 것인가? 그런데 이에 대한 과학적인 사실을 파스테르가 밝힌 것은 불과 200년이 채 안 된다.

그래서 어떤 사람들은 생물학 법칙이 발효를 지배한다는 과학적인 현상으로 발효를 이해하기도 한다. 또 어떤 이는 문화적 현상인 신의 선물로 발효를 이해한다. 그렇지 않다면 이토록 세계의 수많은 경이로운 요리를 만드는 발효 현상을 설명할 수 없었기 때문이다. 이러한 발효에 대한 시각은 세계의 다양한 발효 음식 수만큼이나 다양하게

---

10 오정호(2013), 〈레비스트로스의 인류학적 이원론과 동양의 음양오행 – 발효 음식과 '날것/익힌 것'을 중심으로〉, 서울여자대학교, 한국연구재단보고서.

존재한다. 1장에서는 발효라는 경이로운 현상을 다양한 문화적 맥락과 시각에서 살펴보기로 한다.

1장

발효와
발효 음식

인류는 기원전부터 효모를 맥주 제조에 사용했으며, 곰팡이를 이용해 치즈를 만들고, 초산균을 이용해 식초를 만들었다. 그러니까 발효라는 단어가 생기기 전부터 곰팡이와 유산균을 발효에 이용해 온 것이다. 발효는 미생물의 작용으로 유기물이 분해되어 몇 개의 물질이 생성되는 것이라고 간단하게 과학적으로 정의할 수 있다. 발효는 넓은 의미에서 미생물이 자신의 효소로 유기물을 분해 또는 변화시켜 각기 특유의 최종 산물을 만들어 내는 현상이며, 좁은 의미로는 탄수화물이 무산소적으로 분해되는 복잡한 반응계열로 이루어지는 과정을 말한다. 또는 미생물이 각종 효소를 분비하여 유기 화합물을 산화, 환원 또는 분해, 합성하는 반응이라고 말할 수도 있다.

그럼 발효 음식은 무엇인가? 초기의 인간은 신선한 식품 재료를 먹었다. 이 신선한 식품 재료를 더 맛있고 저장할 수 있는 형태로 만든 것이 바로 발효 음식이다. 식품의 장기간 보존을 위한 기능적인 방법으로 창안된 것이 발효라는 과정이었다.

미생물은 오래전부터 사람들이 먹는 음식을 만들고 가공하는 데 관여하였다. 사람들은 미생물 자체나 그들의 오염을 피할 방법이 없었다. 미생물이 오염된 음식과 함께 생활해 온 것이다. 미생물은 음식을 오염시키고 유독 성분을 남기기도 하여 음식을 먹을 수 없게 만들기도 하였다. 그러나 때로는 미생물로 오염된 음식이 더 매력적이고 맛도 좋았다. 이러한 음식들은 결과적으로 바람직한 것으로 받아들여져 발효 음식으로 자리매김하게 되었다. 그리고 이를 바탕으로 다양한 발효식품을 개발하기에 이른다. 발효 음식은 너무 다양하여 정해진 방법으로 분류하기 어려우며, 대개 다음과 같이 분류하고 있다.

- 발효 재료가 무엇인가? (곡류, 두류, 과일, 채소, 생선, 조개류, 우유류, 기타)
- 발효 방식이 무엇인가? (알코올 발효, 산 발효, 기타 당류 및 아미노산 발효)
- 관여 미생물은 무엇인가? (곰팡이, 효모, 세균, 혼합 미생물)
- 발효 음식의 용도는 무엇인가? (주식, 부식, 간식, 조미료, 음료, 기타)

1. 발효는 부패와 어떻게 다른가?

부패도 발효와 마찬가지로 미생물이 유기물에 작용해서 일으키는 현상이라는 점에서는 같다. 그러나 보통 우리가 이용하려는 물질이 만들어지면 발효라 하고, 유해하거나 원하지 않는 물질이 되면 부패라고 한다. 발효에 관여하는 미생물인 세균, 효모, 곰팡이의 종류는 매우 다양하고 재료와 계절에 따라서도 분포가 다양해서 민족, 지역에 따른 특성이 있게 마련이다. 발효의 맛은 단맛, 쓴맛, 신맛, 짠맛, 매운맛, 떫은맛, 구수한 맛이 함께 어우러질 때 느낄 수 있는 총체적인 맛이다.

식품을 발효시키는 목적은 맛과 향, 저장성을 증진하기 위한 것이며, 이러한 발효식품의 기능을 과학적으로 해석해내는 시도가 지속적으로 이루어지고 있다. 우리나라의 전통적인 발효 음식은 장, 김치, 젓갈, 식초, 식해, 술 등이 있으며, 서구적인 식습관의 유입으로 요구르트나 치즈 같은 유제품, 와인 등도 요즘 부쩍 인기를 끌고 있는 발효식품이다. 따라서 어느 식품이 발효한 것인가, 부패한 것인가의 범주는 각각의 사회문화에 따라 다르게 분류된다. 어패류 발효식품을 모르는 문화에서 성장한 사람은 젓갈과 같은 어장을 '생선이 썩은 것'으로 인식하여 먹지 않고 부패한 것의 범위에 넣는 일이 많다.

예를 들어, 일본의 인류학자인 이시게 나오미치는 그의 저서[11]에서 다음과 같이 밝히고 있다. 16세기 후반에 온 예수회 소속 선교사인 루이스 프로이스(Luis Frois)는 일본과 포르투갈의 습속을 비교한 책에서 "우리는 어패류가 부패한 것은 혐오하지만, 일본인은 그것을

---

11 이시게 나오미치(石毛直道)(2005). 《魚醬과 食醢의 研究: 몬순·아시아의 食事文化》. 김상보(역). 수학사.

안주로 먹고 대단히 좋아한다.”라고 젓갈에 관한 동서양의 개념 차이를 설명하였다. 또 미얀마의 풍속에 관하여 기술한 영국인은 “세계 어디에도 버마인이 좋아하는 조미료인 응아삐(ngapi)[12]라고 하는 으깬 생선만큼 맹렬히 비난받는 음식물은 없다. 프랑스의 개구리, 중국의 쥐와 소견, 프랑스의 병적으로 간장 비대를 일으킨 거위의 파테(pâté, foie gras'. pâté),[13] 유럽 제국의 숙성시킨 치즈, 밥을 반찬으로서 공급하는 영국의 어떤 야수 고기의 요리 등은 그것들을 좋아하지 않는 사람들로부터 색다른 음식물로 비난받는다…. 그러나 응아삐만큼 냄새가 고약한 식품은 없다.”라고 미얀마의 어장을 외국인들이 언급하는 태도에 대해 말하고 있다. 심지어 또 다른 영국인은 말레이반도의 젓갈에 관하여 “어류를 항아리에 보존한 악마와 같은 냄새가 나는 가공법”이라고 기록하고 있다고 하여 발효 음식에 대한 기호 차이가 얼마나 극심한가를 보여주었다.

일반적으로 발효식품은 질감 등의 특성이 강한 것이 많아서 다른 문화의 식품 속에서는 특히 저항감이 크다. 서양 문화 속에서 성장한 사람들에게는 일본의 식품 중에서 익숙하지 않은 발효식품인 단무지의 냄새, 낫토(納豆, 푹 삶은 메주콩을 볏짚 꾸러미 따위로 싼 뒤 더운 방에서 띄운 것)의 텍스처라고 설명하고 있다.

---

12 여기에서 응아삐(ngapi)는 미얀마의 젓갈류이다.

13 프랑스 요리에서 밀가루를 반죽하여 밀어 껍질을 만든 다음 그 속에 고기와 생선을 넣은 파이 요리. pâté de foie gras'(거위 간 요리)는 특수한 사육법으로 간장을 비대하게 한 거위의 간을 주원료로 한 파이 요리이며, 고급 전채 요리로 취급되고 있다.

발효와 부패는 유기물이 미생물의 작용에 의해 분해되어 변화하는 현상으로, 과학으로는 동일한 현상으로 볼 수 있다. 그러나 부패가 사람의 몸에 해가 되는 썩은 음식으로 가식성(可食性)을 잃은 것이라면, 발효 음식은 사람의 몸에 유익한 삭힌 음식이라는 점이 확연히 다르다.[14] 또한, '삭힘'과 '썩힘'의 경계는 모호한 것이어서, 어떤 발효 음식은 문화권에 따라 부패된 것으로 여겨지는 경우도 있다.[15] 즉, 일상 음식생활에서는 경험, 환경, 효용성에 따라 발효와 부패의 차이가 결정되며, 궁극으로는 인간의 사고와 가치가 개입된 문화에 의해 구분된다. 발효와 부패의 구분을 그림으로 나타내면 다음 그림과 같다고 하였다. 그러나 발효와 부패는 단지 문화적 차이라고만 보기는 어렵다. 실제로 부패는 유독 미생물에 의해서 독성 물질이 생기고 인간에게 해를 끼치기 때문이다.

이렇듯 발효 음식의 특징은 익힌 것도 썩은 것도 아닌 '삭힌' 음식으로서, 그 제조 과정을 살펴보면 원재료가 미생물의 작용으로 분해되는 화학 변화 과정, 즉 발효 과정을 거치는 데 있다. 따라서 발효의 원리란 원재료가 화학 변화를 거쳐 좀 더 바람직한 물질로 변환되는 것이다.

---

14 최인령·오정호(2009), 〈인지주의와 발효 문화: 인지주의의 접근 방법에 의한 언어와 문화의 관련성 연구〉. 《프랑스문화예술연구》, 제30집. 프랑스문화예술학회. p.558.
   최인령·오정호(2010), 〈발효 음식과 연금술적 상상력; 음양오행과 감칠맛의 언어 표현을 중심으로〉. 인문콘텐츠학회. vol. no.19. pp.349–371.
15 한국을 포함한 동남아시아에서 먹는 젓갈류를 서양인들은 부패한 것으로 여겨 먹지 않는다. 이시게 나오미치(石毛直道)(2005), 《魚醬과 食醯의 研究; 몬순·아시아이 食事文化》. 김상보(역). 수학사.

발효와 부패[16]

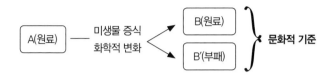

16 최인령·오정호(2010). 〈발효 음식과 연금술적 상상력: 음양오행과 감칠맛의 언어 표현을 중심으로〉. 인문 콘텐츠학회. vol. no.19. pp.349-371.

2장

발효 음식의
다양한 담론

발효 음식에 관해서는 그동안 주로 식품학이나 영양학과 같은 과학적 입장에서 많이 논의되어 왔다. 발효 음식이 어떤 원리로 만들어지는지와 조리법이나 발효 음식의 기능 그리고 효능 등을 밝히는 데 주로 집중해 왔다. 그러나 최근에는 발효 음식의 인문학적 연구가 많이 이루어지고 있다. 발효를 과학적으로 다루는 접근 외에 문화적인 현상으로 이해하고, 이에 대한 인문학적 접근이 이루어지고 있다. 부족하게나마 발효를 두고 이루어지는 다양한 문화적 담론을 살펴보고자 한다.

1. 발효는 문화적 개념

일본의 음식 인류학자인 이시게 나오미치(石毛直道, 1937-)는 "발효는 문화적 개념"[17]이라고 단언하였다. 그의 설명에 따르면, "발효와 부패는 모두 미생물의 작용으로 유기물이 분해되는 현상인 것에는 다르지 않다. 일반적으로 그 작용이 인간에게 유용한 경우를 발효라 부르고, 유해한 경우를 부패하고 부르는 것이다. 어떤 식품을 발효된 것이라고 인식할 것인지, 부패한 것의 범주로 분류할 것인가는 문화에 따라 달라진다."[18]고 본 것이다. 특정 문화권의 사람들이 먹을 수 있다고 생각하는 발효 음식을 두고, 전혀 다른 문화권의 사람들은 부패하여 먹을 수 없는 음식이라고 판단할 수 있다.

예를 들어, 오염된 미생물에 의해 모습과 맛이 변질한 음식은 먹을 수 없는 것이 되었다. 그런데 그중에서 미생물로 오염되어 오히려 맛이 더 좋아진 것도 있었다. 이것이 바로 '먹을 수 있다고 생각'하는 발효 음식이라고 본 것이다. 고대에 발효 음식, 그중에서도 술 제조에 필요한 누룩을 두고 신(神)으로 생각하여 국신(麴神)이라고 인식한 이유 역시 발효 과정의 성스러움 때문이다.

그러니까 발효 음식은 한 문화권에서 식품을 오랫동안 보존하기 위하여 가공 과정을 거쳐 자연을 이용하여 저장하면서 발생한 우연한 변질이 그 문화권의 사람들에게 유익한 음식으로 발견된 것이라

---

17 小崎道雄·石毛直道(1986), 《醱酵と食の文化》, 東京: ドメス出版, p.199.

18 위의 책, p.199.

고 정의할 수 있다. 즉, 오염된 미생물이 맛있는 음식을 만들어낸다는 사실을 알게 된 몇 명의 발효 음식 발견자들은 구술을 통해서 주변 사람들에게 그 만드는 방법을 알려주었다. 그 만드는 과정이 복잡하지 않았기 때문에 같은 문화권 내에서 널리 퍼지게 되었다. 점차 보편성을 확보하자 문헌에도 기록되었다. 하지만 같은 문화적 공동체가 아닌 사람들이 다른 문화권에서 소비하는 발효 음식을 접했을 때는 그 발효 향과 발효미 때문에 불쾌한 경험과 기억을 갖게 된다. 이 불쾌한 경험과 기억이 민족주의와 결합하여 '부정적인 배타주의'의 상징으로 특정 발효 음식이 이용되기도 했다.[19] [20]

2. 발효 문화, '연금술적 상상력의 산물'

'발효 문화란 인류의 유구한 역사 속에서 발효 음식을 공유하는 집단의 이념이나 조직과 기술의 총체'라고 할 수 있다. 여기에서 말하는 '조직'은 발효 음식을 만들고 소비하는 시장구조, 구성원 간의 협력체계에 의한 연구로, 사회과학의 주요 연구 영역이다. '기술'은 발효 음식의 종류별 제조법, 발효 도구, 발효 방법, 전승된 노하우 등에 의한 것으로, 식품과학의 주요 연구 영역이다. '이념'은 발효 음식을 먹는 구성원들의 가치, 의례, 지식 등을 포함하는 것으로, 인문학의

---

19 주영하(2000), 《음식전쟁 문화전쟁》, 사계절.
20 주영하(1994), 《김치, 한국인의 먹거리: 김치의 문화인류학》, 공간.

주요 연구 영역이 된다. 결국, 조직은 발효 음식을 누가 만들고 소비하는가, 기술은 어떻게 만드는가, 이념은 발효 음식을 먹는 구성원들은 어떤 이념의 세계관을 갖고 있는가와 같은 질문으로 발효 문화는 요약된다[21]고 하였다.

과학적으로는 화학 변화 과정과 일정한 숙성 기간을 거치는 발효의 특징은, 인문학에서 '기다림'과 '삭힘' 그리고 '연금술 변화의 원리'에 기초한 '재생산'의 미학이라 할 수 있다. 다시 말해서, 버려질 수도 있는 것을 삭힌 음식으로 바꾸어 먹는다는 의미에서 '연금술적 상상력'의 의미를 담고 있다고 보는 것이다.

3. 종교와 발효 음식

발효 음식에는 종교적 의미가 관여하기도 한다. 예를 들어, 기독교의 기원에도 빵과 포도주라는 두 발효식품이 중요하게 개입한다. 그리스도의 두 가지 기적은 가나의 혼인 잔치에서 물을 포도주로 변화시킨 것과 빵 다섯 조각을 열두 바구니로 늘린 것이다. 빵과 포도주는 지중해 문명의 기본 주식으로 생존을 위한 최소한의 음식이다. 또 그리스도가 빵과 포도주를 자신의 살과 피로 제시한 것은 신적 사명의 선언으로 여겨진다. 사제와 신도들은 예배 중에 제물을 바치고 빵

---

21 최인령·오정호(2010). 〈발효 음식과 연금술적 상상력: 음양오행과 감칠맛의 언어 표현을 중심으로〉. 인문콘텐츠학회.

과 포도주를 나누는 성찬식으로 희생을 재연한다. 기독교에서는 빵과 포도주를 그리스도의 몸과 피로 여기고 받아먹는다.

발효 음식은 신성한 신령의 음식으로 여겨진다. 기독교만 발효식품을 상징적인 음식으로 삼은 것은 아니다. 게르만족과 켈트족이 마신 꿀물 술과 전통 맥주인 세르부아즈(cervoise), 아메리카 원주민들의 치차(chicha)와 풀케(pulque), 아프리카와 동남아시아의 제사 술인 곡물 맥주, 베다 종교의 소마, 중앙아시아의 마유주 등이 그런 역할을 한다. 심지어 케냐의 마사이족도 맥주가 없으면 제의도 없다고 말한다.

유교 제사에도 발효 음식이 등장한다. 제사에 올리는 술이 그 대표적임은 당연하다. 그뿐만이 아니라 김치와 식해, 즉 젓갈이 제사에 중요하게 올라간다. 무속 행례[22]에서도 발효 음식이 등장한다. 물구가망상(床)은 청배(請陪)한 여러 신(神)을 받드는 상(床)이며, 물구말명상(床)은 무사령상(巫死靈床)으로서 주(酒) 석 잔(盞)을 놓는다. 술은 청주와 탁주를 준비한다. 즉, 물구를 받을 때는 청주를 쓰며, 대감신(大監神) 등에는 탁주를 쓴다. 무속신(巫俗神)에서도 상하신(上下神)의 순서를 술로써 뚜렷이 구별한다는 것을 알 수 있으며, 잔 셋을 쓰는 것은 선대(先代), 후대(後代), 현대신(現代神)을 받들어 모신다는 뜻이다.

---

22 김상보(1988). 〈서울 지방의 무속신앙 제상 차림을 통하여 본 식문화에 대한 고찰〉. 《한국식생활문화학회》. 3(3).

4. 동아시아의 발효 음식과 조엽수림문화론

동아시아의 발효 음식을 공부할 때 중요한 관점이 일본인이 제기한 조엽수림문화론(照葉樹林文化論)이다. 이는 식품의 저장법으로 천일건조와 함께 가장 오래된 발효법의 기원은 약 1만 년 전으로 거슬러 올라가며, 곡물로 만든 술이나 콩으로 만든 발효식품, 채소 절임 등의 발효식품 기원이 조엽수림대에 있다고 본 것이다. 조엽수림대는 500㎞ 전후의 폭으로, 히말라야산맥 기슭의 네팔에서 미얀마, 타이 북부를 거쳐 윈난(雲南)과 구이저우성(貴州省)에서 일본에 걸친 6,000㎞에 이르는 상록광역수림대를 말한다. 특히, 중국의 윈난성과 구이저우 지역이라고 생각하는 이론이다. 이러한 나무 품종에 따라 온난한 기후와 적당한 습도를 갖춘 미생물의 생육에 적합한 지대로, 발효법에 의하여 식품을 저장하는 관습이 생겨나 발효식품이 왕성하게 만들어졌다고 하는 이론이다.[23]

동아시아를 대상으로 발효 음식 문화론을 가장 먼저 정리한 학자는 일본의 농학자 나카오 사스케(中尾佐助, 1916-1993)이다. 재배 식물학을 전공한 나카오 사스케는 1966년에 펴낸《재배 식물과 농경의 기원》에서 '조엽수림문화론'을 제창하였다.

조엽수림문화론은 1970년대 이후 일본 문화인류학계에서 일정한

---

23 이시게 나오미치 외(2009), 《식의 문화》, 3권, 조리와 먹거리, 4장, 발효식품의 기원과 전파, 동아시아식생활문화학회(역), 광문각.

영향력을 지닌 학설이다. 일본 생활문화의 기반을 이루는 몇 가지 요소가 중국 윈난성을 중심으로 하는 동아시아 반달 지대에 집중되어 있으며, 이 일대부터 양쯔강 유역과 대만을 거쳐 일본 열도 남서부로 이어지는 조엽수림 지대에 공통되는 문화적 요소가 공통의 근원지에서 전파되었다는 가설이다.

구체적으로 조엽수림 문화권의 특징으로 꼽히는 것으로는, 근재류(根栽類)를 물에 불려 이용하는 것, 견섬유, 화전농업, 밭벼 재배, 떡, 누룩 술, 청국장 등 발효식품의 이용, 어로, 칠기, 우타가키[24], 문신, 이빨 염색, 가옥구조, 복식 등이 있다. 조엽수림문화론을 구체화하는 형태로의 벼농사 문화나 밭농사 문화의 고증도 진행했다. 그는 "조엽수림 지대에는 많은 민족이 살고 있지만, 그 생활문화의 특징 중에는 일본 전통문화의 여러 가지 특색과 같은 것이 적지 않다. 이러한 판단에서 동아시아의 조엽수림 지대에는 공통의 문화 요소에 의해서 특색이 있는 특유의 문화가 있다. 나는 이것을 '조엽수림문화'라고 부른다."고 하였다. 나카오 사스케는 동아시아 조엽수림문화의 공통 요소를 다음과 같이 정리했다.

첫째, 고사리, 칡과 같은 야생식물이나 떡갈나무 계통의 열매를 물에 담가서 떫은맛을 제거한 후에 그 녹말을 이용한 음식, 차나무 잎을 가공하여 음료로 만드는 관행, 누에에서 실을 빼내 비단을 만드는 기술, 옻나무에서 옻을 추출하여 칠기를 만드는 방법, 감귤과 차조기과의 채소를 재배하고, 그것을 이용하는 관습, 그리고 누룩을 사용

---

24 우타가키(歌垣, うたがき): 옛날에 젊은 남녀가 모여 노래를 주고받으며 춤추던 행사.

하여 술을 양조하는 방법의 존재 등을 꼽았다. 토란이나 참마와 같은 구근식물 외에도 조·피·수수·밭벼와 같이 대량의 잡곡류를 재배하는 화전농업 방식이 최근까지 조엽수림 지대에는 넓게 분포한다. 이 화전농업 방식에 따라 생산된 잡곡과 구근류 식물은 이 지역에 사는 사람들의 생활을 가능하게 하는 주식이다.

둘째, 조엽수림 지대에서는 이들 잡곡류와 벼로부터 찹쌀·차조·찰기장 등과 같이 점성이 높은 차진 성질의 전분을 가진 곡물을 개발하여 특수한 음식을 만들어 먹는다. 특히, 이들 차진 성분의 전분을 이용해서 만든 떡은 의례나 손님 접대에서 성스러운 음식으로 사용된다. 이러한 특징은 조엽수림문화의 계보를 살피는 데도 중요한 시사점이라고 한다.

셋째, 된장이나 청국장과 같은 발효 음식이 넓게 분포한다는 점이다. 아울러 잡곡이나 쌀의 낟알 누룩을 이용하여 발효시킨 식혜 계통의 음료나 술이 각지에서 발견된다. 찌거나 익힌 찹쌀, 생선 혹은 고기를 번갈아 통에 넣어 절여서 잘 발효시킨 식해 계통의 음식이 이 지역에는 분포한다.

넷째, 이외에도 이 지역에서는 신화나 의례, 옛날이야기나 설화, 그리고 각종 전통적인 행사나 관습 등의 측면에서도 문화적으로 공통적인 특색이 많다. 가령, 여신이 살해되어 그 주검으로부터 조, 피, 대두(大豆), 벼 등의 작물이 만들어졌다는 신화나 홍수신화와 같은 것은 조엽수림 지대에 사는 각 민족의 공통점이다.

그러나 최근 일본 학계에서도 조엽수림문화론에 대한 비판이 일어나고 있다. 조엽수림문화론은 한때 강력한 영향력을 가졌다. 그러나 현재는 부정적 의견도 많이 나온다. 조엽수림문화는 일본 열도에 영향을 미친 여러 문화권 중 하나에 불과하다는 시각도 있고, 그런 문화권은 원래 존재하지 않는다는 시각도 있다. 심지어 2000년에 들어와서 "영양생식(營養生殖)에 의해서 자란 벼와 같은 재배 식물의 전파로 인해 유사한 발효 음식이 생겨났다."[25]는 주장도 제기되고 있다. 어쨌든 동아시아의 발효 음식론을 설명하는 데 있어서 이 조엽수림 문화론은 한때 꽤 설득력 있었던 이론이라 여기에 간단히 소개한다.

---

25 이시게 나오미치(石毛直道)(2005), 《魚醬과 食醢의 研究: 몬순·아시아의 食事文化》, 김상보(역), 수학사.

음양오행설로 본
발효 음식

    세상은 늘 변화하며, 모순으로 가득 찬 곳이며, 이러한 동양사상의 근간을 이루는 것이 음양오행론(陰陽五行論)이다. 이는 한국인의 전통 철학, 과학, 기술, 실생활의 근간이 되는 사상 체계였으며, 음식을 포함한 관혼상제나, 민속, 주거, 의복이나 제례 등 한국인의 생활문화에도 큰 영향을 끼쳤다. 이에 따르면, 발효 음식은 자연 변형과 문화 변형이 함께 어우러진 것으로, 상징으로는 서로 상극계(相克系)에 있는 물과 불의 속성이 동시에 있다.[26]

    다시 말해서, 레비스트로스[27]가 말하는 문화 변형의 인자는 불(火)

---

26 최인령·오정호(2010). 〈발효 음식과 연금술적 상상력〉. 인문콘텐츠학회. 제19호.

이고 자연 변형의 인자는 물(水)인데, 포도주나 김치류와 같은 발효식품은 불이 개입되지 않기에 문화 변형이 아니며, 콩을 삶아 만드는 장류와 같은 발효식품은 불이 개입되기에 문화 변형이다. 한편, 발효식품은 부패가 아닌 먹을 수 있는 음식이기에 자연 변형이 아니며, 물을 통한 변형이기에 자연 변형이기도 하다. 결론적으로 발효 음식은 물을 인자로 한 자연 변형과 불을 인자로 한 문화 변형을 동시에 내포하고 있는 것으로, 서구의 이원론 사고에 의하면 논리 모순이지만, 동양의 음양오행론에 따르면 설명할 수 있다는 것이다.

1. 음양오행설과 생명 존중의 소우주론

동양의 자연은 이와 같은 우주론에서 비롯된 음양오행의 원리에 근간을 두고 있다. 그리고 우주 속에 존재하는 인간은 소우주이며, 음과 양에 해당하는 땅과 하늘을 연결하는 매개체가 된다. 나아가 서구인들이 20세기 전반기까지만 해도 인간의 몸과 마음(정신)은 서로 독립적으로 작용한다고 보았던 것과는 달리, 동양에서는 인간의 몸과 마음을 유기적으로 연결된 하나로 보았다.[28] 이러한 사고는 한국어의 어원을 통해서도 알 수 있다. 어원으로 몸과 마음(맘)은 둘 다 '몸'에서 비롯되었는데, 이것은 '몸'으로 읽을 수도 있고 '맘'으로도 읽

27 Lévi-Strauss, Claude(1964). *Mythologiques 1: Le cru et le cuit*. Paris. 클로드 레비스트로스(2005). 《신화학 1 날것과 익힌 것》. 임봉길(역). 한길사.

28 안효성(2009). 〈음양 이론의 상징 상상력〉. 《철학과 문화》. 18호. pp.107-144.

을 수 있었다. 음식을 먹는 신체 체험이 단순한 물질 행위에 머무르지 않고, 유구한 역사의 흐름에서 공동체 믿음 사상과 맞물려 있음에 주목할 필요가 있다.

음양오행론에 따라 동양인은 체계와 방향뿐만 아니라, 인간의 신체 기관과 감각 체계(오미, 오색 등)를 물[水]·나무[木]·불[火]·흙[土]·쇠[金] 등 오행의 특성에 근거하여 분류하였다. 인간을 포함한 만물의 생성과 소멸 그리고 변화와 순환의 원리를 설명하는 음양오행론은 연금술과 발효처럼 변화의 원리에 의한 것으로 보았다. 따라서 발효는 변화하는 우주의 음양오행론의 원리를 실천하는 과정으로 본 것이다.

2. 음양오행의 음식; 김치

음양오행이 가장 잘 드러나는 음식은 바로 김치이다. 김치는 오색과 오미가 잘 조화된 발효 음식이다.[29] 우선 오색으로 배추는 푸른 잎을, 파와 부추는 청색(靑)이고, 고춧가루는 붉은색[赤]을, 배추의 속잎과 생강은 황색(黃)을. 배춧잎과 마늘, 무 등은 백색(白)을, 젓갈은 흑색(黑)으로 오색을 갖추고 있다고 볼 수 있다. 나아가 김치는 발효되면서 생성되는 신맛[산(酸)]이 더해져서 오미(五味)를 완벽하게 갖

---

29 김치에 관해서는 3장에서 자세히 다루기로 한다.
* 매운맛: 한의학에서는 매운맛을 오미에 포함시키지만, 식품과학에서는 매운맛은 혀의 통증을 느끼게 하는 통각으로 본다. 따라서 매운맛 대신 감칠맛을 오미에 포함한다.

춘 음식이 된다. 즉, 유산 발효의 신맛과 고추와 마늘의 매운맛[신(辛)], 소금과 젓갈의 짠맛[함(鹹)], 당분의 단맛[감(甘)], 양념소의 삼투압 작용에 의한 섬유소의 쓴맛[고(苦)]으로 오미가 조화를 이룬다. 음식을 만들 때 우리가 흔히 사용하는 '갖은양념'은 오행의 기운을 담는다는 의미로 해석할 수 있다.

발효 음식인 김치의 종류만 해도 배추김치, 무김치, 백김치, 나박김치, 열무김치, 보쌈김치, 총각김치, 깍두기, 물김치, 동치미, 김치, 쓴 김치, 갓김치, 박김치, 더덕김치, 오이소박이, 고들빼기김치, 콩잎장아찌, 참외장아찌, 생치지 등의 장아찌류를 포함하면 약 300종에 달한다.[30] 결국, 김치는 시간과 공간, 즉 담그는 방법과 지방에 따라 각기 고유한 맛과 특성을 보이게 된다. 김치의 재료나 담그는 방법에 따른 다양한 이름만으로도 풍부한 상상력 연구의 장이 되며, 발효 음식의 문화 콘텐츠화 가능성을 보여준다.

김치는 오행의 다섯 가지 색깔과 다섯 가지 맛을 지닌 음양오행론적 한국 고유의 표상 음식이다. 이어령 선생은 말하기를, "배추에는 이미 흰색 기와 푸른 잎 그리고 노란색 고갱이의 삼색이 갖춰져 있다. 거기에 흰 무와 붉은 고춧가루가 들어가고 갓과 석이버섯 같은 검은색이 더해지면 완벽한 오방색을 띠게 된다. 그리고 발효되면 맛도 역시 매운맛, 신맛, 단맛, 그리고 떫고 쓴맛의 다섯 가지 맛을 낸다."라고 하였다.[31] 거기에 덧붙여 자극성이 강한 마늘, 부추, 고추, 젓갈을 넣는

---

30 윤서석(1991). 《한국의 음식용어》. 민음사.
31 이어령(2006). 《디지로그 선언》. 생각의 나무.

것은 양뿐만 아니라, 발효 과정에서 숙성 시간이 지나면 해로운 세균의 번식을 억제하기까지 하는 놀라운 효과가 있다고 한다.[32]

3. 음양오행의 음식; 장

우리나라 장(醬)의 역사는 4~5세기경에 발달한 것으로 보고 있다. 장의 재료인 콩의 원산지가 만주*라는 점에서 우리나라를 장의 종주국으로 보기도 한다. 이에 관해서는 제3장에서 자세히 다루었다. 그런데 우리의 장류에도 음양오행의 철학이 숨어 있다. 우리 장에는 오행의 색과 변화가 반영되어 있다. 푸른 콩(청색)에서 누런색 콩(황색)이 되고, 그 콩을 삶아 청국장을 만들거나 메주를 띄우면 흰곰팡이(백색)와 푸른곰팡이(청색)가 생기고, 그 메주로 된장(황색), 고추장(붉은색), 간장(흑색)을 만든다. 옹기 안에서 장을 발효시켜 숙성하는 동안에도 오행의 상징 의미가 드러난다. 간장을 담글 때 메주(황색)를 담그고 소금(백색)을 물에 타서 항아리에 넣고 붉은 고추와 참숯(흑색)을 넣으면 푸른곰팡이에 의해 오방색을 완수한다.

장을 담근 항아리에는 새끼(황색)에 흰 버선(백색), 숯(흑색), 고추(붉은색), 솔잎(청색)을 달아 외면으로도 오방색이 드러난다. 검은 옹기의 뚜껑을 푸른 하늘 아래 열어놓고 흰 종이 버선을 장독 항아리에

---

32 장지현(1996), 《한국전래발효식품사연구》, 수학사.

* 만주(滿洲): 중국 둥베이[東北] 지방을 이르는 말로, 랴오닝[遼寧], 지린[吉林], 헤이룽장[黑龍江] 및 네이멍구자치구[內蒙古自治區]를 포괄한 지역이다.

거꾸로 붙였다. 그리고 장독 주변에 붉은 꽃인 맨드라미를 심었고, 김칫독이나 술독을 땅(황토)에 묻었다. 흰 버선은 정화를 상징하고, 맨드라미는 붉은색으로 액을 물리치기 위한 기원이다.

오방색은 장이 익어가는 과정에서도 나타난다. 푸른 콩(청색)에서 노란색으로 변한 대두(大豆)로 청국장(노란색)이나 메주(노란색)를 만들고, 그리고 메주로 고추장(붉은 색)과 된장(황색)을 만들거나 소금(백색)을 넣어 간장(흑색)을 만든다. 고추장은 푸른 콩(청색)에서 나온 콩을 간장물(흑색)로 삶고, 메줏가루(황색)와 고춧가루(붉은색)를 넣고 황토로 빚은 옹기(황색)에 담근다. 이렇게 콩에서 장으로 변화하는 과정에서도 오행의 변화상을 엿볼 수 있다. 결국, 한국인의 전통 장류는 오랜 기다림과 정성의 시간을 거쳐 만든 음식으로, 그 속에는 오행의 조화가 내재되어 있다.

4장

발효 맛의
비밀

발효 음식은 부패하여 버려질 수 있는 음식을 '삭힌 음식'으로 바꾸어 먹는 음식으로 볼 수도 있다. 따라서 인간의 지혜가 담긴 연금술적 재생산의 의미를 담고 있다[33]고 한다. 이러한 연금술 변화의 원리는 '삭다'나 '곰삭다', 그리고 '감칠맛'과 같은 한국 고유어의 의미에도 담겨 있음에 주목할 필요가 있다.

'발효하다'는 순수 우리말로 '삭다' 혹은 '곰삭다'이다. 이 어휘들은 공통으로 발효의 화학 변화 과정을 표현한다. 삭다와 곰삭다의 의미

---

33 최인령·오정호(2009). 〈인지주의와 발효 문화: 인지주의의 접근 방법에 의한 언어와 문화의 관련성 연구〉. 《프랑스문화예술연구》. 제30집. 프랑스문화예술학회. pp.551-584.

는 '기다림의 시간을 통해 숙성된 재생산의 결과', 즉 원재료가 미생물의 작용에 의해 인간에게 이로운 상태로 변한 '발효 효과'를 말한다.

1. 발효 맛; 감칠맛

한국 발효 음식을 맛으로 정의한다면 한마디로 '감칠맛'이다. 이 감칠맛은 20세기 들어 우마미[34]로 정리된 바 있다. 흔히 발효 음식을 먹을 때 착착 감기는 맛으로, 맛있는 음식을 먹을 때 한국에서는 '감칠맛 난다'고 말한다. 특히, 발효 음식이 유난히 발달한 전라도 지역에서는 이 맛을 '개미가 있다'고 표현하는데, 이는 바로 감칠맛이라고도 할 수 있다. '감칠맛'은 이희승의 《국어사전》에 따르면, 첫째, 음식물이 입에 당기는 맛, 둘째, 사물이 사람의 마음을 당기는 힘으로 정의한다. 그러니까 발효 음식의 감칠맛은 실제로 입에서 느끼는 입에 당기는 맛과 발효 음식으로 생기는 사람의 마음을 당기는 힘이라고 볼 수 있다.

감칠맛은 달콤한 맛도 새콤한 맛도 아니다. 감칠맛은 우리가 흔히 '깊은 맛이 난다'고 말하는 것처럼, 신선한 맛과 비교되는 삭힌 음식의 묵은 맛과 깊이 관련된 것으로 생각된다. 이 맛은 특히 그 자체의

---

34 감칠맛은 우마미(umami, うまみ, うま味·旨味·甘味)를 말하며, 이는 '제5의 맛'이라고 한다. 기존의 단맛, 짠맛, 쓴맛, 신맛 등 네 가지 맛 외의 새로운 맛이다. 우마미는 1908년 일본 도쿄제국대학의 이케다 기쿠나에 (池田菊苗) 박사가 해초 수프의 특이한 맛을 발견, 이 맛을 유발하는 분자를 분리해낸 뒤 '우마미(旨味)'라고 부른 것을 계기로 사용하기 시작하였다.

맛보다는 다른 재료와 어우러져 맛을 돋워주는 역할을 한다. 다시마, 표고버섯, 말린 멸치, 가쓰오부시(鰹節: 가다랑어의 살을 얇게 저며 김에 쪄서 충분히 건조한 후 곰팡이를 피게 하는 방법으로 만드는 포육) 등의 천연 식재료와 젓갈류, 장류 등의 동남아시아 발효식품에 많이 함유되어 있는 맛이다. 따라서 감칠맛은 단맛, 신맛, 짠맛, 쓴맛과 구별되는 제 5의 맛으로, 삭힘의 시간을 거친 발효식품의 숙성된 맛과 깊이 관련 된 것으로서, 한국 발효 문화의 정체성을 표현한 것으로 볼 수 있다.

2. 발효 향과 냄새

냄새는 다양하다. 식품 자체에서 나기도 하고, 가열 과정을 통하여 휘발되면서 나오는 냄새도 있다. 미생물의 작용에 의하여 분해되면 서 나는 냄새도 있다. 그런데 미생물에 의해 생성되는 냄새 중에서 우리가 좋아하면 발효 향이라고 말하고, 싫어하면 부패 냄새라고 한다.

발효하게 되면 발효 향기 성분 외에도 맛 성분이 상당히 만들어지게 된다. 어떤 맛 성분을 우리는 맛있다고 느끼는 것일까? 첫째는, 식품을 구성하는 대표적인 성분 중에서 탄수화물이 포도당이나 맥아당 혹은 올리고당류 등으로 분해되어 단맛을 높여준다. 한편, 단백질 은 펩타이드를 거쳐 디펩티드, 트리펩티드, 아미노산 등으로 분해되 는데, 이들은 다양한 맛을 제공해 준다. 아미노산은 단순히 한 가지 맛만 지닌 것이 아니라, 두 가지 또는 그 이상의 맛을 지닐 수도 있 다. 이렇게 단순 아미노산이 여러 맛을 지니고 있는 것뿐만 아니라,

완전히 분해되지 않은 디펩티드, 트리펩티드, 테트라펩티드 등도 각기 다른 맛을 제공해 주게 된다.

또 지방 성분도 중성지방이 지방산 가수분해효소에 의해 유리지방산으로 분해되어 다른 성분과 결합하여 독특한 향을 만들어 낸다. 물론 지방산의 산패 과정을 거쳐 산패취를 만들어 내기도 한다. 하지만 발효 중에는 공기 중에 떠돌아다니는 효모들의 유입이 가능하여 알코올 발효가 일어날 수 있다. 물론 술 발효처럼 알코올이 많이 생성되는 것이 아니라, 1% 이하로 생성되어도 지방에서 분해된 유리지방산 성분과 결합하여 다양한 종류의 에스테르 성분을 만들어 독특한 향기를 내뿜는다.

채소나 과일의 경우 유기산 성분이 많이 함유되어 있어 신맛을 제공하고, 탄산 성분은 아주 시원한 맛으로 상쾌함까지도 제공한다. 서양 사람들은 피자와 콜라를 먹을 때 느끼한 맛을 잠시 잠재워 줄 수 있는 탄산음료를 함께 마신다. 그리고 우리도 기름진 전이나 빈대떡을 먹을 때 탄산이 녹아든 김칫국물과 함께 먹는다. 이는 바로 이 유기산 성분 중 탄산이 녹아있기 때문이다. 채소나 과일이 발효되면 바로 이 유기산과 발효 과정을 통해 생성된 미량의 알코올 성분이 에스테르 향기 성분을 만들어 내어 독특한 풍미를 제공한다.

발효 향은 미생물 발효에 의한 향으로, 우리에게 익숙하면서도 기분 좋은 상태를 느끼게 하고, 오랜 기간에 걸쳐 익숙해지면서 부담 없이 받아들일 수 있다. 그런데 발효 향은 상당히 다양하다. 예를 들어 외국인들이 즐기는 블루치즈를 처음 맛보면 고약한 냄새부터 먼저 느낀다. 고약한 냄새가 발생하는 이유는 푸른곰팡이가 지방산을 메틸케톤(methylketone) 화합물로 분해하기 때문이다. 하지만 이런 치즈도 처음에는 강렬한 부패 냄새와 같은 성분 때문에 거부하였지만, 차츰 시간이 지나면서 역한 냄새 뒤에 가려진 발효 향을 더 많이 즐기고 받아들이게 된다.

마찬가지로 우리나라를 처음 방문한 외국인들이 젓갈이나 삭힌 홍어를 접하면 당황한다. 외국인들은 젓갈류에서 나는 독특한 냄새를 처음 대하였기 때문에 다른 이면의 맛난 맛을 못 느낀 것이다. 그러다가 우리나라 문화에 익숙해지면 젓갈류를 아주 익숙하게 받아들인다. 그러니까 발효 맛은 서서히 음식 문화에 동화하면서 느낄 수 있는 맛이지, 화학반응으로만 설명하기는 어려운 맛이다.

5장

발효 음식, 기다림의 시간

발효 음식은 기다림의 미학을 실천하는 음식이라고 할 수 있다. 발효 음식은 느림을 추구하는 세계 음식 운동인 '슬로푸드 운동'과 연결된다. '슬로푸드(slow food)'는 말 그대로 패스트푸드(Fast Food)와 반대되는 개념이다. 슬로푸드는 재료부터 음식을 만드는 모든 과정이 천천히 자연스럽게 만들어진 음식을 말한다. 슬로푸드는 1986년 미국의 세계적인 햄버거 체인인 맥도널드 1호점이 로마에 생긴 것에 반대하여 이탈리아의 음식 칼럼니스트인 카를로스 페트리니와 그의 친구들이 슬로푸드 먹기를 시작한 활동이 그 시초이다.

슬로푸드 운동이란 "대량 생산·규격화·산업화·기계화를 통한 맛의 표준화와 전 지구적 미각의 동질화를 지양하고, 나라별·지역별 특성에 맞는 전통적이고 다양한 음식·식생활 문화를 계승 발전시키는 것을 목적"으로 한다. 이후 슬로푸드 운동은 이탈리아 북부의 작은 마을 브라(Bra)를 거점으로 본격적인 활동에 들어갔으며, 1989년 11월 프랑스 파리에서 세계 각국의 대표가 모여 '슬로푸드 선언'을 채택하게 된다.

최근 우리나라에서도 패스트푸드와 인스턴트식품의 소비가 급증하고 식품의 안정성 문제가 심각한 사회문제로 등장하면서, 사회 일각에서는 '느림의 문화 운동', 즉 슬로푸드에 대한 관심이 높아지고 있다. 이 운동은 20세기 중반 이후에 일어난 패스트푸드에 대한 반대운동으로, 전통 식생활로의 회귀 운동이라 할 수 있다. 국제슬로푸드 한국협회(Slow Food Korean)가 설립되고 "김치, 장류, 젓갈 등 길게는 몇 달씩 발효시켜 먹는 음식들이 한국의 대표적인 슬로푸드"라며 국내 슬로푸드 운동을 주도하고 있다. 협회에 따르면, "이 운동은 자연 친화적인 식생활을 통해 여유로운 삶을 회복하자는 사회운동"이다.

이러한 슬로푸드의 정신을 가장 잘 구현하는 음식이 바로 우리나라 발효 음식이라고 볼 수 있다. 발효 음식은 이와 같은 슬로푸드의 특성을 고스란히 간직하고 있다.[35] 또 발효 음식은 일반적으로 발효에 이어 숙성의 과정을 거침으로써 그 기다림의 시간은 발효식품의

---

35 최인령·노봉수(2012.11.15), 〈프랑스학회 발효 문화의 학제 간 융합 연구 1: 발효 음식의 기다림의 미학을 중심으로〉, 《프랑스학 연구》, 62, pp.657–676.

종류에 따라 짧게는 24시간 이내에서 길게는 수십 년에 이르기까지 다양하다. 이러한 슬로푸드에서 지향하는 서양의 음식들이 바로 요구르트나 치즈, 와인 같은 음식들로서, 대부분 기다림의 과정을 통해 만들어지고 건강에도 유익한 음식으로 알려져 왔다.

그런데 우리나라의 전통 발효 음식도 이와 다르지 않다. 예를 들어, 겨울철 김장 김치는 1~2개월, 묵은 김치는 수년간 묵히기도 한다. 간장이나 된장, 고추장 같은 장류의 경우도 발효에 최소 6개월에서 2~3년, 길게는 수십 년까지도 가능하다. 씨간장이라고 하여 겹장의 형태로 이어져 내려오기도 한다. 우리나라 전통주도 마찬가지이다. 적어도 한 달에서 수개월의 발효 과정을 거치는 청주류도 많다. 증류주인 소주는 증류 후에도 수년간 옹기에서 숙성시키기도 한다.

이처럼 발효의 원리에서 살펴본 결과 발효 음식에는 기본적으로 기다림의 시간을 전제되어 있다. 그 기다림의 시간이 길어질수록 이제까지 맛보지 못하던 향과 맛을 제공한다. 또 시간의 기다림을 통해 만들어진 발효 음식은 버려질 수도 있는 부패한 썩은 음식을 삭힌 음식으로 바꾸는 기적을 이룬다. 이는 음식을 섭취하는 인간의 지혜가 담긴 자연 친화적 재생산 과정이라 할 수 있다. 기다림이라는 정성의 시간을 거쳐 완성되는 발효 음식은 인문학적으로 '기다림의 가치'가 있는 음식이다.

결국, 발효 음식은 기다림이라는 인간적이고 문화적 시간을 대변한다. 공장에서 기계화를 통해 빠르게 만들어 내는 패스트푸드와 다른 대표적인 슬로푸드는 자연 친화적 저장 방법으로 재생산된다. 발효 음식 문화는 기다림의 시간을 통해 형성된 '숙성 문화'라고 할 수 있다. 이러한 점에서 전통 발효 음식은 '전통 식생활을 통한 정신 회복 운동'으로의 의미가 있다고 할 수 있다.[36]

발효 음식 계통도 ||||||||||||||||||||||||||||||||||||||||||||||||||||||||||||||||||||||||||||

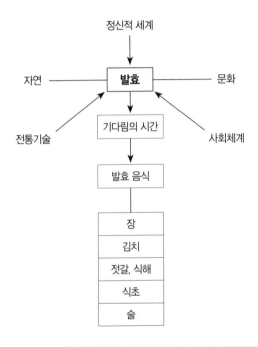

36 최인령·노봉수(2012.11.15), 〈프랑스학회 발효 문화의 학제 간 융합 연구 1: 발효 음식의 기다림의 미학을 중심으로〉, 《프랑스학 연구》, 62, pp.657-676.

－ 1장. 한국 발효 음식, 같은 맥락에서 탄생하다 －

－ 2장. 장(醬) 종주국, 한국 －

－ 3장. 민족의 음식, 김치 －

－ 4장. 젓갈과 식해의 세계 －

－ 5장. 가가호호(家家戶戶) 담가 먹었던 우리 식초 －

－ 6장. 음주 가무의 민족, 술 －

－ 7장. 발효 한식－기타 －

－ 8장. 세계 각 민족의 발효 음식 －

－ 9장. 발효가 만드는 세상 －

제 2 부

발효 음식의 나라, 한국

한민족의 음식이 형성되는 과정은 한 편의 드라마다. 이 과정에서 우리 조상들은 한식에 삶의 원리와 철학을 담아 왔다. 우리 한식을 수천 년간 즐겨 온 이유도 여기에 있다. 무엇보다 한민족이 먹고 즐기는 음식에 대한 이해야말로 그 민족을 이해하는 지름길이다. 우리 조상들의 삶에서 탄생한 음식의 문화적 이해는 우리네 인간들의 삶에 대한 사랑과 이해인 것이다.

우리 음식은 이루 말할 수 없는 사연을 제각각 가지고 태어나 사랑받기도 하고 또 사라지기도 하였다. 한국 음식은 많은 사연과 원리를 간직하고 있지만, 그중 핵심은 단연 '맛'과 '정성'과 '발효'라고 할 수 있다. '맛'은 음식을 먹는 한 온 인류가 추구하는 공동의 가치이다. 그렇다면 우리 한식의 핵심은 정성과 발효라고 할 수 있다. 우리 민족은 음식을 나누는 행위를 '정(情)'을 나누는 메타포(metaphor, 은유)로 생각하여 온 정성을 다하여 음식을 만든다. 또 오랜 기다림의 시간을 거쳐 만드는 발효 음식들은 우리 한식의 문화적 정수를 이룬다. 이러한 정성과 발효의 특성으로 만들어낸 음식이 바로 한식이다.

한국 문화는 '발효 문화'라고 한다. 기다림의 문화, 삭힘의 문화, 끈기의 나라, 숙성의 나라 등 이 같은 상징이 의미하는 바가 무엇이겠는가? 바로 발효다. 세계인들이 저마다 발효 음식이 있지만, 한국은 유난히 발효 문화를 사랑하고 즐겨 왔다. 한식 문화는 바로 발효 음식에 기반을 두고 있다. 우리의 밥상을 살펴보면 장으로 간을 맞춘 국과 찌개 그리고 나물, 채소를 발효시켜 만드는 김치가 있다. 또 채소를 발효시켜 만드는 장아찌도 빼놓을 수 없다. 그리고 어패류를 발효시킨 젓갈과 식해도 한식 상에 오르는 음식이다. 음식상에 술이 빠질 것인가? 대부분 곡물을 발효시켜 만드는 술, 그리고 술에서 만드는 식초까지 우리가 먹는 발효 음식의 세계는 다양하고 독창적이다. 《한국의 음식용어》[37]에 따르면, 발효 음식이 우리 음식 중에서 약 80%에 이를 정도라고 한다. 그러니 한국인의 밥상에서 발효 음식을 빼고 이야기하기 힘들 것이다.

제2부는 한국의 발효 음식─ 장, 김치, 식초, 젓갈과 식해 그리고 술─을 중심으로 우리 발효 음식이 역사 속에서 같은 맥락으로 탄생한 식품임을 주제로 다룬다. 이외에도 우리 발효 음식에서 빼놓을 수 없는 다양한 음식을 만나 본다. 주로 이들 발효 한식의 역사와 문화, 정서, 그리고 과학을 살펴보려고 한다.

---

37 윤서석(1991), 《한국의 음식용어》, 민음사.

1장

한국 발효 음식, 같은 맥락에서 탄생하다

우리의 발효 음식인 장과 김치와 젓갈 그리고 식초는 궁극적으로 맥락을 함께하는 음식이다. 우리가 발효 음식을 공부하기 전에 우선 이들의 관계를 파악할 필요가 있다. 그동안 이들 한국 발효 음식은 제각기 연구되어 왔다. 역사 속에서 함께 탐구되어 오지 않은 것으로 보인다. 그래서 여기서는 먼저 이들 음식이 서로 어떤 맥락을 가지고 탄생하였는지를 살펴보는 것이 시급하다고 보았다. 이들의 연관성을 먼저 살펴보고 제2부를 시작하고자 한다.

1. 장, 김치, 젓갈, 식해의 역사는 맥이 같다

장은 언제 만들어졌을까? 장의 시조쯤 되는 시(豉, 메주)는 아주 오래전부터 등장한다. 그러나 알고 보면 시는 메주로 보기도 하지만, 아닐 수도 있다. 시를 만드는 방법은 청국장과 비슷하지만, 같지는 않다. 장의 시조쯤 되는 독특한 식품이다. 장이 만들어진 것은 시가 만들어진 이후로 짐작되는데, 3세기 혹은 그 이전일 것으로 추정된다.

그렇다면 왜 장이 만들어지게 되었을까?

문헌에는 그 이유가 나타나 있지 않지만, 추론은 가능하다. 장이 만들어지게 된 이유를 이해하기는 그리 어렵지 않다. 장의 탄생은 사실 젓갈과 같은 목적을 위해 시작된 것이라 할 수 있다. 한반도 및 북방 지역에서 장의 역사와 맥을 같이하는 것은 저(菹), 곧 채소 절임이다. 북방과 중국에 저(菹)가 나타난 것은 매우 오래되었다. 김치류인 '저'는 3,000년 전부터 시작된 것으로 짐작되는데, 우리 민족이 저를 만들어 먹었다는 기록은 약 1300년에 나타난다. 하지만 이는 문헌 근거에 따른 것일 뿐, 저를 먹은 것은 이보다 훨씬 이전일 것으로 짐작된다. 왜냐하면, 저가 만들어지게 된 이유가 채소를 먹기 어려운 겨울에 이를 섭취하기 위해서이기 때문이고, 그렇다면 남중국보다는 중국의 중앙과 북방 그리고 한반도에서 그 필요성이 더욱 컸을 것이기 때문이다. '저'는 두 가지의 화학적 작용, 즉 염장과 발효라는 수단을 이용하여 채소를 저장함은 물론, 새로운 맛을 창조하는 것이다.

이 특징은 젓갈 역시 마찬가지이다. 저(菹)가 비타민 A, B, C와 칼슘 등의 부가 영양소를 얻기 위한 수단이라면, 젓갈은 내륙에서 동물

성 단백질 및 각종 불포화 지방산, 철분, 칼슘, 인 등을 얻기 위한 수
단이다. 더운 지역에서 발생하고 발달한 젓갈에 대한 기록은 중국의
고사전인《이아 爾雅》(기원전 3~5세기경)에 생선으로 만든 젓갈을 의
미하는 '지'라는 표현이 가장 오래된 것이다. 이후 중국의 농업 종합
서인《제민요술 濟民要沭》(530~550년)에 젓갈의 종류와 제조 방법 등
에 관한 상세한 기록이 나온다. 이로 보아 젓갈의 역사는 장의 역사보
다 약간 먼저 시작되었을 것으로 짐작된다. 장은 젓갈과 마찬가지로
단백질을 얻기 위한 수단이다. 따라서 젓갈의 발생과 발달이 장의 발
생에 영향을 미쳤을 가능성도 없지 않지만, 확실한 것은 아니다.

중국의 장은 처음에 '육장(肉醬)'이었다. 장(醬)이란 글자가 중국 문
헌에 처음으로 나타난 것은《주례 周禮》이다.《주례》의〈선부 膳夫〉
에 보면, "장(醬) 120동이"라고 하였다. 또〈사물기원 事物起源〉에서
는 "주공이 장(醬)을 만들었다"고 하였다.《주례》의 해석을 보면 "장
(醬)에는 해(醢)나 혜(醯)가 있는데, 해(醢)는 조류, 육류, 생선 할 것 없
이 어떤 고기라도 이것을 햇빛에 말려서 고운 가루로 하여 술에 담그
고, 여기에 조로 만든 누룩과 소금을 넣어 잘 섞어 항아리에 넣고 밀
폐하여 100일간 어두운 곳에서 숙성시켜 얻은 것이며, 혜(醯)는 재료
는 같으나 푸른 매실즙을 넣어서 신맛이 나게 한 것"이라고 하였다.
즉,《주례》속의 장(醬)을 뜻하는 이른바 해(醢)나 혜(醯)는 고기로 만
든 육장(肉醬)이었다.

그런데 해(醢)는 조선시대에 그 뜻이 변해서 일반적으로 젓갈을 지
칭하게 되었다. 통일신라시대의 사전류인《훈몽자회》에서도 "해(醢)

는 젓갈이라 하고, 혜(醢)는 육장(肉醬)”이라고 하였다. 해(醢)는 소금에 의하여 고기의 부패를 막으면서 발효로 단백질을 아미노산이나 펩타이드로 분해하고 또 누룩에서 당분이 생성된다. 또 술을 넣었기 때문에 알코올과 생성된 산에 의하여 좋은 맛과 향기를 갖게 되는 것이다. 이것이 중국 원래의 조미료이다. 그러니 장은 결국 김치인 '저', 젓갈인 식해와 역사를 같이한다고 할 수 있다.

2. 젓갈이나 김치의 시작은 발견에서, 장은 발명에 가깝다

젓갈이나 김치는 그 시작이 술이나 요구르트와 마찬가지로 자연 발생적이었을 것으로 짐작된다. 따라서 발명이라기보다는 발견 쪽에 가까운 것이다. 채소든 물고기든 자연 상태에서는 부패 혹은 발효가 진행된다. 인류는 균류 혹은 곰팡이 등의 효소에 의해 분해되어 가는 채소나 물고기 중 먹을 수 있는 것과 먹을 수 없는 것을 구분해 내었다. 특히, 염장이라는 저장 방법이 개발된 후에는 염기에서도 분해를 멈추지 않는 호염성 미생물균에 의한 발효 음식이 본격화되어 중요한 식량 자원이 되었다.

젓갈이 더운 날씨로 인하여 과일이나 고기 등을 오래 보관할 수 없었던 동남아나 스리랑카, 인도 남부 등 더운 지방에서 발달했듯이, 장은 동북아의 북방 지역에서 발달하게 되었는데, 균류에는 차이가 있으나 발효를 통하여 단백질과 불포화 지방산 그리고 효소에 의해 변화된 각종 영양소 등을 섭취하는 수단이라는 점에서 장과 젓갈의 용도는 같다. 젓갈은 그 발생에서부터 이미 영양 섭취 수단이라는 목적 외에 간을 맞추고 맛을 살리는 조미 재료의 역할을 하였을 것으로 생각되는데, 장 역시 그와 같은 역할을 하기는 마찬가지이다. 다만, 장의 경우에는 간과 맛을 위한 수단으로 누군가에 의해 의도적으로 개발되었을 가능성이 높다.

　메주에 해당하는 시(豉)는 장이 나오기 전에 이미 있었다. 그런데 기원전 1세기의 시는 오늘날의 메주나 청국장과는 달리 소금을 첨가한다. 이는 시가 간을 맞추어 먹을 수 있는 식품이라는 것을 의미한다. 중국의 고서에 나타난 언급으로 볼 때 시는 식품이면서 조미 재료였을 개연성이 높다. 이러한 시는 어느 날 그 누군가에 의해 젓갈과 같은 장류로 거듭나게 되었을 것이다.

　이렇게 거듭나게 된 장은 시(豉)를 만드는 것과는 다른 제조 과정을 거치게 된다. 염분 투여 시기가 달라진 것과 물을 사용한다는 것이 시(豉)와 장의 제조 방법의 가장 큰 차이다. 오늘날에 장을 만들 때 메주와 소금과 물을 1:1:3~4, 혹은 1:0.6:2의 비율로 섞어 발효시킨다. 시에는 소금이 미리 첨가되지만, 메주는 소금을 첨가하지 않고 고초균과 곰팡이에 의한 발효 과정을 거친다. 이미 만들어진 시를 더욱 풍부한 식재료로, 조미 재료로 거듭나게 하려면 젓갈과 비슷하게 만들어야 할 필요가 있다. 사실 초기의 장은 간장과 된장이 분리되지 않은 걸쭉한 것이었다. 메주 띄우기보다 시를 젓갈처럼 만든 것이 곧 장이었기 때문이다.

3. 술과 식초 또한 같은 맥락이다

"술이 시면 식초로 만들어 먹지."라는 말이 있다. 과거에 각 가정에서 먹다 남은 술을 발효시켜 식초를 만들어 먹는 전통이 있었기 때문에 나온 말이다. 그런데 실제 우리나라의 역사에서 술과 식초 발생은 같이한다고 볼 수 있다. 그리고 이 술은 대부분 값이 싼 막걸리이다. 막걸리를 더 발효시켜 식초를 만든 것이다. 이 막걸리식초는 무엇보다 한국 음식과 가장 잘 어울렸다. 술의 안주가 되는 가오리무침, 서대무침, 홍어무침 등은 이 막걸리식초로 만들어야 그 맛이 잘 살았다. 서양에서 주로 먹는 사과식초 등 과일 식초와는 다른 맛이었다.

또 우리가 초라고 부르는 명칭에는 비밀이 숨어 있다. 고문헌을 통해 초의 명칭을 살펴보면, 고려 말기의 《향약구급방 鄕藥救急方》에 '초(醋)'라고 나오고 있으며, 이후 이를 따르고 있는 것으로 보인다. 그런데 '초(醋)'에는 술 '유(酉, 술항아리를 뜻하는 상형 문자)'가 들어가 있기 때문이다. 즉, 식초는 술에서 유래했다는 의미이다.

식초를 과거에는 '쓴술'이라는 의미로 '고초(苦醋)'라고 부르고, 고문헌에는 주로 이 명칭이 나온다. 그리고 진한 술 '순(醇)'자를 써서 '순초(醇醋)'라고 불렀다. 술을 담그는 문화가 자연히 신맛을 내는 중요한 조미료인 식초 제조 과정으로 진화한 것이다.

2장

장(醬) 종주국, 한국

장은 대두 발효식품(fermented soybean foods)이다. 대두 발효식품은 수천 년 동안 주로 아시아인의 식사에서 중요한 위치를 차지해 왔다. 이렇게 전통적이고 토착화한 발효식품이 많은 이유는 그 만드는 법이 대개 가정에서의 기술로 전해져 내려왔기 때문이다. 우리나라의 대두 발효식품인 간장, 된장, 고추장 등은 장류라고 부른다.

장은 원래 아시아의 고유한 발효 음식으로, 식물성 단백질을 높은 소금 농도에서 미생물의 작용으로 발효시킨 것이다. 이 과정을 통하여 단백질이 아미노산으로 분해되어 구수한 향미가 나며, 조미료로 사용해 왔다. 또 오래 저장 가능한 식품이 된다.

민족의 생명줄이었던 장은 과학적 우수성이 밝혀지면서 이제 화려

한 건강 음식으로 부활하고 있다. 한국인의 밥상은 채식에 기반한 음식이 그 특징이다. 과거에 한국은 지형적 조건 때문에 농산물을 경작할 수 있는 땅이 부족해서 주로 산에서 나는 임산물을 채취해 먹었다. 채소와 나물을 맛있게 먹으려면 무엇보다 장이 중요하다. 그리고 채식을 주로 하는 경우 단백질 부족에 시달리는데, 이를 해결해 줄 수 있는 조건이 바로 콩으로 만든 장이다. 따라서 한국의 장은 채식과 발효 음식 문화를 대표적으로 설명할 수 있는 한국 음식 문화의 정수이다.

1. 한국 장이란 무엇인가?

콩을 삶아 소금으로 버무린 것을 자연에 있는 미생물이 분해하여 만든 것을 말하며, 우리만의 토양과 기후가 만들어 낸 콩과 한반도에서 살아남은 미생물의 분해작용이 한국의 독특한 장을 만드는 것이다. 우리나라는 국토의 2/3가 대부분 산지라서 농사를 지어 식량을 수급할 수 있는 평지의 면적이 좁았고 대규모 경작이 매우 어려운 여건이다. 추운 겨울에 대비한 식량 비축을 위해 저장 발효 문화가 발달하기 시작한 것이다. 산을 개간하여 조성한 좁은 경작지에서 열매나 뿌리, 잎 등을 길러 먹거나, 산과 들에서 바로 채집해 먹는 채소의 저장과 조리법이 발달하였다.

계절별 온도 변화에 따라서 미생물의 활동 변화가 생긴다. 초겨울에는 온도가 낮아 저온에서 잘 자라는 젖산균이 활동하고, 유해물질을 만들어내는 잡균이 생육하지 못하는 조건이 이루어진다. 4~5월 봄에는 미생물이 생육하기 가장 적합한 온도인 25℃ 내외의 온도에서 장이 익어가고, 익은 장이 여름 내내 높은 온도에서 살균된다. 이런 기후 변화의 반복을 거치며 다양한 미생물들의 작용으로 콩 단백질이 다양한 발효작용을 거쳐 장이 된다. 한국은 기후적으로 콩 발효에 적합한 나라이다. 남아프리카, 브라질, 아르헨티나, 미국 등이 콩 최대 생산국임에도 콩 발효 음식이 발달하지 못한 이유에는 이런 기후적인 영향도 이유 중 하나이다.

장의 재료

콩의 원산지는 지금의 만주 땅으로 본다. 고구려시대 이후로 우리 땅에서 나는 콩을 이용한 장이 발달하게 된다. 또 콩은 예전에 벼농사가 끝나고 남은 논의 귀퉁이에서 주로 경작했다. 콩은 한반도 대부분의 척박한 토양에서도 잘 자라나는 식물이다. 우리에게 장이 있다는 것은 마치 포도 산지에서 와인이 탄생한 것처럼, 전 국토에서 콩의 경작이 쉽게 이루어졌기에 가능한 일이었다. 소금, 천일염은 장을 만드는 중요한 재료 중 하나이다. 우리나라에서는 소금이 특별히 귀한 품목은 아니었다. 서해안에 있는 대규모 갯벌은 세계 5대 갯벌 중에서도 천일염을 생산하는 유일한 곳이다. 한국의 소금은 바닥이 고르고 수심이 일정한 염전에서 생산되어 입자가 균일하며, 끝에 단맛이 나는 소금이다.

이와 별도로 남해안에서도 대규모 염전이 있고 양질의 천일염이 계속 생산되고 있다. 물은 천혜의 선물로 한국은 예부터 물이 좋은 나라이다. 아름다운 금수강산이라는 천혜의 자연조건으로부터 전국 곳곳에 좋은 물을 보유하고 있는 나라이다. 장의 시작은 좋은 물에서 출발한다. 장맛 또한 미네랄이 풍부한 물에서 나온다.

장 발효의 특징; 복합 발효

치즈는 우유의 단백질만을 모아 덩어리를 만들었다가 곰팡이를 이용해 만든다. 서구 사람들도 잘 먹는 인도네시아의 대표적인 음식인 콩 발효식품인 템페(tempeh)는 곰팡이를, 일본의 낫토(納豆, なっとう)는 낫토균을, 빵이나 와인은 효모를, 치즈는 곰팡이를 이용하는 즉, '단일 발효'에 해당한다. 그런데 한국의 장은 곰팡이, 세균, 효모 등 세 가지 미생물을 모두 이용하는 복합 발효의 산물이다. 참고로 김치는 젖산균과 효모 등 두 가지를 이용한다. 일반적으로 발효란 적당히 산소를 차단하는 혐기적인 상태에서 이루어지기 마련인데, 된장 발효는 완전히 공기에 노출된 채 발효가 진행된다는 점이 특징이다. 이는 산화가 진행되면 음식이 부패한다는 일반 상식의 틀을 깨는 특별한 형태의 발효이다. 그만큼 안정된 발효 조건을 유지하기가 어렵다. 단맛, 짠맛, 신맛, 쓴맛에 사람의 보살핌과 시간, 즉 발효 과정을 통해 만들어진 발효의 맛이 더해져 한국의 맛을 총체적으로 설명한다.

장의 특징

장이 전파된 데는 불교의 영향이 컸다. 한국의 사찰은 주로 산속에 있고 육식을 할 수 없는 계율 때문에 사찰에서 먹는 음식에는 채식과 저장 발효 음식이 발달하였다. 주로 콩을 이용하여 단백질을 섭취하였다. 불교는 10세기부터 14세기까지 약 500년간 국교로 지정되었고, 이 기간이 콩을 이용한 발효 기술이 비약적으로 발달한 시기였다고 추정한다.

장은 365일 돌봄을 통해 완성된다. 한국의 장은 낮에는 장독 뚜껑을 열어 직사광선에 노출하여 살균작용을 통해 잡균을 없애주고, 밤에는 수분이 들어오지 못하게 뚜껑을 닫아준다. 숙성 초기에는 장이 잘 익도록 수시로 장을 저어주어야 하며, 항아리 외부는 잡균이 자라지 못하게 늘 깨끗하게 청소하고 유지하는 사람의 관심과 수고가 필요하다.

한국의 장은 기다림의 미학으로 완성된다. 세월이 만들어 낸 산물이고, 또한 각 가문은 오랫동안 장의 맛과 품질을 유지해 오는 것으로 자존심을 유지해 왔다. 해가 바뀌어도 장맛이 유지되는 비결이 바로 겹장 형식이다. 한국인은 잘 숙성된 간장을 사용하고 남은 적당량에 다음 해에 새로 만든 장을 부어서 기존 간장의 맛의 균형과 향을 유지하는 전통이 있다. 이 방법만이 각 가정에서 음식의 기준이 되는 장맛을 항상 일정하게 유지해 주는 비결이라 할 수 있다.

숨 쉬는 항아리, 옹기의 힘

예로부터 옹기는 숨을 쉰다고 알고 있다. 실제 편광 현미경으로 관찰할 경우 적당한 크기의 석영 입자가 많고, 그 사이에 아주 작은 입자 간 틈이 형성되어 있다고 한다. 이 작은 틈들은 옹기가 숨을 쉬게 하는 통로가 되며, 크기는 1~20마이크로미터(μm)의 크기로서, 그보다 작은 0.00022마이크로미터의 산소는 쉽게 드나들 수 있으나, 이보다 2,000배가 넘는 물의 입자는 내부로 침투하거나 밖으로 나올 수 없다고 한다. 다만, 물보다는 작고 산소보다는 입자가 큰 소금 입자는 안에서 밖으로 나올 수 있다고 한다. 방부성 옹기에 쌀이나 보리, 씨앗을 담아 두면 다음 해까지 썩지 않는다고 한다.

이는 옹기를 구울 때 발생하는 탄소가 방부성을 지니게 한다. 또한, 잿물 유약에 들어가는 성분도 썩지 않게 하는 방부 효과를 준다. 정수와 온도 조절 기능 액체를 담았을 때 잡물을 빨아들여 옹기 내벽에 붙이거나 바닥에 가라앉게 만들어 물을 맑게 한다. 옹기의 기공이 수분을 빨아들여 밖으로 기화하면서 열을 발산해 그 속에 담긴 물을 항상 시원하게 해준다. 즉, 적정 온도 이상으로 올라가지 않게 해준다.

장과 음식의 조화, 장의 발효 감칠맛

한국의 장(식물성 콩 발효 단백질)은 고기(동물성 단백질 총칭)를 대적할 수 있는 감칠맛과 묵직한 보디감(body感)을 줄 수 있는 건강한 한국의 소스이다. 나물 채소를 이용한 음식은 우리 식생활의 부식 가운데 가장 기본적이고 필수적인 음식이다. 곡물이 주식으로서 에너지원으로 이용된다면, 채소는 비타민과 무기질의 공급원으로 쓰이고 있어 영양 측면에서 높이 평가받는다. 특히, 냉온의 조화와 색채의 조화가 뛰어나 나물과 생채 요리는 한국인에게 영양의 균형을 이루고, 기호 면에서 맛의 복합성과 조화를 이룬 산물이다. 산과 들에서 나는 채소를 이용한 요리로서, 채소를 날것으로 먹거나 데치거나 말려서 또는 볶아서 장(식물성 콩 발효 단백질 성분)을 더해 먹는다.

한국의 대표적인 육류 요리인 불고기는 간장을 기본양념으로 한다. 한국의 불고기가 세계적인 음식이 될 수 있었던 것은 바로 간장의 힘이다. 고기의 잡내를 잡아주면서 감칠맛을 더해주는 간장이 있었기에 불고기를 만들 수 있었다. 장아찌 무·오이·마늘 등을 간장·된장·고추장 같은 장류에 담가 오래 두고 먹을 수 있게 만든 밑반찬을 장아찌라고 한다. 오랜 세월 우리 민족의 밑반찬 역할을 해 온 장아찌는 바로 장류를 기본으로 한 음식으로, 추운 계절에도 채소를 먹을 수 있게 한 기본이 되었다. 우리 음식은 산과 들에서 나는 채소를 이용한 다양한 채식 요리가 발달하였고, 식물성 단백질의 공급원인 콩을 발효시켜 단백질을 섭취했다. 식물성 단백질과 발효 음식이 기반이 되는 한식은 한국인의 건강함을 유지해 준 근원이다. 또한, 장은 단백질이 부족한 한식에서 오랜 세월 단백질 보충 역할을 하였다. 콩을 발효시킨 장류에는 콩에는 없는 비타민 B_{12}가 생겨나 장수에 필요한 영양소 보충 또한 해주었다.

2. 장은 어떻게 만드는가?

가을에 콩을 수확해서 일부는 겨울 전에 바로 먹고, 남은 콩은 저장을 위해 서늘한 바람에 잘 말리고, 겨울에 그 콩을 삶아 메주를 띄워 발효한다. 잘 발효된 메주로 만든 장은 낮은 온도에서 발효를 시작해 봄을 거치며 온도가 점점 올라가고, 여름에 높은 온도를 통해서 살균되어 낮은 온도와 높은 온도를 오간다. 이는 재료 내에 서로 지니고 있는 맛의 성질들이 서로 싸우는 과정(시간)을 거쳐서 결국 모든 맛이 함께 어우러져 있는 균형 잡힌 발효의 맛(단맛, 쓴맛, 신맛, 짠맛이 담겨있는 맛)이 되는 과정이라고 설명할 수 있다. 시간과 자연을 통해 만든 한국 발효의 맛이다.

메주와 전통 장 만드는 방법

재래 장은 우리나라에서 옛날부터 만들어 온 방법으로, 메주로부터 간장과 된장을 함께 만드는 방법이다. 우선 메주 제조 과정은 가을에 메주콩을 물에 불린 다음 충분히 삶아 절구로 찧어 나무 상자로 성형하거나 덩어리를 빚는다. 이를 방에 수일간 두어 꾸덕꾸덕하게 마르게 되면 볏짚으로 메주 덩어리를 묶어 따뜻한 방 안에 매달아둔다. 서너 달이 지나 봄이 되면 볏짚을 풀고 방 안에 재워 더 띄운다. 그리고 이것을 꺼내어 햇볕에서 말린다.

메주가 만들어지는 원리는 메주 덩어리를 따뜻한 방 안에 보관하는 동안 볏짚이나 공기로부터 여러 가지 미생물이 자연적으로 들어가서 발육하게 되는 것이다. 그렇게 되면 착생한 미생물이 콩의 성분을 분해할 수 있는 단백질 분해효소(protease)와 전분 분해효소(amylase)를 분비하게 되고 간장에 고유한 맛과 향기를 내는 미생물이 더 번식하게 된다.

이렇게 만들어진 메주는 소금물에 담그는데, 담그는 계절(음력)에 따라 1월장, 2월장, 3월장으로 부른다. 담그는 시기와 지역에 따라 기온이 달라지는데, 소금의 농도와 발효 기간도 달라진다. 예를 들어, 서울의 3월장의 경우, 메주:소금:물의 비율이 1:1:4가 표준이나, 1월장이나 2월장은 기온이 낮아 소금 농도를 조금 낮게 조정한다.

적당하게 쪼갠 메주 덩어리를 항아리에 채우고 미리 만들어 놓은 소금물을 가득 채운다. 이때 소금물의 농도를 17~19% 사이에서 맞추면 된다. 이것을 햇볕이 잘 드는 곳에 놓고 햇볕을 잘 받게 하면서 발효시키면 된다. 발효 기간은 1월장은 약 3개월, 2월장은 약 2개월, 3월장은 약 1.5개월이 걸린다. 이 기간이 지나면 장을 가르는데, 덩어리를 건져내어 된장을 만들고, 간장을 얻으면 된다.

[메주 만드는 과정]

콩 → 수침(실온에서 12시간) → 삶기 → 부수기(절구질) → 성형 → 겉말림(2주간) → 재우기(4주간) → 건조(햇빛) → 메주

[재래간장과 된장 만드는 과정]

메주 1말

소금 1말 → 담금 → 발효(2~3개월) → 여과 → 건더기(+ 소금) → 숙성 → 된장

물 4말 → 여과액 → 생간장 → 살균(60~70℃) → 숙성 → 간장

개량 장 만드는 방법

대량 생산되는 개량간장은 메주를 만드는 과정에서 순수 분리한 곰팡이를 접종 배양하여 단백질과 전분질을 분해하는 효소를 많이 생성시키는 등 제조 시기에는 특징이 없다. 따라서 효소 분비 능력이 좋다고 알려진 곰팡이(황국균 *Aspergillus oryzae* 및 *Aspergillus sojae*)를 순수 배양하여 만든 종국을 볶은 통밀 가루와 잘 섞은 다음 삶은 콩에 섞는다. 이때 밀가루 분량은 10~30% 정도로 한다. 이를 가지고

개량 메주를 만든다. 이를 26~27℃ 정도 되는 메주 방에 넣어 발효시킨다. 2~3일이 지나 곰팡이의 흰 균사가 메주를 덮어 황녹색의 포자가 발생하면 햇볕에서 꾸덕꾸덕 말린다. 말린 개량 메주(콩코지)를 소금물에 담가 1.5~2개월이 지나면 발효가 거의 끝난다. 이때 메주를 건져 내어 간장을 얻는다.

[개량간장 만드는 방법]

콩 → 수침 → 삶음 → 배합 → 배양 → 건조 → 개량 메주(콩코지) → 담금 → 발효

밀 → 볶음 → 분쇄   +   +

　　　　　　　　　종국　　　　　　소금물

→ (1.5~2개월) → 압착 → 살균 → 개량간장

그러니까 재래간장이나 개량간장은 발효법에 의한 것으로, 미생물의 발육과 효소작용을 이용하는 것이고, 제조하는 데 오랜 시간이 걸린다.

산 분해 간장, 아미노산간장, 왜간장?

화학간장으로 산 분해 간장 혹은 아미노산간장으로 불리는 간장이 있다. 또는 이를 일제강점기부터 만들어져서 일본을 뜻하는 '왜(倭)' 자를 써서 왜간장으로 부르기도 하였다. 이는 단백질을 산을 이용해 가수분해하는 것으로, 탈지 콩가루나 밀 글루텐 등을 이용하여 만든다. 발효간장보다는 맛이나 향이 떨어지지만, 이를 제조하는 이유는 값이 싸다는 점이다. 특히, 전쟁 때나 경제 사정이 어려울 때는 속성

의 아미노산간장이 많이 생산되었다.

3. 장은 언제부터, 왜 먹게 되었을까?

장이 시작된 곳은 북방이다

언제부터 우리는 장을 만들어 먹었을까? 우리의 음식은 간을 할 때 소금을 직접 쓰는 경우도 있지만 예전에는 대부분 장을 이용하였고, 따라서 음식 맛의 기본이 장맛에 의해 결정된다고 믿었다. 우리 민족이 언제부터 장을 만들어 먹었는지는 정확히 알 수는 없지만, 고구려 시대 혹은 그 이전 어느 시점에 장의 역사가 시작되었을 것이다. 장의 원료인 콩은 만주가 원산지이며, 기원전 17세기 이전에 인류가 식량으로 사용했을 것으로 짐작된다. 중국 한나라의 문헌에 시(豉)가 등장하는데, 콩을 삶아서 어두운 곳에 얼마간 놓아 둔 후 소금을 첨가한 것이라 한다. 오늘날의 기준으로 보면 메주 혹은 청국장에 해당하는 것으로 볼 수 있다.

기원전 1세기의 중국의 역사서인 《사기 史記》에서 시(豉)는 외국산이어서 만들어 팔면 큰 이윤을 남긴다는 기록이 있다. 여기서 말하는 외국은 중국의 북방(화베이 지방)인 산둥성과 고구려, 발해의 지배 구역이었던 만주 지역으로 추정된다. 중국의 북방은 근대 이전의 중국인들에게 중국과 다른 지역으로 인식되곤 했다. 예를 들어, 산둥성을 포함한 중국의 북방 지역이 원산지인 배추를 한국인들은 중국 채소로 생각하지만, 중국인들은 '고려채'라고 한다. 마찬가지로 메주를 뜻하는 시(豉)에서 나는 냄새를 '고려취'라고 부르는 데서 알 수 있듯이 중국인들에게 북방 지역은 곧 고려로 인식되는 것이 일반적이었다. 물론 고려로 인식되었다고 하여 북방이 우리 민족의 영토로 중국인들에게 각인되었던 것은 아니다. 민족에 대한 개념이 비로소 확립된 것은 근대 이후로, 근대 이전의 중국인들에게 고려는 중국의 북쪽 지역을 의미한 것으로 볼 수 있다. 중국인들에게 북방은 북방의 여러 민족이 패권을 다투고 때로는 협력하였던 곳이다.

장의 역사가 시작된 북방 지역은 대체로 고인돌이 분포하는 지역, 온돌 주거 문화가 분포하는 지역과 일치한다. 따라서 장은 한족의 중국과는 다른 별도의 역사 문화 공간이었던 한반도와 만주 지역 그리고 산둥성 지역의 식문화 유산으로 볼 수 있다. 장의 역사가 한민족이 북방 지역에서 이동하여 한반도를 중심으로 역사를 만들어 간 이후로도 북방 지역에서 계속되고 중국에도 영향을 미친 것은 틀림없다. 하지만 북방 지역보다는 한반도와 일본 열도에서 장의 역사가 발전을 거듭하고 다양한 형태로 변화하고 영향력을 크게 미쳤음은 분명하다. 산둥성의 태수가 지은 농업기술서인 《제민요술》에는 시(豉)를 만드는 법이 구체적으로 쓰여 있고, 또 다른 문헌에서는 발해가 시(豉)의 명산지라고 쓰여 있다.

북방에서 싹튼 콩 문화, 만주는 콩의 원산지

북방에서 장류 문화가 시작된 것은 바로 이 지역이 장의 원료가 되는 콩의 원산지이기 때문이다. 중국의 북부 일대는 황하(황허강)가 흐르고 있으며, 기름진 토지와 풍부한 물에 의하여 농경문화가 일찍이 싹트게 되었다. 만주 남부 지역에 유목 민족인 우리 조상들이 가축을 이끌고 와서 살게 되었다. 만주 남부는 초원 지대와 달라서 땅이 기름지고 물이 좀 더 풍부하여 농경에 알맞은 환경이다. 또 농경은 유목보다 안정된 식생활을 위해 효과적인 방법이란 것을 깨닫게 되었다. 이로 인해 자연스럽게 그들의 식생활이 유목의 단백질과 지방 위주에서 농경의 탄수화물 위주로 바뀌게 된 것이다. 그러나 식물성 식품 위주의 식사로 인해 그들에게 단백질과 지방 결핍이라는 새로운 문제가 생겨났을 것이다. 그들은 나름대로 주위의 여러 야생 작물 종자를 파종해 보는 가운데 야생 콩을 기르게 된 것이다. 콩은 뿌리혹박테리아가 있어서 일부러 질소비료를 줄 필요도 없고, 또 콩은 중국에서 온 다른 곡물과 달라서 단백질과 지방이 매우 풍부하였다. 이렇게 콩 작물의 개발은 우리 조상의 지혜이고, 이로 인해 단백질 부족을 가장 슬기롭게 해결한 것이다. 오늘날에도 콩의 원산지는 만주라고 본다. 만주 지방은 콩 재배 조건에 가장 잘 맞아 콩의 원산지로 보는 것이 통설이다. 결국, 콩의 원산지는 우리나라이다. 만주야말로 우리 옛 민족인 맥족(貊族)의 발상지이자 고구려의 옛 땅이다.

실제로 중국의 중국 허난성(河南省)에 있는 양사오(仰韶, 앙소)나 후난성(湖南省)에 있는 룽산(龍山) 지역의 농경문화 유물에는 콩이 보이지 않는다. 콩은 중국의 옛 문헌으로서는 《시경 詩經》에 숙(菽, 콩)으로 등장한다. 그러면 《시경》의 콩은 본디부터 중국에 있었는지가 의문이다. 기원전 7세기 초의 기록에 따르면, "제(齊)의 환공(桓公)이 산

융(山戎)을 정복하여 콩을 가져와 이것을 융숙(戎菽)이라고 하였다."
라고 한다. 이처럼 중국의 옛 문헌에서도 콩이 우리나라에서 전래했
다는 것을 인정하고 있다. 또 다른 기록인 《전국책 戰國策》에서도 조
그마한 나라 한(韓)에 대하여 "가난한 나라로서 보리도 생산되지 않
아 콩만 먹고 있다."라고 하였으며, 또 가난한 살림살이를 "명아주와
콩잎으로 국을 끓여 먹는 살림살이"라고 표현하였다.

　이렇듯 콩의 원산지는 우리 옛 영토인 만주 지방이다. 실제로 1945
년 해방 전까지 세계 콩 생산량의 대부분은 만주와 한반도에서 차지
하고 있었지만, 현재는 미국이 60%를 차지하고 있다. 콩을 '두(豆)'라
고 한자로 쓰는 이유는 다음과 같다. 우리나라에서 온 콩을 중국 사
람은 처음에는 '숙(菽)'이라고 하였다. 그런데 콩의 꼬투리 열매를 자
세히 보니 마치 제기로 쓰이는 '豆(굽이 달린 나무 그릇)'와 비슷하여 기
원 전후 경에 콩을 두고 '두(豆)'라 하였다고 한다. 그 후 역시 꼬투리
열매를 가지고 알맹이가 작은 팥이 들어오니 종전부터 있었던 콩을
대두(大豆), 새로 들어온 팥을 소두(小豆)라고 하였다고 하나, 확실하
지는 않다. 중국에서는 당대 이후에 콩을 '태(太)'라고 부른다.

4. 장이 동북아시아 문화에 미친 영향

메주와 장, 동북아 문화 발전의 시금석
메주의 역사는 2,000년이 넘을 것으로 추정되지만, 초기의 메주는

오늘날의 메주와는 다른 시(豉)와 같은 형태였을 것이다. 고문헌에 나타난 메주에 대한 언급은 두시(豆豉), 미장(末醬, 혹은 末醬), '며조', '며주' 등으로 불렸고, 몽골이나 북방 지역에서는 '미순', '메조' 등으로 불렸던 것으로 생각된다. 고문헌에 나타난 장에 대한 호칭은 '고', '쟘', '쟝', '지령', '지럼' 등이다. 초기의 메주는 오늘날과 달리 콩만으로 만들었던 것은 아닌 것으로 생각되는데, 밀 등의 곡류와 콩을 합해서 만들었던 것으로 알려진다. 곡류와 섞이고 소금으로 간까지 한 초기의 메주는 나름대로 한 끼 대용식은 될 수 있다.

일본의 된장인 미소(味噌, みそ)는 우리의 순수한 콩만으로 만드는 된장과는 달리 쌀, 보리, 밀 등을 콩과 섞어 만드는데, 이는 북방과 한반도의 메주와 된장을 만드는 기술이 전래되어 원형에 가깝게 보존되었기 때문이다. 사실 김치류, 젓갈류, 장류 그리고 일본 스시의 원류인 식해류 등은 발생과 발전 과정에 공통점이 많다. 일본의 미소가 초기 메주의 원형을 유지해 온 이유는 언어와 마찬가지로 지정학적 요소가 크게 작용하였기 때문이다.

고대 한국어(혹은 중대 한국어까지)의 원형은 오늘날의 한국어와 많이 달랐던 것으로 보이는데, 고대 중앙아시아어가 한반도를 거쳐 일본어로 발전해 가는 과정에서 한국어는 지정학적 요인에 의해 중국, 몽골 등의 영향에 의해 크게 달라졌지만, 고구려어를 기반으로 하는 일본어는 고대의 유산을 상대적으로 크게 잃지 않았다. 북방과 한반도 그리고 중국 일부 지역에서 만들던 초기의 메주는 후에 간장과 된장을 분리하는 제조법이 발달하면서 순수한 콩만으로 만드는 방법이 크게 유행하게 되는데, 이는 간장의 맛을 좀 더 간결하게 하기 위해서였을 것이다. 일본의 일반적인 간장은 우리의 것과는 달리 콩과 전분질을 섞어 만든다.

우리의 된장에는 콩을 이용한 것만 있지는 않다. 흔히 근래에 '조선된장'이라 일컫는 된장은 고려시대에 크게 유행한 것으로, 콩만을 이용하여 만든 것이지만, 재래 된장은 여러 가지 재료를 이용하여 만든다. 앞서 우리의 된장이 콩만을 이용한 것처럼 설명되었지만, 이는 맑은 간장을 얻기 위한 메주의 제조 방법을 설명한 것으로, 된장에는 해당하지 않는다. 우리의 된장은 사실 일본의 미소만큼이나 다양하다. 아직까지 남아 있는 된장의 제조법을 살펴보면, 콩만을 사용하지 않고 보리 혹은 보리밥, 팥, 찹쌀밥, 밀, 쌀가루, 밀가루, 엿기름을 섞는 방법 등이 있고 콩이 아닌 두부, 콩비지, 암펑 등으로 만드는 방법도 있으며, 각종 채소를 함께 버무려 만드는 방법도 있다. 또 메주를 띄우지 않고 누룩을 섞어 만드는 방법 등도 있다.

동북아 장류는 두장(豆醬)

중국의 《삼국지》, 〈위지동이전 魏書 東夷傳〉의 '고구려조'에 따르면, 고구려 사람들의 특성으로 '선장양(善藏釀)'을 들고 있는데, 이는 발효 음식을 잘 담근다는 뜻으로 볼 수 있다. 물론 이것이 어떤 종류의 발효식품인지 분명하지는 않다. 안악 고분벽화에 물이나 발효식품을 갈무리한 듯한 우물가의 풍경이 보이고 독도 보여 이를 김치나 장 담그기와 연결하여 설명하기도 한다.

　그 이후 《해동역사 海東繹史》에서는 《신당서 新唐書》를 인용하여 고구려의 유민이 세운 나라인 발해의 명산물로서 시(豉)를 들고 있다. 《설문해자 說文解字》에 따르면, "시(豉)는 배염유숙(配鹽幽菽)이다."라고 하였다. '배염유숙'이란 의미는 '염(鹽)'은 소금이고, '숙(菽)'은 콩이고, '유(幽)'는 어두움을 뜻하니, 콩을 어두운 곳에서 발효시켜 소금을 섞은 것이다. 이것을 다시 건조하여 메줏덩이와 같이 한 것이 이른바 함시(鹹豉)이다. 시(豉)에는 소금을 넣지 않는 담시(淡豉)도 있다. 그러니까 고구려시대부터 우리 민족은 시(豉)를 잘 만드는 민족으로 중국인들이 인정하고 있었던 것이다.

　그러면 우리나라에서 건너간 '배염유숙'을 중국 사람이 왜 시(豉)라고 하였을까? 중국 사람들은 "국을 끓이는 데 시(豉)로 조미하고 있다. 조미하자면 맛이 좋아야 한다. 《석명 釋名》의 석음식(釋飲食)에서 말하기로, 시(豉)는 嗜(즐길→시) 이다. 오미를 조화하는 데 시(豉)를 쓰면 그 맛을 즐길 수 있다. 따라서 제(齊)나라 사람들은 호(嗜)와 같은 음인 시(豉)를 쓴다."라고 하였다.

　이처럼 중국에 건너간 시(豉)의 맛은 중국 사람을 사로잡게 되었다. 따라서 시(豉) 제조업자 중에 큰 부자가 된 사람이 적지 않았다고 한다. 《사기 史記》에 따르면, "큰 도읍에서 1년 동안 시(豉) 천합(千合)을 판매하는데, 그 이윤이 많을 때는 10분의 5이고, 적을 때라도 10분의 3은 된다. 다른 업종의 이윤은 10분의 2가 되지 않으니, 시(豉)를 제조하는 자가 어찌 부자가 되지 않겠느냐."라고 하였다.

중국의 장은 육장이라고 하였다. 그러면 중국에서는 언제부터 육장(肉醬)이 콩으로 만든 대두장(大豆醬), 즉 시(豉)로 바뀌었을까? 중국의 《춘추좌씨전소 春秋左氏傳疏》에서는 "상서에서 국 끓이는 데 염매(鹽梅)만 쓴다고 하니, 조미료는 소금과 매실이고 시(豉)는 없다."라고 하였다. 또 《예기 禮記》에서 음식에 관한 이야기가 그렇듯 많이 나오는데도, 시(豉)에 관한 말은 나오지 않는다. 그 후 한대(漢代)의 《설문해자》에 시(豉)가 나타나고 또 염시(鹽豉)라는 말도 나온다. 한대의 매우 중요한 유물인 마왕퇴(馬王堆)의 묘에서 시(豉)의 실물이 나타나서 우리를 놀라게 하였으며, 기원후 500년경에 저술된 《제민요술》에 그 제법이 자세히 나오게 된다.

한편, 진대(晉代)의 《박물지 博物誌》에서는 "외국에는 시(豉)가 있다."라고 하였다. 《본초강목 本草綱目》에서도 박물지를 인용하여 "시(豉)가 외국산"이라고 하고, 또 송대의 《학제점필 學齋佔畢》에서는 "구경(九經) 속에 시(豉)란 글자가 없고 방언에 시(豉)가 있을 뿐이다."라고 하였다. 이상으로 미루어 볼 때 시(豉)가 중국으로서는 진·한대 이후의 것이고, 그 이전은 다른 나라의 산물이었다는 것을 알 수 있다. 앞의 고구려 사람들의 선장양(善藏釀), 발해의 시(豉)란 말과 중국 사람이 시(豉)의 냄새를 고려취라고 하는 사실과 콩의 원산지가 만주 지역이라는 것 등을 생각해 볼 때, 오늘날의 메주에 해당하는 시(豉)라는 것이 오랜 역사를 가지고 있음을 알 수 있다. 중국으로서는 중국의 이역 땅인 중국 북부에서 싹터 중국에 건너가서 시(豉)란 이름으로 불리게 된 것이다.

그렇다면 본디 중국의 장(醬)은 해(醢)란 이름의 육장(肉醬)이고, 우리나라의 장은 시란 이름의 두장(豆醬)이었다고 말할 수 있다. 그러나 우리나라의 콩으로 만든 두장은 중국에서도 유행하여 동북아 장류는 두장으로 통일되는 경향을 보인다.

중국《제민요술》속의 고대 장

《제민요술》은 기원후인 530년에서 550년 사이에 북위(北魏)의 태수인 가사협(賈思勰, ?-?)이 지은 중국 최고의 농업 서적이다. 그런데 북위라는 나라는 본디 동이계에 속하는 선비족 우문부(宇文部)가 중국 북부에 세운 나라로, 북위와 고구려는 문화의 교류가 많았다고 한다. 또한,《제민요술》의 무대가 본디 동이계가 살고 있었던 우리 민족과 교류가 가장 잦은 산둥반도이다. 그래서 중국뿐만 아니라, 우리나라에서도 이《제민요술》은 식품사를 연구하는 데 있어서 가장 중요한 저술로 평가되고 있다.

그래서 이《제민요술》을 통하여 고대 장류의 모습을 추정해 보자. 여기에는 시(豉)가 등장하고 제법도 자세히 설명되어 있다. 이에 따르면, 콩을 삶아 익혀서 어두운 방에 재움으로써 곰팡이가 번식되어 황의(노란곰팡이)가 덮이게 되며, 콩 속 단백질이 분해된다. 그런 다음에 이것을 씻어서 세균을 제거하고 짚이 깔린 움 속에서 짚에 붙어 있는 낫토균(納豆菌) 등에 의해 콩 성분을 더욱 분해하고 점질물도 생성시켜서 햇볕에 말린 것을 시(豉)라고 한다고 하였다. 즉, 콩에다 누룩곰팡이를 번식시킨 다음 다시 낫토균을 번식시킨 두 단계에 걸치는 제법이다.

《제민요술》의 설명에 따라 시(豉)를 실제로 만들어 본 일본 학자의 실험에 따르면, 이것이 우리의 청국장을 건조한 것 같은 덩이었다고 한다. 이 시(豉)를 물에 담가서 맛 성분을 우려내어 조미료로 삼기도 하고, 건조하지 않고 청국장처럼 그대로 조미료로 사용하기도 한다는 것이다. 이것이 우리나라에서 중국에 건너간 시(豉)라고 볼 수 있다고 이성우 교수는 전하고 있다.

《제민요술》에도 장(醬)이 나온다. 장(醬)으로서 육장(肉醬), 어장(魚醬), 두장(豆醬) 등을 들고 있는데, 특이하게도 두장을 그냥 장(醬)이라고 하여, 이것으로 장류 전체를 대표하고 있다. 그런데 《제민요술》의 두장은 지금의 우리나라 장과는 다소 다르다. 중국에는 우리나라에 많지 않은 밀이 풍부하였다. 밀을 발효시키면 콩과 달리 단맛이 나게 된다. 즉, 시(豉)를 만들 듯이 콩을 쪄서 여기에 밀로 만든 누룩을 섞어서 발효시킨 것이 중국의 두장이다. 이는 우리 민족의 시(豉) 만들기 원리를 받아들여 발전시킨 것에다 중국 전통의 육장 만들기를 아울러 응용한 것이라 볼 수 있다. 이렇게 만들면 콩에 의한 감칠맛에 밀에 의한 단맛이 더해진 것이 된다. 결국, 우리의 시(豉)는 콩만으로 만든 것이나, 《제민요술》의 두장은 콩에 밀을 섞어서 만든다는 차이점이 있다. 이 두장에 소금을 섞어 숙성시켜서 된장 형태로 먹기도 하고, 또 소금물에 숙성한 두장을 소쿠리에 받아 흘러내리는 두즙(汁液)을 두장청(豆醬淸)이라 하여 이용하고 있으니 간장으로 생각된다. 재료 면으로 보면 콩에 밀을 섞었지만, 이용 방법으로는 우리나라 메주 장과 비슷하다. 그러나 오늘날 중국에서도 시(豉)와 장(醬) 사이에 명확한 구분이 없다.

그러면 《제민요술》보다 시대가 조금 내려오기는 하지만, 우리나라 삼국시대의 장은 어떠하였을까? 《삼국사기》 〈신라본기〉 '신문왕 3년조'에 따르면, 왕이 김흠운(金歆運)의 딸을 부인으로 맞이하는데, 납채 즉, 결혼 예물로 쌀[米], 술[酒], 기름[油], 꿀[蜜], 장(醬), 시(豉), 포(脯), 혜(醯) 등 135대의 수레와 조곡(租穀) 150대의 수레를 보냈다는 말이 나온다. 여기에 보면, 장(醬)과 시(豉)가 다 같이 등장하고 혜(醯)도 등장한다. 여기서 나온 장(醬)과 시(豉)가 일본으로 건너간 것으로 추측하며, 동북아 3국의 장이 서로 밀접하게 연결되어 있음을 알 수 있다.

일본으로 건너간 우리의 장(醬)

중국, 일본과 한국은 비슷한 식문화 전통이 있다. 콩 문화도 마찬가지로 우리의 장 문화가 일본으로 건너간 것으로 추측된다. 일본의 〈정창원문서〉(739년)에 따르면, 말장(末醬)이란 말이 나오고, 일본인들은 이를 '미소'라고 읽는다. 미소란 말은 아라이 하쿠세키(新井白石, 1657~1725)라는 일본 학자에 의하면, "고려의 장(醬)인 말장(末醬)이 일본에 들어와서 우리 방언 그대로 '미소'라고 불리게 되었다."라고 한다. 또 "고려장(高麗醬)"이라 적어놓고 '미소'라고 읽는다."라고 하였다. 이처럼 일본 학자도 일본 장(醬)이 우리나라에서 도입되었다는 것을 분명히 지적하고 있다.

그런데 우리나라 방언 그대로 '미소'라 한다고 했는데, 미소란 말의 근원은 어디에 있을까? 조선 후기 홍명복(洪命福) 등이 지은 외국어 학습서인 《방언집석 方言集釋》(1778년)에 따르면, "장(醬)을 중국어로 쟝, 청나라 말로 미순, 몽골어로 쟝, 그리고 일본어로 미소라 한다."
라고 소개하고 있다. 또 북송(北宋)시대 손목(孫穆)이 지은 백과서《계
림유사 鷄林類事》의 〈고려 방언〉 편에서는 "장(醬)을 밀조(密祖)라고
한다."라고 하였고, 이두식 표현으로 "며조(末醬), 즉 훈조(燻造)라 하
였다. 조선 후기의《증보산림경제》에서도 말장(末醬)이라 적고 며조
라 부르고 있다. 이같이 우리나라에서 말장은 원래 장(醬)을 가리켰
으나, 후에 메주를 가리키게 되었다.

  그러면 미순을 어째서 말장(末醬)이라 표기하게 되었을까? 중국
발음으로 '末(말)'은 'moh'이다. 미순 → 밀조(密祖) → 며조 → 미소
로 바뀌었다고 추측해 볼 수 있다. 다음은 시(豉)와 말장(末醬)이 어
떻게 다른지 보자. 만주 남부 지역에서 개발한 '배염유숙'은 유숙이
란 어감으로도 오늘날의 청국장 무리인 것 같고, 중국에 가서 시(豉)
라고 불린 것이다. 그런데 만주 남부에는 유숙에서 출발한 또 다른
하나의 두장이 개발되니, 이것이 말장(末醬)이다. 청국장이 좀 더 높
은 온도의 어두운 곳에서 단시일에 발효되는 데 비하여 말장은 오늘
날의 메주를 말하는 것 같다. 이것을 소금물에 담가서 익히면 장(醬)
이 되니, 메주와 장을 아울러서 미순 곧, 장(醬) 혹은 밀조라 한 것으
로 추측된다.

  이상과 같이 장(醬), 시(豉), 말장(末醬) 등 세 가지 모두 우리나라의
영향 아래 정립되었다. 일본 책인《포주비용왜명본초 庖厨備用倭名
本草》(1671년)에 따르면, "요즘은 된장을 콩과 쌀누룩으로 만들고 있
으나, 본래의 된장은 콩만을 삶아 찧어서 떡처럼 하여 곰팡이가 번
식한 후에 건조하여 메줏덩이를 얻고, 이것을 빻아 소금과 함께 통

에 채워 숙성시킨다. 그런데 일본의 산악 지대에서는 지금도 콩만의 메줏덩이를 만들고 있다."라고 하고 있다. 즉, 우리의 메주 만들기가 그대로 일본에 전해졌음을 말해주는 자료이다. 처음에는 일본도 우리의 콩으로 만드는 말장에서 출발하여 나름대로 연구하여 콩에 쌀메주와 소금을 섞어 숙성시키는 이른바 왜된장을 만들어 내고 이것을 '미소'라고 하였다.

이처럼 옛 고구려 땅에서 발상한 두장은 중국과 일본에 전파되어 마침내 중국, 한국, 일본 등 삼국이 세계의 조미료 분포상 하나의 두장 문화권을 형성하였다. 따라서 대두 문화는 동북아시아 지역에서 싹튼 것이라 말할 수 있다.

요즘 시판되는 개량간장에는 콩에 밀을 섞어 만든 간장 메주를 소금물에 넣어 숙성시킨 것이 많다. 밀을 섞는 방법은 1600년대 기록에도 나온다. 1660년 《구황보유방 救荒補遺方》에서 말하기로, "콩 한 말(斗)을 무르게 삶아 내고 밀 5되를 붓고 찧어서 이들을 서로 섞고 온돌에 펴 띄운다. 누른 곰팡이가 전면적으로 피면 볕에 내어 말린다. 이렇게 해서 얻은 메주를 소금 6되를 따뜻한 물에 푼 소금물에 넣고 양지바른 곳에 두어 자주 휘저어주면서 숙성시킨다."라는 것이다. 이것이 시판 개량간장과 비슷하다.

어쨌든 콩에 밀이나 쌀을 섞은 단용(單用)의 간장이나 된장 만들기는 일본의 독자적인 것이 아니다. 원나라의 《거가필용 居家必用》에도 나와 있고, 조선시대 중엽 우리나라에도 있었다. 그러다가 우리나라에는 언제부터인지 이런 무리의 장(醬)은 모습을 감추었으나, 고추장, 즙장, 청국장 등 여러 가지 독특한 장을 즐기게 되었다.

동북아 장류의 화려한 비상

초기의 장은 오늘날처럼 간장과 된장으로 명확하게 분류된 것이 아니라, 간장과 된장이 섞인 것과 같은 걸쭉한 장이었다. 장 중에는 두장의 원료가 되는 콩의 원산지는 만주이다. 중국의 장은 콩으로 메주를 쑤어 담그는 우리의 장과는 크게 달랐다. 고대 중국의 관제를 기록한 《주례》에 보면 고대 중국의 장에 관해 설명하고 있다. 그러나 이 내용을 보면 당시 중국의 장은 콩장이 아닌 육장 즉, 고기를 이용한 장이었다. 또한, 중국의 농업 종합서인 《제민요술》에 젓갈의 종류, 제조 방법, 숙성 방법 등 젓갈에 관해 비교적 상세히 서술되어 있다.

이처럼 우리 선조는 중국의 장처럼 고기로 담그는 것이 아니라, 중국인들이 생각하지 못한 새로운 재료인 콩에 시도함으로써 새로운 형태의 장을 만들어 낸 것이다. 메주를 쑤어 장을 담근 시기는 중국과 우리나라 문헌에 의해 어느 정도 추측할 수 있다. 《삼국지》〈위지 동이전〉에 "고구려인은 장을 담그고 술을 빚는 솜씨가 훌륭하다."라는 기록이 나와 장이나 술 등의 발효식품을 만드는 솜씨가 중국에까지 알려졌음을 알 수 있다. 부족국가시대의 무문토기 유적지나 고구려 안악 고분벽화에 발효식품을 담은 것 같은 독이 나오는 것을 보아도 부족국가 말기나 삼국시대 초기부터는 메주를 쑤어 장을 담근 것으로 보인다. 초기의 된장은 간장이 섞인 것과 같은 걸쭉한 장이었다가 이때 이르러서는 메주를 쑤어 된장을 담그고 맑은 장을 만들어 쓰는 등 몇 가지 장을 사용했다.

창조적 다양성의 우리 장(醬)

조선시대 이후 우리나라의 장은 다양한 발전을 거듭한다. 조선시대에 와서는 장 다루는 법에 대한 구체적인 내용이 여러 고문헌에 나온다. 지금보다도 훨씬 다양한 장 만드는 법이 소개되어 있어 흥미롭다. 그런데 조선조에 들어와서도 역시 콩 메주에 의한 장이 주류를 이루고 이것이 오늘날까지 이어지고 있다. 실제로 1819년에 다산 정약용이 한자를 바로잡기 위해 저술한 《아언각비 雅言覺非》에서도 "우리나라 사람들은 장(醬)이란 글자를 두장(豉醬)의 전체 호칭으로 삼고, 해(醢)는 젓갈을 가리키게 되었다."라고 하여 장은 콩으로 만든 것으로 통칭하고 있다.

우선 1655년의 《농가집성 農家集成》에 수록된 〈사시찬요초 四時纂要抄〉에 다양한 특수 장이 등장한다. 〈사시찬요초〉는 저작 연대가 확실하지는 않으나, 임진왜란 이전의 것이라고 본다. "양력 2월 18일의 장을 담글 때 더덕과 도라지를 가루로 하거나 우육을 장 담그는 데 넣는다."라고 하였다. 즉, 더덕, 도라지, 고기를 장 속에 넣어 새로운 맛을 추구한 특수 장이라 할 수 있다. 또 9월에 담근 장을 보면, "가지와 외(椳)를 장(醬) 1말(斗), 밀기울 3되(升)와 섞어서 말똥 속에 묻어 그 열로 숙성시킨다."라고 하였다. 즉, 장(醬) 1말과 밀기울 3되로 섞어 이른바 즙장(汁醬)이 되고, 여기에 가지와 외를 박은 장아찌를 만들었다. 이러한 즙장 만들기는 그 이후 《증보산림경제》에도 자세하게 나온다. "밀기울 2말(斗)과 콩 한 말을 물에 불려 찧어 쪄내고 손으로 주물러 덩어리를 만들어 닥나무 잎을 덮어서 곰팡이 옷을

입혀 햇빛에 말린다. 이와 같이 즙장 메주는 만든다. 즙장 메줏가루 1말(斗), 물 2되(升), 소금 3홉(合)을 섞어서 독에 넣고 봉하여 말똥 속에 묻었다가 다시 7일 만에 겻불 속에 묻으면 14일 만에 먹을 수 있다."라고 하였다.

특수 장 만들기

《구황촬요 救荒撮要》(1554년)의 특수 장 만들기를 알아보자.

"도라지·더덕의 가루 10말(斗)에 메주(末醬) 1~24말(斗)을 섞고 소금물을 넣어 숙성시킨다."라고 하였다. 또 구황을 위한 처방이기에 콩깍지나 콩잎 혹은 메밀꽃을 쓰기도 하였다.

《증보산림경제》(1766)에는 여러 가지 다양한 장이 등장한다. 먼저 지금도 즐겨 먹는 건강 장의 대명사라 불리는 청국장으로 추측되는 '조전시장법(造煎豉醬法)'이 나온다. "햇콩 1말(斗)을 삶은 뒤 가마니에 재우고 따뜻한 곳에서 3일간 두어서 실을 뽑게 되면 따로 콩 5되(升)를 볶아 가루를 내고, 둘을 섞어서 절구에 찧어 햇빛에 말리는데, 때때로 맛을 보면서 소금을 가감하여 삼삼하게 담근다." 이 청국장은 병자호란 때 청나라군의 군량이 운반하기 좋은 시(豉, 청국장)임을 보고 이때부터 이것을 청국장(淸國醬) 또는 전국장(戰國醬)이라 부르게 되었다고 하나 확실하지는 않다.

《증보산림경제》에는 담북장(淡水醬)도 등장한다. "가을·겨울 간에 메줏덩이를 만들어 이른 봄에 덩이를 부셔서 햇빛에 말려서, 메주 3~4되(升)에 따뜻한 물을 넣고, 싱겁게 소금을 넣어 작은 항아리에 담은 뒤 6~7일 숙성시켜 새로 나온 채소와 같이 먹으면 맛이 새롭다"는 것이다. 확실하지는 않지만, 요즘의 즙장이나 담북장으로 생각된다. 이 밖에 《증보산림경제》에서는 장에다 더덕, 도라지, 게, 새우, 생강, 으름덩굴 열매, 고기, 두부 등을 섞은 다양한 장이 등장하고, 또한 소두장(小豆醬), 달걀 장(醬), 적장(炙醬), 병장(餅醬), 천리장(千里醬) 등과 같은 다양한 장의 명칭이 나타난다.

《증보산림경제》에는 급히 장 만드는 법인 '급조정장법(急造淸醬法)'이 나온다. "소금 7홉(合)을 볶고 밀기울 8홉을 소금과 함께 빛깔이 누르도록 볶는다. 묵은 된장 3홉을 소금·밀가루 볶은 것에 물 여섯 탕기를 부어 네 탕기 되게 달이면 그 맛이 참 좋다."라는 것이다. 거르지 않은 메주 발효액에서 액체만 따로 분리하여 간장을 얻어 청장(淸醬)이라 한다.

《증보산림경제》에 나오는 '동국장법(東國醬法)'을 통해 구체적인 침장법을 알아보면 다음과 같다. 첫째, 항아리를 엎어 놓고 조그만 구멍이라도 있는지를 연기를 내어 조사한다. 장 항아리는 여러 해 쓰던 것이 좋다. 둘째, 소금은 수개월 저장하여 간수를 흘러내리게 한 것을 쓴다. 셋째, 물은 단 우물물이나 강 중심의 물을 큰 솥에 받아 여기에 소금을 녹여서 식으면 받쳐서 침장에 쓴다. 넷째는 메주 만들기인데, 높고 마른 땅에 말 밥통같이 긴 구덩이를 파놓는다. 콩을 무르도록 삶아 절구에 넣고 잘 찧어서 손으로 보통 수박 크기의 덩어리를 만들고 큰 칼로 쪼개어 두께 한 치 정도의 반월형 모양으로 한다. 이것을 구덩이 속에 매어 단다. 구덩이는 가마니나 풀 따위로 덮어주고 다시 비바람을 막도록 해놓으면 메줏덩이가 스스로 열을 내고 옷을 입게 되기를 기다려 뚜껑을 열어서 이것을 1차 뒤집어주고 8~9차

표 1 ： 조선시대 고문헌과 일제강점기 요리서에 나타난 장의 종류[38]

연도	저자	식품서	장(醬)의 종류
1400년대 중반	전순의	산가요록	청장(清醬), 말장훈조(末醬熏造: 메주 제조법), 합장법(合醬法), 훈조(熏造: 간장(艮醬), 난장(卵醬), 기화청장(其火清醬), 태각장(太殼醬), 청근장(菁根醬: 순무장)), 상실장(橡實醬), 선용장(旋用醬: 급히 장 만드는 법), 천리장(千里醬), 치장(雉醬: 꿩고기)
1500년대 중반	김유	수운잡방	장 담그는 법, 간장, 청장 만드는 법, 고추장, 일반 집장법
1680년	미상	요록	청장법(清醬法), 급장(急醬)
1600년대 말	하생원	주방문	즙디히(汁醬), 왜장(浣醬), 급히 쓰는 장(易熟醬), 쓴 장 고치는 법(救苦醬法)
1691년	강와	치생요람	조장(造醬), 합장(合醬)
1715년	홍만선	산림경제	생황장(生黃醬), 황숙장(黃熟醬), 면장(麵醬), 대맥장(大麥醬), 유인장(楡仁醬), 동인조장법(東人造醬法)
1752년		민천집설	조중국(造重麴), 합장(合醬), 구장실미법(救醬失味法), 황숙장(黃熟醬), 면장(麵醬), 시장(豉醬), 대맥장(大麥醬), 조청장(造淸醬), 급조장(急造醬)
1766년	유중림	증보산림경제	조장길일(造醬吉日), 조장기일(造醬忌日), 조장무충법(造醬無虫法), 대맥장법(大麥醬法), 유인장(楡仁醬), 소두장(小豆醬), 청태장(靑太醬), 급조장법(急造醬法), 급조청장법(急造淸醬法), …
1787년	서명응	고사십이집	생황장(生黃醬), 황숙장(黃熟醬), 면장(麵醬), 대맥장(大麥醬), 유인장(楡仁醬), 동국조장(東國造醬)
1815년	빙허각 이씨	규합총서	장 담그는 길일(吉日), 장 담그는 기일(忌日), 장 담그는 법, 어육장, 청태장, 급조청장법, 고추장, 청육장(청국장), 즙지이, 집장, (집메주장, 두부장)
1827년	서유구	임원십육지	동국장버(東國醬法), 조자물두방(造醬物料方), 청두장방(靑豆醬方), 중국장법(中國醬法), 숙황장법(熟黃醬法), 소두장방(小豆醬方), 생황장방(生黃醬方), 두유방(豆油方), 대맥장방(大麥醬方), 소맥장방(小麥醬方), …
1830년	최한기	농정회요	소맥부장(小麥麩醬)
1800년대 말	미상	군학회등	침장최긴법(沈醬最緊法), 조장길일(造醬吉日), 조장소기일법(造醬所忌日法), 택수법(擇水法), 훈조법(嘘造法), 침장법(沈醬法), 침장물료잡법(沈醬物料雜法), 장소길법(醬所吉法), 취청장버(取淸醬法), 생황장(生黃醬), 숙황장(熟黃醬), 대맥장(大麥醬), 소두장(小豆醬), 청태장(靑太醬), 유인장(楡仁醬), 동국조장법(東國造醬法), 천리장(千里醬), …

38 정혜경·오세영(2013),《한국인에게 장은 무엇인가》, 효일.

연도	저자	식품서	장(醬)의 종류
1800년대 말	미상	시의전서	간장(艮醬), 진장(眞醬), 약고초장, 즙장(汁醬), 담북장(淡北醬), 청국장
1913년	방신영	요리제법	메주 만드는 법, 간장 담그는 법, 어육장, 청대장, 즙장, 급히 만드는 장, 무장, 밀장, 된장, 멥쌀고추장, 수수고추장, 팥고추장, 무거리고추장, 떡고추장, 약고추장, 담북장, 급히 만드는 고추장
1938년	조자호	조선요리법	간장 메주, 고추장 메주, 정월장, 이월장, 삼월장, 고추장, 무장, 담북장, 청국장, 합장
1943년	이용기	조선무쌍신식요리제법	장의 본색(간장, 醬汁, 醬油, 淸醬, 甘醬, 法醬), 장맛이 변하거던 고치는 법, 며주(末醬) 만드는 법, 장 담글 때 조심할 일, 장 담글 때 넣는 물건, 장 담그는 데 긔타는 일, 장 담그는 날, 콩장, 팟장, 대맥장, 집장, 하절집장, 무장, 어장, 육장, 청태장, 장 담가 속히 되는 법, 급히 청장 만드는 법(淸醬), 고초장 담그는 법, 급히 고초장 만드는 법, 팟고초장, 벼락장, 두부장, 비지장, 잡장, 된장 만드는 법(豉), 승거운 된장, 짠 된장

례 이와 같이 하면 수십 일에 이르러 거의 다 마르니, 꺼내어 바싹 말린 후 장을 법대로 담으면 맛이 좋다는 것이다. 다섯째, 침장법으로서 메주 1말[斗], 소금 6~7되[升], 물 한 통으로 하되, 가을·겨울 간에는 소금이 적어도 좋으나, 봄·여름에는 소금이 많은 것이 좋다. 여섯째, 완성된 후에 장독 속에 우물을 파서 괸 맑은 청장을 매일 떠내어 따로 작은 항아리에 받아 낸다.

이처럼 콩만으로 만든 메주를 써서 '되다 → 된'이라는 뜻의 된장과, '간 → 소금'이라는 뜻의 간장을 얻는 방법이 조선시대 장의 주류라고 볼 수 있다.

5. 장과 고추의 절묘한 만남; 고추장

한식 문화를 혁명적으로 바꾼 고추

남아메리카가 원산인 고추는 열대와 온대에 걸쳐 널리 재배되는데, 우리나라에는 담배와 거의 비슷한 시기에 들어왔다고 한다. 일부학설에는 임진왜란 때 일본으로부터 전해졌다고 알려지나, 일본의 여러 문헌에는 고추가 임진왜란 때 한국에서 전해졌다고도 기록되어 있다.[39] 임진왜란 당시는 이미 에스파냐와 포르투갈에 의한 원양 항로가 개발되어 많은 향신료가 전 세계에 퍼지던 시기였다. 따라서 남아메리카가 원산인 고추도 대략 이 시기에 전 세계로 퍼졌는데, 일본을 통해서 고추가 우리나라에 전래된 것인지 중국을 통해 전래된 것인지는 명확하지 않고 좀 더 많은 연구가 필요하다. 최근에는 고추 자생설도 거론되니 좀 더 연구가 필요한 부분이다.

어쨌든 고추가 우리나라에 전래된 후 우리의 음식 문화는 고추로 해서 혁명적인 변화를 겪게 되는데, 이는 중국이나 일본과는 사뭇 다른 변혁에 가까운 것이었다. 우리가 고추를 이토록 좋아하게 된 것은 몸과 대지는 하나이고 따라서 음식은 곧 약이라고 생각하는 약식동원(藥食同源) 의식과도 관련이 있지만, 한민족의 독특한 민족성과 더욱 관련이 있는 것으로 추정된다. 그리고 임진왜란 당시의 시대적 상황과도 연관성이 있다. 고추는 중국에서는 음식의 부재료 혹은 기본 양념으로 쓰이고, 일본에서도 그 이상은 아니다. 일본에는 흔히 와사

---

39 야마모토 노리오(2017). 《페퍼로드; 고추가 일으킨 식탁 혁명》. 사계절. pp.188-189.

비라고 하는 양념을 만드는 고추냉이가 고추를 대체하는데, 이 매운 맛은 생선의 비린 맛을 없애주고 그 맛을 향상하는 데 사용한다.

　한국인들은 고추를 받아들인 이후 그야말로 모든 음식에 고추를 사용할 지경으로 고추를 많이, 그리고 독특하게 사용하기 시작했다. 그래서 이제는 고추에 의한 매운맛이 한국 음식의 대표적 이미지가 되었다. 한국 음식 문화는 고추 이전과 고추 이후로 나누어야 할 정도이다. 고추의 매운맛은 한국인의 특징을 나타내는 상징으로도 표현될 정도이므로, 우리에게 고추의 매운맛은 어느 정도 주술적인 의미가 있는 것으로 이해되기도 한다. 민간에서 장을 담근 뒤 붉은 고추를 집어넣거나 아들을 낳으면 왼 새끼줄에 붉은 고추를 숯과 함께 걸어 악귀를 쫓고자 하는 풍습은 바로 이러한 인식에서 비롯되었다. 옛사람들이 고추의 화학적 효과를 알았던 것은 아니다.

　고추가 처음 전래되었을 때는 몸에 좋은 약재로 인식되었다. 한국인들은 초기에 고추를 중풍·두통·치통·설사·신경통·동상 및 뱀독의 해독 등에 효능이 있다고 보았다. 고추의 캡사이신(capsaicin)은 모두가 아는 바와 같이 살균 및 정균 작용이 있고 건취에도 효과가 있다. 즉, 타액이나 위액의 분비를 촉진하여 소화율을 높이는 작용이 있다. 또한, 체내 신진대사를 어느 정도 촉진하는 항진작용과 혈중 콜레스테롤을 감소시키는 혈전 용해 기능이 있다. 이와 같은 효능이 있어서 고추는 약재에서 안주로, 안주에서 가장 중요한 식재료로 빠르게 자리 잡았고, 우리의 음식 문화를 대표하는 키워드가 되었다.

고추가 크게 유행할 수밖에 없었던 또 다른 이유로는 고추의 전래 시기가 임진왜란을 전후한 시기였기 때문이다. 경제활동이 거의 중지되고 농지가 훼손되어 먹을 것이 태부족인 상황에서 한국인들은 식량이 될 수 있는 것은 모두 찾아야만 했다. 이 시기에 많은 종류의 나물이 등장하게 되는 이유가 바로 그것이다. 그런데 그동안 먹을 수 없는 것으로 분류되었던 식물의 잎, 줄기나 뿌리를 먹으려면 냄새나 독성을 제거해야만 했다. 우리거나 찌거나 삶거나 해도 역한 맛이나 독성을 없애기는 그리 쉽지 않다. 그런데 고추는 역한 맛이나 독을 없애는 데 효과적이었다. 또 고추는 신경전달 세포의 기능을 일시적으로 마비시키는 작용이 있어서 먹을 것이 없는 어려운 시기를 극복하는 데 도움이 되었다.

이와 같은 이유로 대유행을 하게 된 고추는 임진왜란 이후 풋고추로 된장에 찍어 먹기도 하고, 간장에 절여 먹기도 하고 고춧가루로 만들어 각종 김치의 양념, 무침이나 찌개의 양념으로 넣기도 하고 고명으로 사용되는 등 한국 음식 문화에 엄청난 혁명을 일으키게 된다. 특히, 각종 김치에 고추가 들어가게 됨으로써 각종 젓갈류가 김치에 추가되게 되어 한국을 대표하는 매우 특별한 식품으로 발전하게 된다.

장과 고추의 절묘한 만남

한국 음식 문화를 대표하는 식품 중 가장 한국적인 것은 무엇일까? 김치, 젓갈, 된장 등을 들 수 있을 것이다. 하지만 이와 같은 식품은 사실 우리만의 것이지 않다. 동아시아에서 아프리카에 이르기까지 젓갈의 분포는 상당히 넓다. 된장 역시 동아시아에서는 낯익은 식품을 대표하는 것이라 할 만하다. 독특한 냄새가 나면 고향이 떠오른다고 한다. 고향을 대표하는 맛은 음식이 아니라 사실 소스라고도 한다. 그만큼 향과 맛은 뿌리 깊은 것이고 좀처럼 바뀌지 않는 것이다. 한국을 대표하는 향과 맛을 가진 소스는 된장과 고추이다. 우리의 조상들은 이 두 가지 재료를 합쳐 고추장을 만들었다.

이러한 고추장이 만들어진 역사를 문헌에서 찾아보면 다음과 같다. 고추와 우리의 된장 문화가 결합한 고추장이 1740년의 이시필이 지은《소문사설 護聞事說》에 등장하였고, 1800년대 초의《규합총서 閨閣叢書》에는 순창고추장과 천안고추장이 팔도 명물로 소개되어 있다. 즉, 조선 후기의《증보산림경제》(1765년)에 보면 만초장법으로 "콩으로 만든 메줏가루 1말에 고춧가루 3홉(合), 찹쌀가루 1되(升)를 섞어 좋은 청장으로 개어서 장을 만든 후 햇볕에서 숙성시킨다."라고 하였는데 이 내용은《소문사설》속 고추장법과 비슷하다. 즉, 임진왜란 이후 고추의 보급에 따라 오늘날과 비슷한 고추장을 만들고 있었다. 그런데 고추가 들어오기 전에도 이와 비슷한 역할을 하는 천초(川椒)를 섞은 된장을 담그고 있었다. 허균이 지은《도문대작 屠門大嚼》(1611년)에 초시(椒豉)라는 말이 나오는데, 이는 천초로 만든 천초장(川椒醬)으로 추측하고 있으나 확실한 것은 아니다. 그 후《월여농가 月餘農歌》(1861년)에서는 고추장을 번초장(蕃椒醬)이라고 부르고 있다. 즉, 된장에서 우리 민족 특유의 창의성이 더해서 만들어진 음식이 고추장으로, 고문헌에서도 그 발자취를 찾아볼 수 있다.

《소문사설》의 '순창고추장법'

콩 두 말로 메주를 쑤고 백설기 떡 5되를 합하여 잘 찧어서 곱게 가루를 만들어 빈 섬에 넣고 띄우는데, 음력 1월, 2월에는 7일 정도 띄워서 이것을 꺼내어 햇볕에 말린다. 좋은 고춧가루 6되와 위의 가루를 섞는다. 또 엿기름 1되와 찹쌀 1되를 합하여 가루로 만들어 되직하게 죽을 쑤어 냉각한 후에 단간장을 적당히 넣으면서 모두 항아리에 넣는다. 또 여기에 좋은 전복 5개를 비슷하게 썰고 큰 새우와 홍합을 함께 넣고 생강도 썰어 넣어 15일 정도 식힌 후에 꺼내어 찬 곳에 두고 먹는다. 필자가 생각하기를, 꿀을 섞지 않으면 맛이 달지 않은데, 이 방법이 실려 있지 않은 것은 빠진 것인가 하는 의구심이 든다.

《주찬 酒饌》의 '고초장법(古草醬法)'

집장 메주처럼 메주를 만들어서 그 1말을 가루 내고 또 찹쌀 3~4되로 밥을 짓는다. 여기에 소금 4되마다 고춧가루 5홉 정도를 섞어 진흙처럼 만든 다음 생강을 잘게 저민 것, 무김치를 잘게 저민 것, 석이, 표고, 도라지, 더덕 따위를 층층이 넣고 장을 담그면 그날로 먹을 수 있다. 익은 다음에도 여섯 가지 맛이 변하지 않아 좋다.

《규합총서》의 '고초장'

콩 한 말을 쑤려면 쌀 두 되를 가루로 만들어 흰무리떡을 쪄서 삶은 콩을 찧을 때 한데 넣어 찧어라. 메주를 한 줌에 들게 작게 쥐어 띄우기를 법대로 하여 꽤 말리어 곱게 가루를 만들어 체에 쳐 놓는다. 메줏가루 한 말이거든 소금 너 되를 좋은 물에 타 버무리되, 잘고 되기

를 의이만 치 하고 고춧가루를 곱게 빻아서 닷 홉이나 칠 홉이나 식
성대로 섞는다, 찹쌀가루 두 되를 밥 질게 지어 한데 고루 버무리고
혹 대추 두드린 것과 포육 가루와 화합하고 꿀을 한 보시기만 쳐서
하는 이도 있다. 소금과 고춧가루는 식성대로 요량하면 된다, 그리고
《규합총서》의 말미에 '동국 팔도 소산'이 나오는데, 이에는 함양과 순
창이 고추장의 명산지로 나온다. 순창이 고추장으로 유명한 것은 잘
알려져 있으나, 함양의 경우는 잘 알려지지 않았는데 이 당시 유명했
던 것으로 짐작한다.

    이렇게 외국에서 도입된 고춧가루로 만든 고추장은 이제 우리 민
족에게 빼놓을 수 없는 식품이다. 고추장에는 한민족의 음식 문화가
응축되어 있다. 메줏가루, 찹쌀, 고춧가루에 엿기름을 넣어 숙성시
킨 고추장의 매운맛은 무조건 매운맛이 아니다. 한민족의 음식 문화
깊이가 그대로 배어 있는 그런 깊은 맛이다. 한국의 김치는 일본의
기무치와는 맛이 사뭇 다르다. 김치의 진정한 참맛을 알게 되면 일본
인들조차 기무치보다는 본 고장의 김치인 한국 김치를 찾게 된다고
한다. 사실 김장을 해본 한국 어머니들의 입장에서 김치를 담그는 것
은 그리 어려운 일이 아니다.
    그런데도 일본의 식품업체들은 한국식 김치를 만들어 내지 못한
다. 그 이유는 향과 맛에 대한 굳어진 고정관념을 바꾸는 것이 생각
보다 쉽지 않기 때문이다. 김치에 들어가는 각종 부재료와 양념은 일
본의 제조업자 입장에서는 조금 덜해야만 할 것으로 생각되지만, 한
국인의 입장에서는 곰삭은 깊은 맛을 위해 아끼지 말아야 할 것이다.

사실 썩은 것에 다름 아닌 것으로밖에 생각되지 않는 젓갈을 신선한 재료에 양껏 넣는다는 것이 외국인의 입장에서 그리 쉬운 것은 아니다. 김치와 고추장은 한국의 맛을 대표한다. 고추 이전의 김치는 고추를 만나면서 맛이 더욱 오묘해지고 영양가도 더욱 풍부해져 다른 나라와는 확실하게 차별화되는 한국의 대표 식품이 되었다.

한국의 김치와 고추장의 깊은 맛은 단순하지 않다. 발효 과정을 통해서 변화된 맛은 그냥 맵고, 달고, 쓰고, 시고, 짜다고 표현하기에는 적절하지 않다. 한국인들 관점에서 "고추장의 맛은 매우면서 달짝지근하고, 씁쓰름하고, 시큼하고, 짭짤하고, 톡 쏘는 훈향의 맛이다." 라고 표현되어야 그나마 적절하게 느껴진다.

그러나 다양한 맛을 포함하는 고추장의 맛은 한국인뿐만 아니라, 외국인의 입맛에도 맞는다. 된장이나 청국장은 그 깊은 맛을 느낄 수 있는 소수의 외국인을 제외하면 받아들이기 어려운 맛이 있다. 하지만 고추장은 그 깊이를 느끼게 하는 열린 한국의 맛이라 할 수 있다. 고추의 도입이 한민족음식 문화 최대의 사건이라 할 만하다.

6. 끈질긴 한민족, 느림의 음식; 장

간장이나 된장만큼 우리 음식의 진상을 보여주는 음식도 많지 않다. 동일한 조건에서 만든 음식이라도 어느 상태에서 먹느냐는 것은 매우 중요하다. 특히, 음식을 먹을 때는 음식의 온도가 중요하기 때문에 가능하다면 음식을 만든 즉시 먹는 것이 가장 맛있을 때가 많다. 그런데 이와는 반대로 음식을 만든 즉시 먹는 것이 아니라, 가능하다면 천천히 먹는 것이 미덕인, 기다림의 미학을 보여주는 음식들이 한국 전통 음식에는 많다.

한국 속담에 '친구와 장맛은 오래될수록 좋다.'라는 말이 있는데, 이것이야말로 한국 음식의 특징을 잘 표현해 준 말이 아닌가 싶다. 그래서 음식으로 잘 알려진 집이라면 우선 기가 질리게 많은 장독에서 반들반들하게 윤이 나게 잘 닦인 장독들까지 장과 관련해서 시선을 끄는 것이 많다. 또 지금은 많이 사라졌지만 수년씩 묵은장들이 존재하는 집도 많았다. 바로 이런 게 한국 음식의 기본을 이루는 요소라고 생각된다. 한국인들이 대체로 성격이 급하고 다혈질의 민족이라고 하는데, 장을 보면 전혀 그렇지 않다. 이렇게 느린 음식(슬로푸드)을 만들고 즐겨 먹던 민족이 어쩌다가 성질이 이다지도 급해졌는지 알 수 없을 때가 많다. 급한 한국인의 기질을 순하게 다스려 줄수 있는 음식이 바로 지금 거론한 발효 음식, 즉 오래 묵을수록 좋은 간장이나 된장과 같은 음식이다.

우리가 장류를 이렇게 발전시킨 것은 물론 실용적인 이유도 있다. 냉장고가 없던 시절에는 먹고 살기 위해서 저장 식품이 필수였기 때문에 이런 저장음식들이 한국 음식의 기본을 이루고 있었다. 김치나 장아찌, 젓갈, 말린 나물 같은 저장 음식 중에서도 장류가 가장 기본적인 조미료가 된다. 특히, 장은 콩으로 만들어 먹었기 때문에 훌륭한 단백질 공급원이었다. 따라서 좋은 장을 가공할 수 있는 솜씨가 바로 가족의 건강을 보존하는 첩경이었다. 이 정도면 우리 조상들이 장을 얼마나 중요시했는지 알 수 있다. 또 《규합총서》를 보면 장을 담글 때 얼마나 조심하고 정성을 기울여야 하는지에 관해 나온다.

"하루에 두 번씩 냉수로 정성껏 씻되, 물기가 남으면 벌레가 나기 쉬우니 조심해서 해라. 담근 지 삼칠일(21일) 안에는 상가나 애를 출산한 집에 가지 말고 생리 중에 있는 여자나 잡 사람을 근처에 오지 말게 해야 한다."라는 것이다. 생리 중의 여인이 장독 근처에 가지 못한다는 것이 지금으로서는 이해가 되지 않지만, 과거에는 인류의 보편적인 금기였으니, 이로써 이해할 수 있다.

또 조선 선조 30년에 정유재란(1597년)을 맞은 왕은 국난으로 피란을 가며 신(申) 씨 성을 가진 이를 합장사(合醬使)로 선임하려 했지만, 대신들은 이를 반대하였다. 조정 대신들은 신은 산(酸)의 대본(大本)으로 장맛이 시어질 것을 우려해 신 씨는 장 담그기에 합당하지 않다고 이를 반대한 것이다. 또 옛날에는 미생물에 의해 일어나는 과학적인 발효작용을 몰랐기에 장 담그는 일이 일종의 성스러운 행사였다. 장 담기 3일 전부터 부정한 일을 피하고, 당일에는 목욕재계하고 음기(陰氣)를 발산하지 않기 위해 조선종이로 입을 막고 장을 담갔다고 하니 그 정성이 놀랄 만하다.

간장에 얽힌 속담이나 이야기는 많다. 가령, '한 고을의 정치는 술맛으로 알고 한 집안의 일은 장맛으로 안다'는 말이 있던데, 이것은 옛날부터 장맛이 좋아야 그해 집안에 불길한 일이 없다는 식으로 믿어 왔기 때문에 생긴 이야기 같다. 집안 식구가 공연히 아프거나 심지어 죽게 되면 장에 벌레가 끼었다는 식으로 믿었다. 그 때문에 장독 간수에 신경을 엄청나게 썼다. 또 그런 말도 있다. '장맛 보고 딸

준다'고 말이다. 장맛이 좋은 집안이라야 별 탈이 없으니 딸을 시집 보낼 수 있다는 것이다.

그러니까 간장은 만드는 데에 적어도 5~6개월 이상이 걸리는 것이다. 대단한 음식이다. 전 세계에서 포도주 같은 것 빼고 이렇게 오래 만드는 음식이 또 얼마나 될는지 모르겠다. 원래 간장의 경우에는 '아기 배서 담근 장을 그 아기가 결혼할 때 국수 만다.'라는 속담이 있을 정도로 오래된 것을 높이 친다. 간장에서 가장 높이 치는 것은 60년이 넘어 색깔이 검고 거의 고체가 된 것이다. 자그마치 60년이다. 이뿐만이 아니라 오래된 가문에서는 계속 겹장의 형식으로 수백 년씩 된 간장을 가지고 있다. 우리나라의 음식 문화는 상상력을 뛰어넘는다.

된장은 예로부터 "오덕(五德)이라 하여 첫째, 단심(丹心)이다. 즉, 다른 맛과 섞어도 제맛을 낸다. 둘째, 항심(恒心)으로 오랫동안 상하지 않는 일정한 맛을 낸다. 셋째, 불심(佛心)으로 불가에서 금하는 비리고 기름진 냄새를 제거한다. 넷째, 선심(善心)으로 매운맛을 부드럽게 해주는 착한 마음이다. 다섯째, 화심(和心)으로 어떤 음식과도 조화를 잘 이룬다."라고 하였으니 실제로 우리 민족이 추구한 고요하고 평화로운 정신세계를 가장 잘 구현하려 한 음식으로 생각된다. 그러므로 장은 오랜 인고의 세월을 기다림으로 살아온 우리 민족의 성격을 대변하는 기다림의 음식이라고 할 수 있다.

된장 속담-며느리와 장맛

이렇게 장이 우리 민족의 삶 속에 깊이 들어와 있었기 때문에 자연히 장에 관한 오랜 경험이 속담으로 전해져 내려오게 되었다. 또한, 장맛이 변하는 것을 아주 불길한 징조로 여겼기 때문에 장을 관리하는 데도 온갖 노력을 기울였다. 그래서 장 담그기에 대한 금기 사항도 속담으로 전해 내려와 이러한 행위를 금기하고 있다.

- 메주를 짝수로 만들면 불길하다.
- 2월에 장을 담그면 조상이 제사를 받지 않는다.
- 3월에 간장을 담그면 제사를 못 지낸다.
- 장독에 새 솔을 덮으면 나쁘다.
- 신일에 간장을 담그면 장맛이 변한다.
- 간장독을 깨뜨리면 집안이 망한다.
- 장독에 쥐가 빠지면 집안에 나쁜 일이 생긴다.
- 망한 집은 장맛이 변한다.
- 한 고을 정치는 술맛으로 알고, 한 집안일은 장맛으로 안다.

이런 속담들은 모두 장맛을 지키기 위해 애썼던 선조들의 노력이 담긴 것들이다. 이런 속담이 있고 보니 새로 시집온 며느리는 물론이고, 한 집안의 부녀자들이 장맛에 신경을 쓰지 않을 수가 없었다. '장맛이 나빠지면 집안이 망할 징조'라며 눈총을 받게 될 것이니 말이다. 그래서 '집안 식구가 죽는다거나 몹쓸 병에 걸리는 해에는 장에 벌레가 생기고 변질한다'는 속담이 있어 장을 담근 후에도 수시로 장을 살피고 장독 관리에 정성을 쏟았다. 장이 맛있는 집은 복이 많은 집이라고 여겼다. 그래서 이런 속담도 생겼다.

- 며느리가 잘 들어오면 장맛도 좋아진다.
- 장이 단 집에 복이 많다.
- 장이 단 집에는 가도, 말 단 집에는 가지 마라. (장맛이 좋은 집에는 가도, 말만 달콤하게 하는 집에는 가지 말라는 말로, 듣기 좋은 말만 늘어놓는 사람은 조심하라는 뜻)
- 말 많은 집 장맛은 쓰다.

이처럼 장에 비유해 덕담을 하기도 하고 그 집안을 칭찬하는가 하면 은근히 꼬집기도 했는데, 이는 그만큼 장이 민족적 공감대를 형성하고 있기 때문이다. 그 외 장의 특성을 비유하여 인심이나 세태를 풍자하고 처세를 꼬집은 속담도 많이 전해져 온다.

- 된장에 풋고추 박히듯이.
- 구더기 무서워서 장 못 담글까.
- 얻어먹어도 더덕 고추장.
- 뚝배기보다 장맛이 좋다.
- 딸의 집에서 가져온 고추장.
- 소금에 절지 않은 것이 장에 절까?
- 고추장 단지가 열둘이라도 서방님 비위를 못 맞춘다.
- 팥으로 메주를 쑨다고 해도 곧이듣는다.

• 콩으로 메주를 쑨다고 해도 곧이듣지 않는다.

이상과 같이 우리나라의 음식 중에서 장만큼 우리 민족과 함께 울고 웃고 하면서 민족적 정서를 함께 나눈 음식은 없다고 생각된다. 깊고 오랜 세월 동안 발효가 빚어낸 참 맛 그게 바로 우리의 민족성이다.

7. 장의 지속 성장 가능성

우리 장의 효능과 그리고 앞으로의 장의 미래 지속 가능성에 관해 말해 보자. 콩을 발효시킨 된장과 청국장이 건강을 좋게 하는 비밀은 무엇일까? 이는 콩 자체에 들어 있는 항암, 항산화 성분이 발효 과정을 통해 우리 몸에 흡수되기 좋은 형태로 변한다는 것이다. 그리고 발효 과정에서 생겨나는 다양한 성분들은 깊은 맛을 내면서 특히, 정장작용(대장 기능이 정상적으로 작용하는 것)이 탁월해 각종 성인병으로부터 우리 몸을 지켜준다. 발효를 일으키는 곰팡이와 젖산균이 콩에는 없다가 된장에는 생겨나는 것이다.

그런데 된장은 암 예방에 효과가 있다. 오래전에 미국의 어떤 저명한 의학 논문집에 된장에 발암물질이 있다는 연구가 실린 적이 있었다. 그 주범은 푸른곰팡이인데, 메주를 띄우는 과정에서 '아플라톡신'이라는 발암물질을 만들어 낸다는 것이었다. 그때 우리나라 사람들이 놀란 것은 말할 것도 없었다. 그러나 곧 우리 학계의 반격이 시작되었고 일단 이 학설이 잘못된 것으로 판명되었다. 한민족이 수천 년을 먹고 지내왔던 음식에 발암물질이 있다니? 된장에 정말로 발암물질이 있다면 오래전에 우리 식단에서 사라졌을 것이다.

메주를 만들어 띄울 때 발암물질인 아플라톡신이 생기는 것은 맞다. 메주를 건조할 때 보면 하얗게 혹은 까맣게 곰팡이가 생기지 않는가? 여기에서 그 물질이 생기는 것이다. 그런데 그 학자가 하나만 알고 둘은 몰랐다. 이 메주를 소금물에 넣을 때 메주 겉에 붙어 있는 곰팡이를 솔로 단단히 씻어 완전히 제거한다. 그렇게 하고도 남은 곰팡이들은 장이 발효될 때 대부분 사라진다. 이렇게 해서 숙성이 다 되면 된장에는 발암물질이 거의 남아 있지 않게 된다. 전통적으로 장을 담글 때에도 무엇보다 메주를 청결하게 위생적으로 다루는 것은 중요하다.

현대 질병 치유, 항암 식단

한국 음식은 산과 들에서 나는 채소를 이용한 다양한 채식 요리가 발달하였고, 식물성 단백질의 공급원인 콩을 발효시킨 장을 먹었다. 장은 단백질이 부족한 한식에서 오랜 세월 단백질 보충 역할을 하였다. 콩을 발효시킨 장류에는 콩에는 없는 비타민 B_{12}가 생겨나 장수에 필요한 영양소를 보충해준다. 비타민 B_{12}는 악성 빈혈과 두뇌 건강에 필요한 필수 영양소로, 주로 동물성 식품에만 존재한다. 우리같이 채식만 하는 민족에게는 결핍되기 쉬운 영양소인데, 이를 콩을 발효시킨 장에서 섭취해 온 것이다.

그러니까 장은 콩보다 영양가가 높고, 콩이 발효되어 생겨난 미생물의 작용에 의하여 소화 흡수가 잘된다. 콩에는 암세포를 이기는 성분인 제니스테인과 노년기 여성들의 골다공증을 예방해주는 이소플라본(isoflavone)이 풍부히 들어있다. 그리고 혈액 건강과 관련하여 혈관을 튼튼하게 해주는 리놀렌산(linolenic)이나 혈관 용해 효소, 그리고 치매에 효과적인 콜린(choline) 성분도 풍부하게 들어있다. 트립신인히비터(trypsin inhibitor)는 당뇨 예방 물질로 주목받고 있다. 항산화제로 알려진 사포닌도 들어 있다. 아르지닌(arginine) 같은 아미노산도 풍부한 편이다. 장 중에서도 고추장은 캡사이신이 풍부해 항산화제 역할을 한다. 이러한 것들은 콩과 장에 들어 있는 영양 성분이지만, 중요한 것은 이를 효과적으로 잘 먹고 식생활 속에서 활용하지 않으면 소용이 없다.

장으로 제안할 수 있는 식단에는 무엇이 있을까? 항암 성분이 많으니 항암 예방 식단에 응용하면 좋을 것이다. 그리고 콩에 풍부한 에스트로겐을 활용한 골다공증에 좋은 식단. 콩 속의 레시틴(lecithin)을 활용한 학습 능력이나 기억력 증진을 돕는 식사, 콜린 성분은 노화 방지와 치매 예방에도 도움을 줄 수 있다. 트립신인히비터는 당뇨병 개선 식단에 도움이 된다. 특히, 장 속에 풍부한 비타민 B_{12}는 빈혈 예방에도 좋으며, 두뇌 건강에도 좋다. 아르지닌과 같은 풍부한 아미노산과 비타민, 무기질은 만성 피로에 시달리는 간 기능 개선에도 도움이 된다. 특히, 요즈음 어린이들은 아토피가 심각한 경우가 많은데, 어릴 때부터 자연 건강식품인 장으로 만든 이유식을 시도해 보는 것도 좋다.

장의 미래, 자원화와 기능성

장은 이제 단순히 발효 음식의 기능을 넘어 우리 지구의 미래 건강 음식이 되었으면 한다. 지금도 많은 식품 과학자가 장을 두고 연구에 골몰하고 있다. 이러한 연구를 살펴보고 앞으로 우리 장의 미래를 고민해 보자.

최근 장류 연구 가운데 그 기능성에 관한 연구가 돋보인다. 이전에는 장을 양념이나 부식 개념으로 보았다면, 여기서 더 나아가 장이 갖는 기능성에 주목한 연구가 많아졌다. 지금까지 연구를 통해 확인된 장 기능성에는 된장의 혈액 순환 개선과 항 종양성, 고추장의 체중 조절 및 항 종양성, 청국장의 고혈압 조절 및 항암, 항산화 기능 등이 있다.

전통 장류의 미생물학적, 식품공학적 분석을 통한 연구는 활발히 이루어지고 있다. 콩 발효식품인 된장, 고추장의 건강 기능성으로 항암성, 항산화성, 항혈전 효능 등 다양한 생리적 기능성이 밝혀지면서 전통 콩 발효식품의 가치와 중요성이 재인식되고 있다. 된장 유래 항혈전 펩티드 탐색과 대두 유래 단백질의 항동맥경화에 관한 연구 등 전통 식품에서 생리활성 물질을 찾으려는 노력이 필요하다. 이는 옛 문헌 속에 나타나는 장의 기능성을 과학적으로 인증하려는 노력이기도 하며, 이를 활용한 새로운 식품 모델을 만들 수도 있다. 청국장은 이미 다양한 건강식품으로 시제품이 만들어지고 있다.

그리고 전통 장류에 존재하는 다양한 한국형 유용 미생물을 발굴하여 자원화하여 미생물 로열티 문제를 해결하고, 관련 미생물을 활용하여 고부가 장류 제품뿐만 아니라 기능성 식품, 화장품, 미생물농약, 반려동물 사료, 축산 사료 등에 활용하는 연구도 중요해 보인다. 또 장류에 대한 기능성 연구에서 더 나아가 의약과 관련된 연구가 필요하다. 4차 산업과 관련하여 우리 전통 장류 제품은 팜바이오틱스 산업 분야 핵심으로 부각되고 있으며, 해외에서도 관심이 집중되고 있다. 이러한 과학적 연구 외에도 사찰 장이나 종가 대물림 전통 장, 왕실 장 등의 조리법을 기록하여 남기는 작업 또한 중요하다. 이처럼 전통 장 담그기를 식품으로만 인식하기보다는 가족공동체의 역사 문화적인 가치로 보존할 필요가 있다. 특히, 재외동포(조선족, 고려인 두레 공동체 등) 사회의 전통 장류 제조 및 사용 실태 등에 관한 심층적인 연구도 필요하다.

장의 제조기술 논쟁

이토록 우리 민족의 발효 음식인 장은 할 일도 많고 앞으로 갈 길도 멀다. 특히, 현대인들은 식생활이 서구화되고 패스트푸드에 길들면서 많은 건강상의 문제를 안고 살아간다. 이러한 문제의 해결책으로 전통 음식을 다시 보기 시작하였고, 전통 장도 그중 하나이다. 장은 맛을 좌우하는 조미료에서 더 나아가 인류 미래의 건강 음식이라는 것이 속속 밝혀지고 있다. 전통 장은 인공 첨가물 없이 자연의 재료와 물과 햇빛 그리고 시간과 정성으로 만드는 식품이다. 그리고 느리게 살아가는 철학을 실현하는 한국 슬로푸드의 대표 주자이다.

그러나 최근 공장에서 제조된 장을 둘러싼 논쟁이 뜨겁다. 우리의 전통 장은 시대에 맞게 진화하고 있고, 진화되어야 한다. 이제는 전통 장과 공장에서 제조한 장류 사이의 소모적인 논쟁은 끝내야 한다. 산 분해 간장, 혼합간장, 양조간장은 식품산업 발전이 만들어 낸 시대의 산물로 인정해야 한다. 이러한 현대식 장을 만들 때 우리 전통 장의 장점을 활용하고 그러면서도 우리 전통 장을 지켜나가는 조화로운 음식 지혜가 더욱 필요한 시점이다.

민족의 음식,
김치

김치(kimchi)는 한국 고유의 채소로 만드는 민족 발효 음식이다. 배추나 무 등에 소금과 여러 가지 재료를 첨가하여 젖산[유산(乳酸)] 발효로 만드는 산 발효 채소(acid-fermented vegetable)의 일종이다. 세계적으로 보아 산 발효 채소로는 독일의 양배추로 만드는 사우어크라우트(saurkraut, 자우어크라우트) 혹은 오이로 만드는 피클(pickle), 중국의 여러 가지 채소로 만드는 저(菹) 등이 있다. 일본에는 채소로 만드는 쓰케모노[つけもの, 지물(漬物)]가 있다.

일반적으로 산 발효 채소는 첫째, 부패성 미생물의 발육을 억제하고, 둘째 병원균의 감염을 억제하며, 셋째, 채소를 수확해서 소비할 때까지 저장성을 높여주고, 마지막으로 원료의 향미나 영양가를 올릴 수 있다는 장점이 있다.

한국 밥상의 특징은 채식 위주의 식단과 발효 음식이 발달한 것이다. 그리고 음식 재료의 대부분을 자연에서 얻는다. 그리고 음식을 먹는 게 아니라 '정'을 먹는다고 할 정도로 정성을 기울여 음식을 만든다. 그러니 가장 자연적인 식재료인 채소로 온갖 정성을 기울여 만든 채소 산 발효 음식이 바로 김치이다. 그리고 세계인들에게 가장 잘 알려진 한국을 대표하는 민족음식도 바로 김치이다.

1. 김치는 젖산 발효 대표 음식

김치는 독특한 방식으로 저장되는 한국식 채소 음식의 한 종류이다. 김치는 한국인이 채소를 원료로 하여 만들어낸 음식 중에서 가장 뛰어난 발명품이다. 사실 채소를 단순히 소금에만 절인 '저(菹)'의 형태는 중국과 일본에도 있었다. 그러나 한국 김치의 특징은 이와는 다른 한민족의 독특한 음식이다.

김치는 우선 배추와 같은 채소에 온갖 종류의 동식물성 양념이 어우러지고 적절하게 혼합되어야 한다. 그리고 이런 것들이 함께 발효 과정을 거치면서 몸에 이로운 유산균(젖산균)을 비롯한 여러 요소를 만들어내야 비로소 김치라 불릴 수 있다. 이처럼 김치는 중국의 '저'와는 근본적으로 다르다. 김치는 비빔밥처럼 대표 음식 철학인 '섞음의 미학'을 잘 실천한 음식이다. 채소에 여러 양념을 넣은 다음 멸치나 새우 같은 동물성 식품을 발효시켜 만든 젓갈을 섞어서 다른 형태의 음식을 만들어낸 것이 김치다. 그래서 김치를 두고 최고의 발명품이라고 한다.

특히, 외국에서 들어온 고추를 김치에 이용한 지혜는 매우 놀랍다. 고춧가루의 매운 성분을 포함하고 있는 '캡사이신'이라는 물질은 비타민 C가 풍부해 항산화제의 기능을 한다. 인간의 노화 과정은 산화로 설명하기도 하는데, 산화를 억제하면 노화가 더디게 진척된다. 또한, 고추는 미생물의 부패를 억제하는 기능이 있어 음식물을 쉬 상하지 않게 한다. 일본의 채소 절임과 명백히 구분되는 특징이 여기에 숨어 있다. 즉, 일본의 채소 절임은 소금을 저장 목적으로 쓰기 때문에 많이 넣어야 한다. 따라서 짜게 절여지게 된다. 중국의 채소 절임도 이와 크게 다르지 않다. 그러나 한국의 김치는 고춧가루를 사용하므로 소금을 조금만 넣어도 된다. 그리고 젓갈을 넣어도 쉬 상하지 않게 된다. 그래서 젓갈도 사용하면서 크게 짜지 않으면서 비교적 오랫동안 저장할 수 있다. 그런 의미에서 김치에 고춧가루를 사용한 것은 대단히 과학적인 지혜이다.

김치의 종류, 200-300여 종

김치의 종류는 어떤 것들이 있을까? 지금까지 알려진 김치의 종류는 약 200~300여 종에 달한다. 아마 세상의 어느 민족도 단일 음식만으로 200여 종 이상을 개발해내는 끈기를 가진 민족은 드물 것이다. 소금에 절인 채소인 '저' 한 가지를 놓고 끊임없이 생각하고 새로운 재료를 넣어 시도해 만들다 보니 200여 가지 이상이 된 것이다.

김치 종류만 가지고 이야기하면, 서유구가 1827년에 쓴 《임원경제지 林園經濟志》〈정조지 鼎俎志〉 편에 이미 90가지 이상의 김치 종류가 나온다. 그는 이것을 크게 네 종류로 나누어 보고 있다. 즉, 소금에 절인 김치와 술지게미를 넣어 만든 김치를 통칭한 엄장채(醃藏菜)가 그 하나이고, 누룩이나 쌀밥을 넣어 발효시킨 식해형 김치인 자채(鮓菜)가 둘째이고, 간장이나 된장, 혹은 초(醋)에 생강, 마늘 같은 향신료를 같이 넣어 만든 제채(虀菜)가 셋째이고, 지금 우리가 먹는 김치와 같은 의미의 저채(菹菜) 혹은 침채(沈菜)가 넷째이다. 이는 물론 중국 문헌을 많이 참고한 것으로도 보인다. 이 가운데에서 현재 우리가 제채의 전통을 이어받아 장아찌로 먹고 있고 침채는 김치로 변형해서 먹고 있다고 생각한다. 그런데 이상하게도 서유구의 형수인 빙허각 이씨의 저서인《규합총서》에는 김치의 종류가 그다지 많이 나오지 않는다. 늘상 먹는 중요한 음식이라 다 기록하지 않고 별미김치만 기록한 것으로 생각된다. 이 책에 나오는 김치 가운데 주목되는 것은 한겨울에 담가 먹는 겨울 김치나 간장을 넣어 담근 장짠지, 전복에 유자나 배 등을 곁들여 만든 전복김치 등이 있다. 이 당시 실제로 먹은 김치라고 생각된다.

과학적인 지혜가 담긴 김치의 종류는 그 뒤에도 계속 늘어날 뿐만 아니라, 지방마다 새로운 김치가 나온다. 가령, 전라도 고들빼기김치나 갓김치, 개성의 보김치, 서울 깍두기, 감동젓무 등이 모두 그런 예에 속한다고 할 수 있다. 이렇게 천천히 늘어나다 보니 200종류가 더 되는 것이다.

김치에 사용되는 재료

김치에 주로 사용된 재료는 주재료, 양념, 젓갈, 고명 등으로 나눈다. 먼저 주재료는 주인공인 채소류이다. 채소류는 무, 배추, 가지, 열무, 갓, 미나리, 깻잎, 고구마 줄기, 돌나물, 고사리, 고수, 고들빼기, 오이, 동아, 청각, 무순, 호박, 부추, 들깻잎, 박, 시금치, 쑥갓, 고춧잎, 콩잎, 풋마늘, 승검초, 파, 우엉, 무말랭이, 죽순, 으름, 양파, 뽕잎, 부들, 곤달비, 토란 줄기, 달래, 더덕, 도라지, 두릅, 당근, 양배추, 토마토, 포도 잎, 근대, 원추리, 돌나물, 메밀 순 등이다.

양념으로는 소금, 파, 마늘, 생강, 고추, 간장, 식초, 설탕, 겨자, 기름, 조청, 육수, 고추장, 천초, 후추, 청각, 꿀(청밀), 석회, 백반, 엿기름 등을 사용하였다. 젓갈류로는 새우젓, 황새우젓, 소라젓, 조개젓, 창난젓, 꼴뚜기젓, 전어젓, 밴댕이젓, 조기젓, 준치젓, 멸치젓, 조개젓, 곤쟁이젓(새우의 한 종류) 등이었다. 그리고 고명으로 실고추, 깨, 밤, 실백, 석이, 석류, 대추, 회향, 화초 등이었다. 그 밖에 찹쌀 풀을 쑤어 넣어 유산균 먹이 활동을 왕성하게 하여 풍미를 더했다.

이외에도 버섯류, 콩류, 쇠고기, 돼지고기. 닭고기, 생선류, 어패류, 낙지, 해삼, 생새우 찹쌀 풀 같은 곡류, 과일 등이 들어간다. 기타 맨드라미꽃이나 백두옹 등을 김치 산패를 막기 위해 항산화제 역할을 하는 부재료로 활용하기도 하였다. 고추가 양념으로 자리 잡기 이전부터 홍색으로 물들일 때 계관화(鷄冠花) 즉, 맨드라미꽃과 잎을 사용하였다. 안토시안계 색소를 김치 물에 넣어 김치 물을 붉게 하고 젖산 발효를 하여 산성 용액에서 홍색으로 고정하는 원리를 이미 알고 있었다. 이는《규합총서》,《조선무쌍신식요리제법 朝鮮無雙新式料

理製法》,《증보산림경제》등을 통해 알 수 있다.

2. 우리나라 김치의 역사

김치의 역사는 어디서부터 시작해야 할까? 김치 유물이 남아 있지 않으니 문헌으로 살펴보아야 한다. 우리나라의 문헌에 김치가 나오는 것은 늦어도 삼국시대 이후이고, 그 이전은 국경 구분이 거의 없던 시대이니 중국의 옛 문헌을 통하여 고대 김치의 기원을 찾아보고, 우리나라 문헌을 통한 김치 역사를 간략하게라도 살펴보려고 한다.

중국 문헌의 김치 원형; 저(菹)

지금부터 약 3천 년 전 중국 최초의 시집인 《시경 詩經》에 다음과 같은 노래가 나온다. "밭두둑에 외가 열었다/ 외를 깎아 저(菹)를 담자/ 이것을 조상에 바쳐 수(壽)를 누리고 하늘의 복을 받자."

여기에 나오는 '저(菹)'를 김치의 원형으로, 이것이 문헌상의 첫 기록이라고 본다. 그러나 현재의 김치와는 전혀 다르고 단지 출발점을 시사한다. 이후 《석명 釋名》[40]에서 "저는 '阻(막힐 조)'이므로 채소를 소금에 절여 숙성시키면 유산이 생기고, 이 유산은 소금과 더불어 채소가 짓무르는 것을 막아준다는 것이다."라고 하였다. 그러니 이미 채소를 소금에 절이면 유산이 생긴다는 사실을 알고 있었던 것으로 보

---

40 중국 후한(後漢) 말기에 유희(劉熙)가 지은 사서(辭書).

여 놀랍다. 또《설문해자》[41]에는 "저를 신맛의 채소"라고 하였다. 그리고 "초에 절인 외가 바로 저"라고 하였다. 이를 통해 김치의 오래된 유형을 짐작해 볼 수 있다. 무엇보다 유산이 생긴다는 사실과 신맛이 난다는 발효 채소의 과학적 사실을 지적하고 있다는 점이 중요하다. 이후《주례》[42]에 흥미로운 기록이 나온다.

《주례》에 따르면, 천관총재(天官冢宰, 국무총리)의 직속으로 요리 관계의 최고 독립기관으로서 선부(膳夫)가 있고, 여기에 속하는 혜인(醯人)이란 관청이 있다. 여기서 저를 만들어 제사에 쓰는데, 이곳의 구성과 다스리는 직무를 보면, "혜인은 환관(宦官) 2인, 여해 20인, 여노(女奴) 20인으로 구성되며, 다섯 가지 제(齏)와 일곱 가지 저(菹)를 다스리는데, 이 제(齏)와 저(菹)는 다 같이 혜물로서 하고 서로 비슷하다."라고 적고 있다.

여기서《주례》가 말하는 다섯 가지 제와 일곱 가지 저의 재료는 다음과 같다.

- **오제(五齏):** 창포, 양, 대하, 돼지 편육, 부들의 어린싹
- **칠저(七菹):** 부추, 순무, 순채, 아욱, 미나리, 죽순의 일종, 죽순

이 목록에서 제는 식물성과 동물성이 섞여 있고, 저는 모두 식물성

---

41 후한의 허신(許愼)(58~147년경)이 편찬한 자전(字典).

42 한대의 유가들은 천하·국가의 제도에 관한 이상상을 그려놓고, 이것들을 《주례 周禮》란 책자에 담았다. 《주례》와 더불어 《예기 禮記》, 《의례 議禮》의 세 책을 삼례라고 하는데, 《예기》에는 개인의 도덕이나 에티켓이 적혀 있고 《의례》에는 지방의 왕(제후)이 지켜야 할 의식을 적은 것이다.

으로 되어 있다. 그러나 이러한 자료로는 저에 대해서 단편적인 내용만 알 수 있을 뿐이다.[43]

　김치의 기원을 볼 수 있는 중요한 문헌이 등장한다. 바로 중국 산둥성에서 나온 가사협이 지은 《제민요술 齊民要術》[44]이다. 이 책에 비로소 저 만들기가 구체적으로 소개되어 나온다. 여기에는 젖산 발효를 이용한 '발효저(醱酵菹)' 12가지와 초절임을 이용한 '엄초저(醃醋菹)' 16종, 그리고 엄장저가 나온다.

　발효저(소금절이 김치)는 소금에 의하여 부패를 막고, 재료 속의 효소와 미생물의 작용으로 숙성시키는 것이다. 즉, 소금물에 배추를 넣어 숙성시키는 것이다. 소금물은 산소의 용해량이 적어서 호기성 세균의 생육이 억제되고, 혐기성인 유산균의 생육에 편리하다. 따라서 유산 발효에 의하여 생성된 유산과 소금에 의하여 부패를 막고 김치를 숙성시킨다. 또 발효 기질로서 곡물 단독 또는 곡물에 누룩을 첨가하여 이용하는 발효 저가 많이 나온다.

　엄초저(초절이 김치)는 채소를 초에 담그거나, 초·소금·향신료에 담그거나, 초·장·향신료에 담그거나, 유산·소금 등에 담그는 것이다. 초는 pH가 낮아서 미생물의 번식을 억제할 뿐만 아니라, 채소의 성분이 초, 향신료, 소금 등과 더불어 화학적인 숙성을 촉진한다.

　엄장저(장절이 김치)도 나오는데, 이는 여뀌, 들깨, 동아 등을 장에

---

43 이성우(1984), 《한국식품문화사》, 교문사.
44 이것은 6세기경에 농업 기술뿐만 아니라, 농산가공과 요리 등의 분야까지 깊고 상세하게 설명한 일대 농가 대백과 전서이다.

담가 숙성시키는 것이다. 오늘날 우리 장아찌와 같은 계통의 것이라고 볼 수 있다.

우리나라 고대의 김치

한나라의 저가 낙랑을 통하여 부족국가 시대 이 땅에 들어왔다고 짐작한다. 이를 말해주는 문헌상의 근거는 〈고구려본기 高句麗本紀〉 '시조 동명성왕' 편에 의한다. 즉, 주몽왕은 비류수 상류에 사람들이 사는 곳이 있고, 그 사람들이 채소를 먹고 있음을 알고는 그곳에 가서 영토를 넓혔다는 것이다. 이렇듯 고구려 사람들이 채소를 먹고 있었음을 알 수 있다. 아마 무척 추운 곳이라 겨울을 위한 식품 저장이 생존을 위해 중요하였을 것이다.

그리고 《삼국지 三國志》〈위지동이전 魏志 東夷傳〉에는 "멀리서 미량어염(米糧魚鹽)을 공급한다고 하였고, 또 고구려 사람이 발효식품을 잘 만든다."라고 하였다. 즉, 우리나라 부족국가 시대 북쪽 고구려에서도 채소를 먹고 있었으며, 그들은 소금을 멀리서 가져다 이용하였고, 한나라의 자연 배경인 중국과 비슷하며, 고구려 사람들이 발효식품을 잘 만든다고 한 것으로 보인다. 발효식품이란 술 만들기뿐만 아니라 장(醬), 해(醢), 저(菹) 등이 모두 여기에 속한다. 중국에서는 오래전 주대에 이미 '저'가 있었으니, 아마 우리나라에도 김치가 있었다는 것을 짐작하게 하는 것이다.

삼국 및 통일신라시대에 들어서면 《삼국사기》〈신문왕 3년조〉에 나오는 폐백 품목에 나오는 '혜(醯)'가 나온다. 그리고 법주사 경내에 오늘날까지 보존되고 있는 돌로 만든 독은 720년 신라 성덕왕 19년

때 설치되어 김칫독으로 사용되어 온 것이라고 보고 있어, 이 시대에는 이미 김치를 만들어 먹고 있었다.

일본에 전해진 고대 김치, 지물

일본 산절임 채소는 쓰케모노[지물, 漬物]라고 하며, 그 종류는 소금물에 담근 것, 술지게미에 소금을 섞어 담그는 것, 발효 기질로서 곡물을 쓰는 것, 느릅나무 껍질 가루에 재우는 것, 장에 담그는 장아찌, 초에 담그는 피클 등이 있다.

그런데 고대의 우리 김치는 일본으로 전해진 것으로 보인다. 고대 일본 왕실의 보물 창고인 나라[奈良]현의 도다이지[東大寺] 경내에 있는 정창원(正倉院)의 각종 문서 곧 〈정창원문서〉와 연희 5년 등원시평 등이 왕명을 받아 율령 정치를 위한 규칙을 정리한 〈연희식 延喜式〉 등에, 지억(漬憶)의 종류부터 재료의 배합 비율까지 자세하게 기록되어 있다. 그러니까 중국 《제민요술》의 '저(菹)'는 한반도에 전해지고, 이것이 일본에 영향을 미쳤다고 볼 수 있다. 《제민요술》에서 김치를 저(菹)라고 하는 데 비하여 일본에서는 지물(漬物)이라고 한다. 그런데 우리나라에서도 고려시대 이규보(1168-1241)의 시 〈가포육영 家圃六詠〉에는 '지(漬)'라는 글자가 나오며 김치를 '漬(지)'라 하고 있다. 우리의 '漬(지)'가 일본에 건너가서 '지물(漬物)'이 된 것으로 보인다.

한편, 일본에는 수수보리지(須須保利漬)가 있다. 이는 《제민요술》에 나오는 곡물 기질 발효 김치의 영향을 받은 것으로 생각된다. 일본의 《고지키 古事記》나 《본조월령 本朝月令》 〈6월조〉에 백제 사람 수수보리(또는 수회기이)가 건너와서 처음으로 술 빚는 방법을 가르쳤다고 하였다. 《제민요술》에 있는 '저'의 하나가 백제 사람의 이름으로 전해진 것이고, 이것은 바로 《제민요술》에 등장하는 '저'의 대부분이 이 땅에도 있었다고 볼 수 있는 자료가 될 것 같다.

그런데 일본에서는 수수보리지의 콩 또는 쌀 같은 곡물 대신에 쌀겨를 쓰면 오늘날의 다쿠앙지(단무지, 다쿠앙)가 된다고 하였다. 따라서 오늘날의 다쿠앙지를 수수보리지의 계통이라고 생각하는 것은 매우 자연스럽다. 백제를 통하여 받아들인 수수보리지는 곡물 가루를 쓰기 때문에 일본과 같이 기온이 높고 습기가 많은 곳에서는 쉽게 산패되었을 것이다. 그리하여 곡물 가루 대신에 쌀겨나 느릅나무 껍질을 가루로 만들어 쓰게 되었다고 추측할 수 있다. 따라서 느릅나무지나 다쿠앙지는 백제계 김치라고 볼 수도 있다.

고려시대, 김치 기록 거의 없어

고려시대에도 김치에 관한 기록이 거의 보이지 않는다. 우리나라 문헌에 최초로 채소에 관하여 기록된 것은 고려 고종 연간에 간행된 《향약구급방 鄕藥救急方》(1236년)에 순무, 오이, 동아, 무, 배추, 마늘, 부추, 아욱, 상치, 파, 박 등이 한약재로 수록되어 있어 약용은 물론 음식 재료로도 이용되었을 것으로 추측한다. 무는 적어도 통일신라시대, 배추는 고려시대에 각각 유입되었을 것으로 추정한다.

고려 중엽의 대문인인 이규보는 《동국이상국집 東國李相國集》의 시 〈가포육영 家圃六詠〉에서 외, 가지, 순무, 파, 아욱, 박 등의 여섯 가지 채소에 대하여 다음과 같이 읊었는데, 이 중에 김치와 장아찌로 추정되는 기록이 나온다.

"청(菁, 순무)

담근 장아찌[菹]는 여름철에 먹기 좋고

소금에 절인 김치[漬]는 겨우내 반찬 되네.

뿌리는 땅속에서 자꾸만 커져

서리 맞은 것 칼로 잘라 먹으니 배 같은 맛이지."

이를 통해서 고려시대에 순무 장아찌와 순무 소금절이가 있었다고 본다. 그리고 고려 말 이달충(李達衷)의 〈산촌잡영 山村雜詠〉이란 시에는 "거친 보리밥에는 피가 반이나 섞여 있고 소금에 절인 여뀌에는 마름도 끼어 있네."라고 읊은 것으로 보아 소금에 절인 채소가 있었다는 것을 알 수 있다. 이렇게 소금에 절이는 김치 담금법은 고려시대에 이미 정착되었다. 고려시대에서 조선조 초기까지 사이에 발달한 김치는 무, 파, 마늘, 생강, 여뀌, 백두옹 등이 주축을 이루면서 갓, 미나리, 산초, 부추 등이 양념으로 추가된 것으로 보인다.

조선 초·중기 김치 기록

우리나라에서 가장 오래된 농서인 《산가요록 山家要錄》(1450년경)에는 수박, 동아, 박, 아욱, 가지, 순무, 무, 갓, 생강, 마늘, 파, 염교, 부추, 상치, 근대, 미나리 등의 재배법이 기록되어 있어서 이들 재료를 김치에 이용하였을 것이다.

조선 초기의 《세종실록》 중 '사직정배위찬실도(社稷正配位饌實圖)'에 죽순김치, 미나리김치, 순무김치, 부추김치가 제사상에 오르는 것으로 나온다. 또 같은 무렵에 간행된 《고사촬요 攷事撮要》(1554년)에는 오이, 생강, 파, 마늘 등이 나오고, 이는 김치 양념에 사용되었을 것으로 보인다.

허균(許筠, 1569-1618)의 《도문대작 屠門大嚼》에 나오는 채소류는 죽순, 원추리, 순채, 무, 아욱, 염교, 미나리, 동아, 가지, 오이, 박, 갓, 생강, 산갓, 파, 부추, 달래, 마늘 등이다. 임진왜란 후 신속(申洬)이 편술하여 간행한 《농가집성 農歌集成》(1655년) 하편에 들어 있는 〈사시찬요초〉에 향신채로 파, 마늘, 부추, 염교, 생강 등을 수록하여 향신성 양념을 사용하였음을 알 수 있다. 일반 채소로 순무, 오이, 가지, 미나리, 무, 상치, 갓, 박, 창포, 도라지 등이 나와 있는데, 이들이 김치의 원료가 되었을 것이다.

최초 한글 조리서 《음식디미방》의 김치

조선 후기 1670년경 장계향(1598-1680)이 쓴 최초의 한글 조리서인 《음식디미방》(閨壼是議方, 규곤시의방, 첫머리에 한글로 '음식디미방'이라 쓰여 있다)에 나오는 김치 무리를 보자.

먼저 '동화(동아) 담그는 법'에서 "동아는 쉬 썩어 겨울 지내기가 어려우니, 9~10월 사이에 껍질을 벗기고 오려서 독에다 소금을 많이 넣고 절였다가 이듬해 봄에 토렴해서 쓴다."라고 하였으니, 이른바 소금절이 짠지이다.

'마늘 담그는 법'에서는, "첫 가을에 캐고 햇천초를 따서, 마늘 하나에 세 개 꼴로 넣어서 김치 담그듯 소금을 섞어 담가 둔다. 기름진 고기를 먹을 때 섞어 먹으면 묘하다."라는 것이다. 이것은 천초를 양념같이 사용하여 소금에 절여 담고 있다. 게다가 고기에 곁들이면 좋다고 하였다. 그리고 '산갓침채'가 나오는데, 이것은 "산갓(山芥)을 작은 단지에 넣어 물을 따뜻하게 데워서 붓고, 아주 뜨거운 구들에 놓아 의복으로 싸매어 익힌다."라고 하였다. 그런데 소금이 안 나오고 무염침채(無鹽沈菜)처럼 채소 자체를 소금 없이 따뜻한 물에 숙성시켜 매운맛을 내는 것이다. 허균의《도문대작》에도 산갓침채가 나온다.

또 '생치침채법(生雉沈菜法, 꿩고기김치법)'이 나온다. "간이 든 오이지의 껍질을 벗겨 속을 제거하고 가늘게 한 치 길이 정도로 도톰도톰하게 썰어라. (오이지의 간 든) 물을 우려내 두고, 꿩고기를 삶아 그 오이지처럼 썰어서 따뜻한 물과 소금을 알맞게 넣어 나박김치처럼 담가 삭혀서 쓰라."라고 하였다.

이를 통해서 1600년대의 말엽이라 고추는 보이지 않지만, 김치 모습과 비슷하다. 그리고 '나박김치'란 말이 처음으로 등장한다. "나박김치같이 담근다."라는 말로 미루어 이것은 당시에 무김치를 많이 먹었음을 알 수 있다. 또 김치 재료로 동아나 오이 같은 외 종류가 많고, 무도 많이 쓰였음을 알 수 있다.

3. 조선 후기, 고추가 김치를 바꾸다

고추가 이 땅에 전래된 것은 1600년대 초엽으로 본다. 최근에 '고추 한반도 자생설'이 나오고 언제 어디서 도입되었는지에 관해서 논란이 된 바 있다. 임진왜란(1592-1598)을 전후로 일본에서 도입되었다는 설에 반해서 오히려 한국에서 일본으로 전래되었다는 기록을 토대로 하고, 옛 문헌에 기록된 '초(椒)'라는 글자가 고추로 풀이되고 있어서 그 이전부터 고추가 사용되었을 것이라고 주장하는 설을 제기한 바가 있다. 그러나 임진왜란을 전후로 일본에서 들어왔다는 것이 지금까지 대체적인 의견이다.

1614년에 이수광이 지은 《지봉유설 芝峯類說》에는 상치, 염교, 생강, 가지, 호박, 수박, 박, 만청, 아욱, 염교, 고추 등이 수록되었다. 특히, 고추는 독이 많고 일본에서 왔으며, 이로 인하여 왜개자(倭芥子)라 하였다고 나온다. 남미가 원산인 고추가 콜럼버스가 1493년 스페인에 전파하고, 16세기에 중부 유럽에, 17세기에 중국에 전파되었다. 우리나라에는 적어도 1600년대 이전에 들어왔을 것으로 추정된다.

이렇게 조선 중기, 임진왜란 전후에 들어온 고추가 양념으로 추가된다. 파, 마늘, 생강, 부추, 고추가 주축을 이루고 갓, 미나리, 산초가 곁들여지고 있다. 조선 말기 전까지는 고추의 이용은 극히 적어서 통고추, 실고추 등으로 이용되었으나, 말기로 접어들면서 고추의 이용이 점차 늘어나게 된다. 양념 이용 순서는 마늘에서 생강, 그리고 고추, 파로 되었고, 그밖에 미나리, 부추, 갓, 청각, 산초 등이 첨가되었다.

1680년경의 《요록 要錄》에는 김치와 장아찌 종류 만드는 법이 다

수 설명되어 있다. 이들 김치 가운데서 고추를 재료로 사용한 것은 보이지 않는다. 순무, 배추, 동아, 고사리, 청대콩 등의 김치와 소금으로 절인 순무 뿌리를 묽은 소금물에 담근 동침(凍沈, 동치미)이 나온다. 반면 '무염침채(無鹽沈菜)'라 하여 많은 물에 무를 넣고 4일쯤 두어서 거품이 일면 즙을 버리고 다시 맑은 물을 넣는다고 하였다. 소금을 넣지 않는 방법은 주로 추운 곳에서 담그는 김치 종류이다. 중국에서는 겨울철에는 '산채(酸菜)'를 담그기도 한다. 소금을 쓰지 않고 담그는데, 배추를 잘 썰어 가볍게 삶아 냉각하여 독에 넣고 냉수를 부어 눌림 돌을 놓는다. 20일 정도면 익는데, 산미가 매우 강하다. 추운 곳에서만 가능한 김치 종류이다.

그런데 엄황과(淹黃瓜)라는 오이김치 담그는 법에서는 향신료를 쓰고 있다. "작은 오이 100개를 뜨거운 물에 데쳐 내고 건조하기를 기다려 여기에 소금과 당을 각 4량, 산초나 회향을 조금씩 넣고 좋은 식초 1되를 각각 넣어서 담그는데, 3~5일이면 먹을 수 있다."라고 하였다. 당시에 고추가 이 땅에 들어와 있었으나, 아직 김치에는 이용하지 못한 것으로 보인다. 대신에 주로 향신료로서는 천초나 회향을 쓰고 있었음을 알 수 있다.

《산림경제》와《증보산림경제》의 김치들

조선시대의 농업, 즉 작물의 종류 및 품종, 재배 방법, 해충 방제법, 저장 및 이용 방법 등에 관해서 가장 체계적으로 기술한 책이 홍만선(1643-1715)이 지은 《산림경제 山林經濟》이다. 이것을 보완한 것이 유중림(柳重臨)이 지은 《증보산림경제 增補山林經濟》(1760년경)이다. 1715년의 《산림경제》에 나오는 김치를 보면, 이때는 고추가 들어온 지 100여년이 지났다고 보이는데도 고추를 활용한 요리는 보이지 않는다. 소금에 절이고, 식초에 담그거나, 향신료와 섞은 것이 있을 뿐이다. 이 밖에 《산림경제》에는 산갓김치, 부추김치가 보이고, 고추 이용도 보이지 않는다. 아직 본격적인 김치에 들어가지 못하고 있다.

《증보산림경제》에 나오는 김치와 관련된 채소류는 오이, 동아, 박, 호박, 생강, 파, 마늘, 부추, 염교, 우엉, 가지, 미나리, 댓무, 순무, 갓, 배추, 상치, 아욱, 쑥갓, 고추, 죽순 등이 등장하는데, 특히 고추가 나오고 있다. 배추는 2월 상순에 심어 3월 중순에 먹을 수 있으며, 5월 상순에 뿌려 6월 중순에, 가을은 칠석 후에 뿌린다고 하여 1년 내내 재배한다고 하였다. 그러나 당나라 종자가 좋다고 하여 수입하였다고 한다. 배추가 일찍 도입되었는데도 오랫동안 널리 보급되지 못한 이유는 재배 기술이 미흡하여 품종 육성이나 대량으로 생산하지 못하였기 때문으로 보인다.

《증보산림경제》에는 김치에 고추를 도입하는 획기적인 제조법이 나온다. '침나포함저법(沈蘿葍醎菹法)'은 잎줄기가 달린 무에 청각, 호박, 가지 등의 채소와 고추, 천초, 겨자 등의 향신료를 섞고 마늘즙을 넣어 담근다. 오늘날의 총각김치와 비슷해 보인다. 또 '황과담저법(黃瓜淡菹法)'은 오이소박이의 일종으로 보인다. 어린 오이의 3면에 칼자국을 내고 그 속에 고춧가루와 마늘을 넣어서 삭힌다. 그 밖에 동치미, 배추김치, 용인오이지, 겨울철 가지김치, 전복김치, 굴김치 등 요즘의 다양한 김치가 거의 다 등장하고 있다.

《임원경제지》의 김치 소개, 92종

전통 한식 요리법은 서유구(徐有榘)가 1827년경에 지은 《임원경제지》(《임원십육지》로도 불림) 〈정조지〉 편에 집대성되었다고 보인다. 김치를 뜻하는 '저채(菹菜)' 92가지를 소개하고 있다. 우리나라 김치류의 가장 상세한 기록이라고 할 수 있다. 《임원경제지》 〈정조지〉 중 '교여지류(咬茹之類, 채소의 저장가공품)' 속의 김치류를 엄장채(醃藏菜; 소금절이 김치, 술지게미 김치), 자채(鮓菜; 식해형 김치), 제채(虀菜; 양념 김치), 침채(沈菜; 菹菜, 좁은 뜻의 김치) 등 네 가지로 나누어 분류하고 있다. 여기서는 좁은 뜻의 김치를 가리키는 저채(침채)를 살펴보자.

《임원경제지》 〈정조지〉 중 '교여지류' 편의 침채를 정리하면 표 2와 같다. 그런데 이를 살펴보면, 무김치(나복저방)는 비교적 상세한 설명이 나오지만, 배추김치(숭저방, 菘葅方)는 무김치와 같이 담그라고만 간단하게 설명하고 있다. 이 시기에는 통배추 재배가 제대로 이루어지지 않았기 때문에 주로 무김치를 많이 담갔다고 볼 수 있다. 1900년대 이후가 되어서야 배추 생산이 본격화하였고, 지금 먹는 통배추 김치는 이 이후의 김치 형태라고 볼 수 있다. 그러니까 우리가 지금 먹는 김치 형태는 주재료의 재배 조건이나 저장 조건과 더불어 생활양식, 요리 방법, 유통 등의 영향이 작용한 결과물이라고 할 수 있다.

표 2 : 《임원경제지》 속의 저채(침채)

종류	시기	재료	담그는 법
나복함저법	초상 후	무 근엽	(고추, 고춧잎, 오이, 갓, 동아, 천초, 파, 부추) + 마늘즙 + 소금물
나복담저법	추말, 초동	무	소금물 + (오이, 가지, 송이, 생강, 파, 청각, 고추)
나복황아저법	정월	무 황아, 무	소금물 + (파, 고추)
해저방	초상 후	무 근엽	(오이, 가지, 동아, 배추, 갓) + (조기, 젓갈, 전복, 소라, 낙지) + 전복껍데기 + 청각 + (생강, 천초, 고추) + 젓갈즙
무염저법	겨울	무	청수(3~4일마다)
숭저방	초상	배추	나복담저법과 같은 방법
황과담저법	하절	오이	(오이속 → 고춧가루, 파, 마늘) + 소금물
용인과저법	–	오이	소금절이(상하 반전)
동월작가저법	초상 후	가지	소금물절이 → 석압(맨드라미 → 홍색)
동월작가저별법	겨울	가지, 토란 줄기	소금물절이 + 치자즙(맨드라미)
하월작가저법	여름	가지	소금물 + 마늘즙

《임원경제지》에는 《증보산림경제》에 나오는 침채를 주로 인용하고 새롭게 두 가지 김치가 나온다. 첫째는 '해저방(섞박지)'이다. 이는 소금절이한 잎줄기 달린 무에 외무리, 배추 등의 다른 채소, 청각 같은 해초, 생강, 천초, 마늘, 갓 등의 향신료, 조기젓, 전복, 소라, 낙지 등의 해산물과 산을 중화시켜주는 역할을 해서 신맛을 줄여주는 전복 껍데기 등을 함께 버무려 알맞은 소금 농도에서 젖산 발효시킨 김치이다. 지금의 고급 섞박지와 유사하다. 둘째는 소금 없이 물에 담갔다 뺐다 삭혀 담그는 무염 김치이다.

이처럼 이 시기에 오늘날과 비슷한 김치로 거의 완성되었고, 그 후는 과실, 고기, 어패류, 잣 등을 기호에 따라 보충하는 정도의 발전이 있었다. 그러다가 배추의 품종 개량에 따라 통배추김치가 만들어지고 보쌈김치와 같은 특이한 김치도 나타나게 되었다고 보인다.

《규합총서 閨閤叢書》(1809년)의 김치

18세기에 들어오면 배추를 본격적으로 이용하고 양념용 향신료 및 향신채로 고추, 생강, 파, 마늘, 천초, 갓, 청각, 부추 등을 사용하였으며, 젓갈이나 어육 등의 해산물을 사용하게 되어 현대와 비슷한 김치가 완성된다.

이 시기에 빙허각 이씨(1759-1824)는 서유본의 아내이자 서유구의 형수로서 한글로 된 요리서인 《규합총서》를 펴냈다. 《규합총서》에는 《임원경제지》의 나복담저법(동치미), 해저법(섞박지)을 한글로 매우 자세하게 설명하고, 또 《증보산림경제》나 《임원경제지》의 황과담저법(오이소박이), 용인과저법(용인오이지), 동월작가저별법(겨울철 가지김치)을 한글로 설명하였다. 또 한겨울에 담그는 겨울 김치, 간장을 넣어서 담그는 장짠지, 전복에 유자와 배 등을 곁들인 전복 김치, 생선과 육류로 지미와 영양가를 높인 어류 김치를 추가로 설명하고 있다.

중국에 건너간 우리 김치

우리의 김치는 중국에도 전해졌다. 1712년 김창업의 《연행일기 燕行日記》에 따르면, 우리나라에서 귀화한 노파가 그곳에서 김치를 만들어 생계를 유지했는데, 그녀가 만든 동치미(冬沈菹)의 맛은 서울의 것과 맛이 아주 같다는 것이다. 또 1803년의 《계산기정 薊山紀程》에는 "통관의 집에는 우리나라의 침채 만드는 법을 모방하여 맛이 꽤 좋다."라고 나온다. 이 《계산기정》의 김치는 어떤 종류의 것인지는 잘 모르지만, 1700년대에는 우리의 김치가 중국에 건너가서 인기를 얻고 있으나 이것이 끝내 뿌리를 내리지는 못하였다.

근대 조리서로 보는 김치 종류

근대를 보는 시각은 여러 가지가 있다. 여기서는 구한말(조선 말기 ~대한제국까지의 시기) 이후 일제강점기를 근대의 시점으로 보려고 한다. 이 시기에는 다양한 요리서가 집필되는 시기이기도 하고, 이러한 요리서는 대부분 베스트셀러의 위치를 차지하고 대중에게 많이 팔리는 책이었다고 한다. 당연히 이 요리서에는 우리 한식의 중요한 김치가 다수 실리게 된다. 그래서 일제강점기에 발간된 요리서 중의 김치 종류를 살펴보고자 한다. 이를 통하여 그 이전의 조선시대 조리서의 김치들과 비교해 보는 것도 의미 있을 것으로 생각한다. 김치 용어도 가능하면 그대로 쓰고, 분류는 요리서의 분류를 그대로 따랐다. 표 3과 같이 이 시기에도 상당히 다양한 김치와 장아찌 종류가 있었음을 알 수 있다.

표 3 : 근대 요리서로 보는 김치 종류

구분	《요리제법》 방신영(方信等, 1913)	《조선무쌍신식 요리법 朝鮮無雙新式料理法》 (이용기, 1924)	《조선요리법》 (조자호, 趙慈鎬, 1938)	《조선요리》 이원규(伊原圭, 1940)
보통 김치, 햇김치, 안주 김치	풋김치, 나박김치, 장김치, 외김치, 외소김치, 외지, 깍두기, 외깍두기, 굴깍두기, 숙깍두기, 닭깍두기, 갓김치, 박김치, 곤랭기젓김치, 전복김치, 굴김치, 돌나물김치, 열무김치	김치, 통김치, 동침이, 무김치, 질염김치, 얼같이김치(초김치), 열무김치, 젓국지, 섞박지, 풋김치, 나박김치(나복침채), 장김치, 갓김치, 굴김치, 닭김치, 동아김치, 박김치, 산겨자김치(산갓김치), 돌나물김치, 파김치, 외김치, 외소김치(외소박이), 외지, 외짠지, 짠지, 깍두기, 외깍두기, 굴깍두기, 햇깍두기, 채깍두기, 숙깍두기	굴김치, 굴전무(깍두기), 조개전무(깍두기), 오이깍두기, 꿩김치, 겨자김치, 닭김치, 장김치, 나박김치, 열무김치, 오이김치, 생선김치	통김치, 섞박지, 비늘김치, 보김치, 장김치, 나박김치, 박김치, 동치미, 풋김치(햇김치), 오이소박이, 가지김치, 오이지, 짠무김치, 무싱거운지, 깍두기, 양배추김치
김장 김치	통김치, 배추소 버무리는 법, 섞박지, 젓국지, 쌈김치, 짠지, 동침이, 깍두기, 지럼김치, 채김치		보쌈김치, 배추통김치, 짠무김치, 동침이, 배추짠지, 배추통깍두기	
장아찌	무장아찌, 전복장아찌, 토란장아찌, 열무장아찌, 무말랭이장아찌, 파장아찌, 감자장아찌, 고춧잎장아찌, 홍합장아찌, 풋고추장아찌, 외장아찌, 숙장아찌, 두부장아찌, 달래장아찌, 미나리장아찌, 머위장아찌, 감자장아찌, 마늘장아찌(마늘선)	무장아찌(무말랭이장아찌), 열무장아찌, 파장아찌, 토란장아찌, 감자장아찌, 고춧잎장아찌, 풋고추장아찌, 전복장아찌, 홍합장아찌, 굴장아찌, 족장아찌, 두부장아찌, 외장아찌, 계란장아찌, 숙장아찌, 달래장아찌, 부추장아찌, 미나리장아찌, 머위장아찌		

4. 김치의 풍속사적 의미

김치는 사실 우리의 고유한 풍속으로 전해져 내려왔다. 특히, 김장 문화는 우리 민족의 고유한 풍속이다. 과거 조선 말기의 풍속서에 드러난 김치 풍속부터 지역마다 서로 다르게 담가 먹은 김치 분포도나, 한때 유행했던 김장 보너스라는 현대의 김치 풍속도 그리고 김치 이름의 유래와 김치 관련 속담까지 살펴보려고 한다.

풍속지의 김장 풍경-하장동저

유득공(柳得恭, 1749-1807)이 서울 풍속과 연중행사를 적은《경도잡지 京都雜誌》〈주식조〉에 "잡저(雜菹, 섞박지)는 새우젓을 끓인 국물에 무, 배추, 마늘, 고춧가루, 소라, 전복, 조기 등을 독 속에 다 섞어 버무려 겨울을 묵힌 것으로 맛이 몹시 맵다."라고 하였다. 이를 통해 잡저, 즉 섞박지를 1700년대의 서울 사람들이 먹고 있었음을 알 수 있다.

다음으로 1849년에 홍석모(洪錫謨)가 우리나라의 연중 풍속을 소개한《동국세시기 東國歲時記》(1849년) 〈시월조 十月條〉에는 다음과 같이 나온다. "서울의 풍속에 무, 배추, 마늘, 고추, 소금 등으로 독에 김장을 담근다. 여름의 장 담그기와 겨울의 김치 담그기는 일 년의 중요한 계획"이라고 하였다. 즉, 이미 이 시기에도 김장은 장 담그기와 더불어 일 년의 2대 중요 행사가 되었음을 알 수 있다. 이른바 '하장동저(夏醬冬菹)'로서 여름에는 장을 담그고 겨울에는 김장을 하였음을 알 수 있다. 또《동국세시기》〈시월조〉에는 "무 뿌리가 비교적 작은 것으로 김치를 담근 것을 동치미(동침)라 한다. 또 무, 배추, 미나리, 생강, 고추로 장김치(장저)를 담갔다가 먹기도 하고 섞박지(잡저)를 담그기도 한다."라고 나온다. 이를 통해서 지금은 거의 사라졌지만, 서울에서는 겨울이면 장에 담근 김치인 장김치를 담가 먹었음을 알 수 있다. 이렇게 통배추김치 김장이 일반화된 데에는 아마도 1850~1860년경에 서울과 개성에서는 결구 배추 재배가 성공하여 이때부터 배추 통김치나 보쌈김치가 만들어졌을 것으로 생각된다.

그리고 정약용의 둘째 아들 정학유(丁學游)가 지은 《농가월령가 農家月令歌》(1816년) 〈구월령〉에는 "배춧국 무나물에 고춧잎장아찌"라고 나온다. 그리고 〈시월령〉에는 "무·배추 캐어 들여 김장을 하오리라. 앞 냇물에 정히 씻어 염담을 맞게 하고 고추, 마늘, 생강, 파에 젓국지, 장아찌라 독 곁에 중두리요 바탱이 항아리라, 양지에 움막(假家) 짓고 짚에 싸 깊게 묻고…."라고 나온다. 따라서 고춧잎장아찌, 젓국지, 무장아찌 등의 장아찌도 연중행사로 담갔음을 짐작할 수 있다.

지역별로 다른 김치, 온도가 결정적

김치는 지역별로 차이가 컸다. 지금도 서울 김치와 전라도 김치는 다르게 취급된다. 기후가 비교적 따뜻한 남부지방은 소금과 젓갈, 양념류를 많이 사용하여 저장성을 높인 짜고 매운 김치가 일반적이었으며, 비교적 추운 북부지방은 김치가 쉽게 익지 않으므로 소금과 젓갈, 양념류를 적게 사용하여 주재료의 맛과 향을 그대로 살리는, 비교적 싱거운 김치를 주로 담갔다.

전라도는 무동치미, 들깻잎김치, 감자순김치, 옥파김치, 고춧잎 김치, 무청짠지(총각김치) 등도 알려진 것이다. 그런데 특히, 고들빼 기김치가 유명하다. 고들빼기는 산채의 일종인데, 잔뿌리를 잘라내 고 누런 잎을 따낸 다음, 씻어서 한 열흘쯤 물에 담가 쓴맛을 빼고 누 렇게 삭혀서, 다시 씻어 소쿠리에 건져 폭이 큰 것은 먹기 좋게 찢어 놓는다. 파, 마늘, 생강을 다져 젓국에 섞고, 고춧가루를 넣어 양념 을 준비한다. 무말랭이를 깨끗이 씻어서 물기를 꼭 짜낸 다음, 준비 한 젓국 양념을 조금 넣어서 재어 둔다. 북어를 가시 없이 손질하여 2cm 정도의 크기로 썬 것과 고들빼기와 무말랭이를 같이 섞어 준비 한 젓국 양념으로 버무리면서 통깨를 뿌리고 항아리에 꼭꼭 눌러 담 그는데, 고들빼기김치는 씁쓸한 맛, 흙 향내가 감도는 깊은 맛이 그 야말로 독특한 풍미를 낸다.

개성에는 보쌈김치가 유명한데, 보쌈김치라는 말은 개성 본고장 말이 아니다. 어쩌다가 보쌈김치란 이름이 생겼는지 모르지만, 개 성에서는 '보김치' 혹은 '쌈김치'라 한다. 쌈김치가 보쌈김치로 이름 이 바뀌듯이, 맛이나 그 법도가 차츰 본고장 것과는 멀어져 갔다. 본 디 개성에는 개성배추라는 종자가 따로 있어서 속이 연하고 길며 맛 이 고소하다. 개성 쌈김치는 이 개성배추로 담가야 제격이다. 그리고 서울 육상궁 배추김치가 유명하였다고 전한다. 한편, 깍두기는 깍둑 깍둑 썬 무로 만들었기에 깍두기라 한다. 공주깍두기가 유명한데, 이는 네모지게 골패짝처럼 썬 무를 재료로 한 것으로, 홍선표가 지 은 《조선요리학 朝鮮料理學》에 나온다. 이에 따르면 "정조 대(1770- 1800)에 왕의 딸인 홍현주의 부인이 처음으로 이것을 만들어 왕에게 바쳤고, 당시의 이름이 각독기(刻毒氣)라 하였는데, 공주에 낙향한 정승의 한 사람이 깍두기를 민간에 퍼뜨렸기에 '공주깍두기'란 이름이 나왔다."는 것이다.

　한편, 김장 김치는 특히 지역마다 종류도, 이름도, 조리법도 다른 것이 특징이다. 전라도 김장 김치는 맛이 맵고 짜면서도 감칠맛이 난다. 고들빼기김치, 갓김치, 죽순김치 등이 유명하다. 특히, 고춧가루를 그대로 양념에 넣지 않고 절구에 빨간 고추를 넣고 1시간 이상 불린 후 공이로 걸쭉하게 빻아 쓴다. 젓국을 많이 넣어 비린 맛이 나지만, 양념이 진해 익을수록 깊은 맛이 난다.

　경상도의 김장 김치는 양념은 적은 편인데, 맛은 짜다. 파김치, 콩잎김치, 깻잎김치 등을 김장 김치로 담근다. 충청도는 호박김치가 유명하다. 경기도와 서울은 간이 세지도 약하지도 않다. 양념도 많지도 적지도 않아 맛이 담백하다. 장김치, 대구아가미 깍두기, 순무김치, 석류김치가 유명하다. 강원도 영동 쪽은 북어김치나 창난젓 깍두기와 같이 해물이 많이 들어가는 데 비해, 영서 지역은 더덕김치나 무청김치처럼 젓갈이 첨가되지 않는다.

　북한 지역의 김치는 맛이 심심하고 담백하여 좋아하는 사람들이 많다. 평안도의 김장 김치 맛은 서울이나 경기도보다 간이 조금 싱거운 편으로, 백김치가 유명하다. 함경도는 생명태나 오징어, 가자미와 같은 생선을 크게 썰어서 배추김치 포기 사이에 넣는다. 대표적 김장 김치로는 동치미와 가자미식해가 있다. 황해도는 호박김치, 닭김치, 해주 조기젓국지 등이 꼽힌다.

그리고 지역에 따라 사용하는 젓갈도 달랐다. 전라남도와 경상남도에서는 주로 멸치젓, 충청도와 경기도에서는 새우젓을 사용했다. 전라북도 부안 지역은 접한 바다가 새우와 멸치의 집산지이기 때문에 두 가지를 모두 사용했다. 서해 도서 지역은 잡젓에 속하는 까나리젓국을 썼다. 충북과 강원도는 젓갈을 잘 사용하지 않았는데, 동해안 해안 지역에서는 대구나 명태 내장을 이용해 만든 젓갈을 김장 김치에 넣기도 했다.

1960년대 이후 전라도와 경상도에서 이주한 사람들의 영향으로 수도권 지역의 김장 조리법에 많은 변화가 생겼다. 1980년대 이전까지 김장 김치가 지닌 맛의 지역성은 멸치젓, 새우젓, 조기젓 등 어떤 젓갈을 사용했는가에 따라 구분하는 편이었다.

마지막으로 제주도는 기후가 따뜻하여 배추가 밭에서 월동하고 다른 채소가 많아서 김장의 필요성이 덜한 이유로 그 종류가 단순하다. 또한, 싱싱한 재료를 쉽게 구할 수 있어서 양념을 적게 사용하여 재료 고유의 맛을 느낄 수 있는 것이 특징이다. 대표적인 김치로는 전복김치, 퍼데기김치, 갓물김치, 톳김치 등이 있다.

목멜라, 김칫국부터 마셔라

한국인은 주식인 밥에 반찬을 곁들인 식사를 한다. 한국인이라면 밥 한 수저 떠먹고, 국 한 번 그리고 김치를 집어 먹는다. 특히, 고기를 먹을 때면 김치를 반드시 먹어야 느끼함이 없어진다. 기름진 삼겹살을 먹을 때도 신김치를 함께 구워 먹어야 맛도 좋지만, 부족한 섬유소나 비타민 같은 영양소도 김치를 통해 보충할 수 있다.

그뿐만이 아니다. 밥 외에도 고구마나 감자를 먹을 때도 "목멜라, 김칫국부터 마셔라."라는 말을 듣고 자랐다. 이때 주로 먹는 나박김치는 소화제 역할을 한 셈이다. 나박김치의 김칫국물을 먹어주면 반찬과 반찬 사이의 입맛을 바꾸어 주는 역할도 가능하다. 한국인은 밥에 잘 익은 김치만으로도 다른 반찬 없이 한 끼 식사를 완성할 수 있다.

'김치' 용어의 유래-저와 지, 그리고 딤채

과거에 김치는 한자로 '菹(저)'로 나오거나, 고려시대 《동국이상국집》에는 '漬(지)'로 나온다. 지금도 지방에서는 김치를 '지'로 부르기도 한다. 오이지, 짠지, 섞박지, 장아찌, 젓국지, 게국지 등의 여러 가지 김치 이름에 '지'가 붙고, 지금은 일본에서 유래한 다쿠앙도 단무지라고 부른다. '지'는 뒤에 붙기만 하는 말이 아니라, 전라도와 경상도, 충청도 등지의 일부 지역에서는 그대로 김치라는 뜻으로 쓰인다.

'지'는 '디히'에서 온 말로, 15세기 문헌에서 '겨울 김치'를 '겨디히'라고 불렀다고 한다. 그 디히가 지히, 지이를 거쳐 지로 바뀐 것이다. 장아찌라는 말도 장에 절인 김치라는 뜻의 '쟝앳디히'가 시간이 흐르면서 바뀐 말이다. 하지만 지금은 지보다는 김치라는 말이 훨씬 더 많이 쓰이고 있다. '김치'라는 말은 '담근 채소'라는 뜻의 한자어 '침채(沈菜)'로 쓰고, 김장도 '침장(沈藏)'이라는 한자어로 쓴다. 그런데 한자어 '沈菜(침채)'를 우리말로 어떻게 표기했는가를 추적해 보면 김치의 유래가 매우 오래되었음을 간접적으로 확인해 볼 수 있다.

한글이 창제되기 이전의 '沈菜'를 조상들이 어떻게 읽었는지는 현재로서는 정확히 알 길이 없다. 침채의 한글 표기를 최초로 확인할 수 있는 문헌은 1527년에 편찬된 최세진의 《훈몽자회 訓蒙字會》로, 이 책에서 '저(菹)'를 '딤채 조'로 해석했다. 즉, 딤채(팀채) → 짐채(침채) → 김채(짐치) → 김치로 바뀌었다고 보았다.

그런데 1700년을 전후해서 '디'가 '지'로, '티'가 '치'로 바뀌는 구개음화가 진행되어 '딤채'는 '짐채'로 변했다. '딤채'가 사용되던 시기에도 '沈菜'를 '팀채'로 읽은 사례가 보인다. 즉, '沈菜'는 초기에 '딤채' 또는 '팀채'로 불렸고, 18세기쯤에는 구개음화 현상으로 인해 '짐채' 또는 '침채'로 불렸다. '딤채'와 '팀채'가 공존했던 16세기에 '沈' 자의 공식적인 음은 '팀'이었다. 그런데 왜 일부 책에서 '딤채'라고 했을까? '딤채, 짐채'로 부른 《훈몽자회》, 《신증유합 新增類合》, 《구황촬요벽온방 救荒撮要辟瘟方》 등의 책은 어린이 또는 초보 학습자를 위해 간행한 책으로, 일반 서민이 쉽게 볼 수 있게 한글로 언해한 책들이다. 하지만 '팀채, 침채"로 부른 '내훈' 《소학 小學》, 《왜어유해 倭語類解》, 《한청문감 漢淸文鑑》 등의 책은 양반들의 수신서이자 유교 경전으로 전문서이다.

이는 대부분의 사람이 김치를 '딤채'라 불렀는데, 양반들이 김치는 '沈菜'라는 한자 말에서 온 것이니까 '팀채'로 읽어야 한다고 주장한 것이다. 그래서 '팀채'라는 말은 책에만 있던 말이지, 일반인이 일상생활에서 실제로 썼던 말이 아니었을 것으로 본다.[45]

45 이해준·정승모·정연식·전경목·송찬섭(2010). 《전통사회와 생활문화》. 한국방송통신대학교 출판문화원.

그럼 '김장'이란 말은 어디서 왔을까?《조선왕조실록》에 따르면, "1398년(태조 7)에 오고칠궁(五庫七宮)을 두었고, 1409년(태종 9)에 침장고(沈藏庫)를 두었다."라는 기록이 있다. 한편,《삼봉집 三峰集》권 7에 "전조(고려시대)의 제도에 따라 요리고를 두었는데, 여기서 채소와 채소 가공품을 다스린다."라고 하였다. 그렇다면《삼봉집》의 요물고는 침장고로 이전하여 고려시대에 이미 침장고가 있었다는 것을 알 수 있다. 즉, 침장고는 김장고이고, 김장이란 말은 침장에서 온 것으로 보인다.

김장의 추억, 온 동네 잔칫날

1970년대까지만 해도 김장하는 날은 온 동네가 잔칫날이었다. 이웃끼리 김장 품앗이를 했기 때문이다. 아파트 주거 문화가 확산한 1980년대에는 친척 중심으로 품앗이 문화가 이어졌다. 이때의 품앗이는 단순한 경제행위가 아니라 인정과 인간관계가 선물로서 교환되는 과정이었다. 김장은 보통 사흘 동안 진행되는데, 품앗이에 참여하는 사람들의 역할은 셋째 날 양념 버무리는 일에만 한정됐다. 양념 선택 등 레시피에 대해 가타부타해선 안 된다는 게 암묵적 규칙이었다. "한 가족의 김장 김치 맛은 그들이 오랫동안 살아온 지역적 전통에서 나오기 때문에 양념의 종류와 배합 비율을 품앗이에 참여한 사람들이 간섭해선 안 됐다."라며 "1960~1970년대 서울 등 대도시의 김치 품앗이는 그런 이유로 가능하면 고향이 비슷한 사람들로 구성됐다."라고 설명했다.

'김장 보너스'를 지급하는 회사도 적지 않았다. 당시 〈경향신문〉 1964년 11월 12일 자에 보너스를 받지 못한 샐러리맨의 고충이 실렸다. "요즈음 하루에서 가장 괴로운 시각은 오후 다섯 시입니다. 집으로 돌아갈 수도 없고 술집으로 갈 수도 없어 그냥 찬 거리에서 방황해 봅니다. 그러나 기적은 없어요. 결국, 밤늦게 집으로 기어들어가게 됩니다. 그러면 서슬 푸르게 기다리던 아내는 눈을 곤두세우고 또 따져 대거든요. 딴 직장에서는 다 김장값이 나왔는데, 당신네라고 안 주었을 리가 만무하다는 거지요. 틀림없이 김장값을 받아다 술 먹어버린 것이 아니냐는 거예요. 이렇게 매일 밤 고문이 시작되는 것입니다."라는 기사가 나온다.

실제로 김장은 이 당시에는 돈이 많이 들었고, 이를 해결하는 것이 서민층에서는 큰일이었다. 그래서 배추를 살 돈이 없는 가난한 서민은 수확이 끝난 배추밭이나 시장을 전전하며 버려진 배추를 모아 김장을 하기도 했다. 그러나 이제는 김장도, 김장 보너스도 추억 속의 일이 되었다.

5. 김치의 과학과 건강

배추김치의 주재료는 배추와 무이다. 양념으로는 파, 마늘, 생강, 고춧가루를 쓴다. 그리고 지역마다 들어가는 젓갈이 다르다. 멸치젓, 새우젓, 갈치속젓, 황석어젓이 주로 쓰인다. 그리고 맛을 내기 위해 낙지, 생새우, 조기, 생채, 갈치 같은 어패류가 들어간다. 또 밤

채, 대추채, 배, 감이나 석이버섯, 표고버섯, 송이버섯 같은 버섯류, 잣이나 깨, 실고추 등이 들어간다.

이렇게 다양한 양념으로 인해 김치의 영양은 풍부할 수밖에 없다. 비타민 A, D, C, K, B_2, B_6, B_{12}, 니코틴산(니아신), 엽산 등이 풍부해진다. 그러니 채소를 구하기 어려웠던 과거의 겨울철에는 비타민 공급처가 바로 김장 김치였다. 배추김치에는 탄수화물과 지방을 제외한 비타민과 무기질이 풍부하다. 탄수화물과 지방을 줄여야 하는 현대인에게는 그야말로 건강식이다. 또 배추나 무에 많이 들어 있는 식이성 섬유소는 장을 자극하여 소화 흡수를 촉진하는 작용을 한다. 섬유소는 중금속을 흡착하여 제거하는 역할까지 한다. 김치 주재료인 배추나 무, 양파, 오이, 고들빼기, 깻잎 같은 채소류는 그야말로 파이토뉴트리언트(phytonutrient, 식물성 생리활성물질)의 보고이다. 지금 서구에서는 이 파이토뉴트리언트의 항산화 항염, 면역작용에 대해 끊임없이 연구 중이다. 우리가 먹는 채소류는 바로 이 파이토뉴트리언트의 보고라고 볼 수 있다.

김치는 한국의 대표 발효 음식이자 유산균의 보고이다. 최근 프로바이오틱스를 건강식품으로 사 먹어야 하는 시대가 되었지만, 잘 발효된 김치에는 유산균이 풍부하다. 김치의 유산균은 장 안에 기생하면서 잡균을 정장해 주는 역할도 한다. 세계적인 장수 마을에는 요구르트를 마시는 지역이 많듯이, 우리나라도 장수 마을에는 김치를 먹는 장수 노인이 많다.

또 김치에 첨가되는 마늘에는 알린(allin)이라는 성분은 분쇄되면 효소에 의해 알리신(allicin)으로 변하는데, 이 성분은 항산화 항균뿐 아니라 피로 회복에도 좋다. 김치에 넣는 고춧가루는 캡사이신으로 인해 위궤양이나 위염에 좋지 않다고 여겨 왔지만, 실험 결과 별다른 영향을 미치지 않는다고 한다. 오히려 캡사이신은 우리 체내에서 항산화작용을 하는 사이토크롬 P450의 활성을 증가시켜서 산화에 의한 노화를 방지해 준다고 한다.

젓갈과 고춧가루의 지혜

소금에만 절이는 '저'의 형태에서 절인 채소에 젓갈을 넣게 된 것도 놀라운 지혜이다. 소금에만 절이는 저의 형태에서 김치는 진화를 거듭하게 된 것이다. 식물성 채소에 젓갈의 동물성 단백질이 들어간 셈이다. 젓갈은 자가 분해해서 육질은 각종 아미노산으로 분해되어 감칠맛을 낸다. 그리고 생선으로 만드는 젓갈에는 칼슘과 인, 마그네슘의 무기질이 풍부해 무기질 공급도 한다. 이 유리아미노산과 무기질은 김치가 시는 것을 막아주는 완충제 역할도 한다.

그런데 중요한 점은 산패하기 쉬운 동물성 젓갈을 첨가할 수 있었던 것은 바로 함께 들어가는 고춧가루 때문이다. 이 고춧가루의 캡사이신은 젓갈의 산패를 막아주는 항산화 역할을 한다. 그뿐만이 아니다. 고춧가루는 김치의 짠맛을 줄여주는 역할도 한다. 소금으로만 담그는 일본의 쓰케모노는 저장을 위해 소금 농도가 올라가고 짜질 수밖에 없다. 그러나 고춧가루는 캡사이신의 항산화작용으로 소금 농도를 낮추어도 쉽게 상하지 않는다는 것이다.

유산균의 역할

김치의 소금 농도는 대개 2~3%이다. 이 조건에서 바로 발효가 진행된다. 김치가 숙성되는 발효 과정에서 장내 건강에 좋은 젖산균(유산균)이 증가하게 된다. 젖산균은 정장작용을 하며, 일부는 발암성 물질이 생성되는 것을 막아준다. 또 젖산균은 채소에 붙은 잡균들의 번식을 억제하며, 기생충 알의 살균작용도 한다.

젖산균의 발효작용으로 10여 종의 산성 유기산이 만들어진다. 바로 우리가 잘 아는 젖산, 구연산 등이다. 채소의 조직에 있는 아밀라제에 의해 채소나 무의 당질을 분해해 포도당으로 만들게 된다. 젖산균이 바로 이 포도당을 배지로 쓰게 된다.

김치에 당분이 충분할 때는 젖산균에 의해 젖산 발효가 진행 중이므로 시지 않다가 포도당이 고갈되면 그때부터 신맛이 난다. 이때 젓갈 중에 있는 분해효소인 펩티디아제에 의해서 단백질이 유리아미노산으로 분해되어 김치의 신맛을 덜어주는 완충제 역할을 한다. 그리고 생성된 산에 의해서는 젓갈 생선의 뼈나 조직 내 무기질이 분해되어 나온다.

이렇게 본다면 탄수화물인 밥을 주로 먹는 한국인에게 부족하기 쉬운 단백질이나 비타민, 무기질 등을 김치에서 공급받을 수 있게 되는 셈이다. 거기다 젖산균의 작용은 무궁무진하다고 볼 수 있다.

김치, 암 예방 효과 탁월

채소 중에서도 십자화과 채소는 항암 효과가 매우 뛰어난 것으로 알려져 있다. 미국암협회는 정기적으로 십자화과 채소를 충분히 섭취하면 암 유발 가능성을 줄일 수 있다고 강조한다. 뉴질랜드의 오타고 의과대학 연구팀은 양배추 등의 십자화과 채소가 "웬만한 항암제보다 더 강력한 항암 효과가 있는 것으로 나타났다."라고 미국국립암연구소 저널(*Journal of the National Cancer Institute*)을 통해 소개한 바 있다. 십자화과 채소는 양배추와 브로콜리가 대표적이지만, 한국인이 자주 먹는 배추나 무, 냉이도 포함된다. 십자화과 채소의 강력한 항암 성분은 '글루코시놀레이트(glucosinolate)'라는 생리활성물질에서 나온다.

국제 저널 〈식품화학회지 *Food Chemistry*〉에 실린 농촌진흥청 연구에 따르면, 한국인이 끼니마다 김치로 먹는 배추(국내 배추 23개 품종)의 경우, 글루코시놀레이트 등 14종의 항암물질이 들어 있는 것으로 확인됐다. 광범위한 암 억제 효과를 지닌 '글루코브라시신(glucobrassicin)'은 브로콜리(0.7mg/g)보다 많은 평균 0.8mg/g이 나왔다. 배추뿐 아니라 소화에 좋다고 알려진 무 역시 이소티오시아네이트(isothiocyanate)와 글루코나스투르티인(gluconasturtiin) 성분 등이 들어 있어 발암물질 제거에 이롭다.

최근 기존의 김치에 암 예방 효능을 돕는 갓·배·버섯·산초·다시마 등 다섯 가지 식품을 추가로 첨가한 뒤 발효시킨 암 예방 김치가 암 치유를 돕는다는 사실이 확인됐다.[46] 이외에도 김치는 비만 예방이

---

46 〈환경병리독성종양학저널 *Journal of Environmental Pathology, Toxicology and Oncology*〉 최근 호 (2018, 2019.)

나 심혈관계 질환에도 효과가 있는 것으로 속속 밝혀지고 있다.

김치와 코로나

특히, 최근에는 김치가 새로운 면역 식품으로 떠오르고 있다. 급성 호흡기 질환인 사스(SAS)를 예방하는 데 효과가 있는 식품으로 떠오르기도 했지만, 코로나(COVID-19)에도 효능이 있다는 가정하에 많은 연구가 진행되고 있다.

국가에서 설립한 연구기관인 세계김치연구소에서는 현재 코로나에 대한 김치의 항바이러스성 효능을 연구 중이다. 이 연구팀은 이미 인플루엔자(독감)에 대한 김치의 항바이러스성 효능[47]을 입증한 바 있으며, 코로나에도 충분히 영향을 줄 수 있다고 판단한다.

연구팀은 김치의 유산균에 주목하고 있다. 김치의 특정 유산균에 당 성분이 코로나를 세포로 침투시키는 스파이크 단백질과 결합해 중화하는 효능이 있다는 것이다. 코로나의 감염은 스파이크 단백질과 우리 몸 세포의 막에 존재하는 앤지오텐신 전환 효소 2(ACE2, angiotensin-converting enzyme 2)와의 결합을 통해 이루어진다. 특히, 연구팀은 코로나가 호흡기 질환으로 알려져 있지만, 환자들의 주요 증상 중 하나로 설사 등 소화기 질환이 보고되고 있으며, ACE2가 소화기 쪽 장기에도 많이 분포돼 있다는 연구 결과들이 나오고 있다는 점에서 김치의 효능을 검증할 필요가 있다고 판단하고 있다.

---

47 2020년 현재 권민성 박사의 연구팀(미생물기능성연구단)이 연구 수행 중이다.

국외에서도 김치의 항바이러스 효능을 주목하고 있다. 최근 프랑스의 몽펠리에대학 폐의학과 장 부스케 명예교수의 연구팀[48]은 코로나 사망자 수와 지역별 식생활 차이의 상관관계를 분석한 결과, 발효된 배추를 주로 먹는 국가들의 사망자 수가 적다는 공통점이 있었다고 밝혔다. 이는 주로 사우어크라우트와 같은 산 발효 채소를 먹는 나라의 코로나 사망자 수가 적다는 사실에 주목한 것이다. 즉, 발효된 배추가 ACE2의 활성을 감소시키거나 항산화 효과(면역력 강화)가 있는 식품이라는 점에서 코로나 감염에 영향을 미쳤을 것으로 보았다.

코로나와 같은 계열인 중증급성호흡기증후군(SARS)이 창궐할 당시에도 한국의 경우 확진자가 적어(3명) 김치가 주목을 받은 바 있다. 하지만 김치의 실제 효과는 김치연구소의 연구 결과가 나오는 수개월 뒤에나 알 수 있을 것이고 더 증명이 필요할 것이지만, 김치가 건강 면에서 세계적으로 주목받고 있다는 사실은 부정하기 어렵다.

6. 김장문화, 인류무형문화유산 등재

2013년 12월 5일 오후, 아제르바이잔의 수도 바쿠에서 개최된 유네스코 제8차 무형유산위원회에서 '김장: 대한민국의 김치 만들기와

---

48 장 부스케(Jean Bousquet): 세계만성호흡기질환퇴치연맹(GARD) 회장을 지낸 호흡기·알레르기 분야의 세계적 권위자.

나누기(Kimjang, making and sharing kimchi in the Republic of Korea)'
가 인류무형문화유산 대표 목록에 등재되었다.

 김장은 신선한 채소가 부족한 길고 혹독한 겨울을 나기 위해 김치
를 담그는 모든 과정을 일컬으며, 우리나라 공동체문화의 산물이다.
김장은 김치의 장기 저장을 위한 행사로서, 진장(陳藏), 침장(沈藏)이
라고도 한다. 겨울 3개월이 저장 필수 기간이지만, 길게 잡으면 늦은
가을에서 이른 봄 햇채소가 나오는 시기까지 4~5개월이 된다. 김장
행사는 가정, 사찰, 군대, 기숙사 등 급식하는 각 집단의 단위로 행해
져 왔으며, 김치의 산업화가 시작된 오늘날에도 각 가정과 급식 단위
별로 계속되고 있다.

 한국인의 김치 문화를 지속할 수 있게 된 것은 바로 김치냉장고 덕
분이다. 김장은 한국인의 오랜 관습이었지만, 생활 습관이 바뀌면서
아파트라는 주거 공간에서 더 이상 지속하기 어려운 문화가 되었다.
농촌 인구의 도시 집중화와 아파트 생활 등 주거 환경의 변화로 장독
대를 설치하기 어려워지면서 도시 김장문화는 사라지는 것 같았다.
항아리를 묻을 공간이 사라졌기 때문이다. 그러나 우리 전통의 김장
문화를 지속할 수 있게 한 것은 바로 다름 아닌 과학기술이었다. 김
치를 저장하기 위한 과학으로 대두된 것이 바로 1980년대에 탄생한
김치냉장고이다.
 김치냉장고가 있어 김장 김치를 연중 담가 먹는 가정이 늘어나고
있다. 또한, 김장 중 가장 번거롭고 어려운 것이 절임 과정이다. 그런

데 배추를 절여서 절임 배추를 제공하는 것이 가능해지고, 이것을 구입하여 양념을 버무려 김치냉장고에서 숙성 보관하게 된 것이다. 일정한 온도로 보관하면서 그 맛도 균질하고 좋아서 이를 이용하는 가정이 늘면서 김장문화는 화려하게 부활하였다.

사실 21세기에도 한국인이 '김장'을 멈추지 않고 지속할 수 있었던 힘은 다름 아닌 '김치냉장고'로, 만약 김치냉장고가 없었다면 어떻게 고층 아파트 거실에서 김장을 할 수 있었을까 하는 의문이 들기도 한다. 유네스코 김장문화 등재를 위한 아제르바이잔 회의에서도 무형문화유산은 지금도 지속해서 이루어진다는 사실이 중요한데, 바로 고층 아파트의 거실에서 김장하는 모습을 찍은 사진이 위원들에게 매우 깊은 인상을 심어 주었다고 전해진다.

4장

젓갈과 식해의
세계

우리나라의 발효 음식 중에 특히 감칠맛이 최고인 것은 젓갈과 식해이다. 젓갈은 소금에만 어패류를 절인 형태이고, 식해는 소금 외에 쌀이나 좁쌀, 기장과 같은 곡물의 밥을 사용하는 것이 특징이다. 젓갈과 식해는 특유의 감칠맛으로 반찬 역할을 하며, 특히 땀을 많이 흘리는 여름철 짭짤한 밑반찬 역할을 한다. 젓갈은 우리나라를 비롯한 동남아 등지에서 고대로부터 전래되어 온 수산발효식품(fermented fish products)이다. 보통 어패류는 영양적으로는 우수하지만, 쉽게 부패하여 저장하기 어렵다는 단점이 있다. 어패류를 오래 저장하기 위해 개발한 방법이 소금 절임을 하는 발효법이라고 할 수 있다.

젓갈과 식해는 베트남, 태국 등지의 더운 동남아 지역에서 유래했다고 한다. 이 지역에서는 더운 기후로 음식의 저장이 쉽지 않았고, 수렵과 채취로 얻은 음식물 중 남는 것은 그냥 버릴 수밖에 없었다. 버려진 음식물은 자연 상태에서 발효되면서 또 다른 풍미와 맛을 지닌 음식물이 된다는 사실을 우연히 발견하게 되었다. 이것이 인류가 젓갈 발효식품(fish sauce and paste)을 만들게 된 동기가 되었다. 그래서 세계적으로 볼 때 농경이 주된 지역에서는 콩을 발효시킨 장과 같은 발효식품이 발달하고, 수산물이 주류이던 해안가에서는 젓갈 발효식품이 탄생하게 되었다. 그래서 젓갈을 장에 비유해 어장(魚醬)이라고도 한다.

1. 감칠맛 폭발, 젓갈 문화

젓갈의 발효는 생선이나 조개류의 조직 내 효소와 혐기성 및 내염성의 세균 작용으로 이루어진다. 이 과정에서 단백질의 가수분해가 일어나고 아울러 향미 성분이 생성된다. 이 때문에 조미료 역할을 하게 되는데, 젓갈은 오래전부터 반찬으로 이용됐고, 김치를 담글 때 부재료로 사용되었다.

현재 우리나라에는 30여 종의 젓갈류가 알려져 있다고 했지만, 고문헌을 통해서 살펴보면, 식해류까지 포함해서 무려 200여 종에 이

---

49 이서래(1997). 《한국의 발효식품》. 이화여자대학교 출판부.

른다고 해석한 이서래 교수는 특유의 풍미를 지닌 한국 고유의 제품으로, 영어로도 'jeokal'이라고 부르자고 하였다.[49]

고대 젓갈의 역사

젓갈류는 장류와 더불어 아시아권에서 오랫동안 조미료로 사용되어 왔다. 언제부터 만들었는지에 대한 정확한 기록은 찾기 어렵지만 중국의 문헌을 살펴보자. 중국의 오래된 고문헌인 B.C. 3~5세기의 《이아 爾雅》라는 사전에서는 "생선으로 만든 젓갈을 지(鮨), 고기[肉]로 만든 젓갈을 해(醢)라 한다."라고 하였다. 그러다가 중국의 사전인 《설문해자》(AD 100년경)에서는 "지(鮨)는 생선으로 만든 장(醬)"이라고 하였으므로, 지는 젓갈을 가리키는 것임을 알 수 있다. 그러니까 해(醢)는 '젓갈 해'라고는 하지만, 대체로 수조육류(獸鳥肉類)를 발효한 것으로 이해하는 것이 좋다고 보인다.

젓갈에 관한 좀 더 구체적인 기록은 중국의 종합 농서인 《제민요술》에 나온다. 《제민요술》에는 매우 다양한 형태의 육장, 어장 등이 나오고, 그 재료도 육류, 어패류, 누룩, 소금, 향신료, 곡류 등으로 다양하며 복잡하다. 그러나 생선 젓갈에 한정하여 살펴보려 한다.

옛날 한나라의 무제가 동이(東夷)를 쫓아서 산둥반도 끝의 바닷가에 이르렀을 때 어디선지 좋은 냄새가 나서 사람을 시켜 찾아보았더니, 어부들이 항아리 속에 어장을 넣고 흙으로 덮어 두었다가 향기가

---

50 이서래(1997), 《한국의 발효식품》, 이화여자대학교 출판부.

나면 조미료로 먹는다는 것을 알게 되었다. 이는 이(夷)를 쫓아서 얻었으므로 축이(鱁鮧, 창난젓)라고 하였는데, 이는 어장장(魚腸醬), 즉 창난젓이라고 하였다.[50]

《제민요술》에는 장 젓갈의 종류, 제조 방법, 계절에 따른 숙성 방법 등이 상세히 기록되어 있다. 조기, 청상아리, 숭어 등의 창자, 위 알주머니를 깨끗하게 씻어 조금 짭짤할 정도로 소금을 뿌려 항아리에 넣고 밀봉한 후 햇볕이 드는 곳에 보관하는데, 여름은 20일, 가을은 50일, 겨울은 100일 정도 지나야 잘 익는다고 한다. 어류의 내장을 이용해 젓갈을 담근다는 이 기록은 오늘날 창난젓의 제조와 비슷하다. 이미 옛날부터 젓갈 제조 방법이 상당한 수준으로 발달했음을 보여준다.

원래 화베이(華北) 지역에서는 물고기가 적었기 때문에 육류를 이용한 육장(肉醬)을 조미료로 사용하고, 동이계는 콩을 이용한 두장과 더불어 생선을 이용한 젓갈을 조미료로 사용한 것으로 생각된다. 특히, 《제민요술》은 중국 농서이지만, 우리나라와 가까운 산둥반도에서 출판된 것이고 동이계의 것으로서, 그 내용에서 우리 고대 식생활을 추측할 수 있다. 이로써 우리나라에서는 이미 고구려 중엽에 젓갈을 먹었다고 볼 수 있다.

삼국시대 젓갈은 결혼 예물이었다

우리나라에서는 《삼국사기》〈신라본기 新羅本紀〉에 젓갈에 관한 최초의 기록이 전해진다. 통일신라시대 신문왕 3년(683년)에 일길찬(一吉湌) 김흠운(金欽運)의 딸을 왕비로 맞이할 때, 납채(納采, 혼인할 때 사주단자의 교환이 끝난 후 정혼이 이루어진 증거로 신랑 집에서 신붓집으로 보내는 예물) 품목으로 쌀(米), 술(酒), 유(油), 장(醬), 시(豉), 포(脯) 등과 함께 젓갈을 가리키는 '해(醢)'가 수록되어 있다. 여기서 말하는 '해(醢)'는 생선을 발효시킨 젓갈과 고기를 주로 발효한 해(醢)를 모두 뜻한다고도 보인다. 아마도 당시에는 수조육류를 발효시킨 육해와 어패류를 발효시킨 젓갈을 다 먹고 있었을 것으로 생각된다. 어쨌든 통일신라시대 당시에 해(젓갈)는 왕이 왕비를 맞이할 때 보내는 결혼 예물의 하나로서, 귀한 음식이었음을 알 수 있다.

또 중국의 《삼국지》〈위지동이전〉 '고구려조'에 보면 "고구려인은 채소를 먹고, 소금을 멀리서 날라서 이용하였으며, 초목이 중국과 비슷하여 장양(藏釀)에 능하다."라고 하였다. 여기서 '장양(藏釀)'은 발효 음식을 총칭하는 것으로, 이 시기에 이미 장이나 젓갈 등의 발효 음식을 만들어 먹는 것이 일반화하였음을 알 수 있다.

고려시대 국가 제사에 오른 젓갈 - 젓갈 보편화

고려시대에 이르면 젓갈을 포함한 해류 식품이 문헌에 많이 등장한다. 특히, 고려 초기 국가 의례의 음식으로 '원구진설조'[51]에 보면 어해(魚醢), 토해(兎醢), 녹해(鹿醢), 안해(雁醢) 등이 진설되어 있다. 즉, 해류 음식이 제향 음식이었다는 것이다. 공사 연회 음식, 왕선(王膳) 식품으로는 어육장 해류가 쓰였고, 그중에서도 생선 젓갈류는 대

---

51 《고려사》, 권 59.
52 민족문화추진회 편(1997), 국역 《고려도경》, 제23권, 〈잡속 雜俗〉 2.

중적인 젓갈 식품으로 이용되었다고 보인다. 이는 송나라 서긍(徐兢)의 여행서 《고려도경 高麗圖經》(1123년)에는 "신분의 귀천을 가리지 않고 상용하던 음식이 젓갈이다."[52]라고 나온 것에서도 알 수 있다.

그리고 고려 문인인 이규보는 게로 담근 게장을 특히 좋아하여 "아이를 불러 새 독을 열어보니/ 하얀 거품 솟아오르며 향기가 풍기네/ 게는 금빛 액체이고 술은 봉래주(蓬萊酒)로다/ 어이하여 약 먹고 신선을 구하랴"[53]라고 읊고 있다. 이로 보아 발효 젓갈이 발달하였음을 짐작할 수 있다. 이렇게 고려시대에는 젓갈을 먹는 것이 보편화하였음을 알 수 있다.

고려 시기의 젓갈은 크게 어패류에 소금을 넣어 만드는 '젓갈류'와 고기로 만드는 '해류'가 있었던 것으로 볼 수 있다. 젓갈류는 다시 소금에만 절이는 지염해(漬鹽醢)와 소금과 누룩, 술 등을 섞어서 만드는 어육장해(魚肉醬醢)로 구분할 수 있다. 즉, 《고려사》와 《세종실록 지리지》 등에 생선해(魚醢), 토끼해(兎醢), 사슴해(鹿醢), 기러기해(雁醢) 등이 기록된 것으로 보아 당시에는 어패류 외에 수조육류로도 젓갈을 담가 먹은 것을 알 수 있다.

조선시대의- 다양한 젓갈 소비

조선시대는 젓갈이 가장 발달한 시기로, 예를 들어 16세기에 나온 사대부의 일기인 《미암일기 眉巖日記》에는 발효 젓갈이 많이 나온

---

53 김동욱. 《동국이상국집》 해제. 한국고전번역원 고전 DB.

54 정혜경·김미혜(2013). 〈담양 관련 음식 고문헌을 통한 장수 음식 콘텐츠 개발〉. 《한국식생활문화학회지》 28. 권 3호. pp.261-271.

다. 새우젓, 곤쟁이젓, 밴댕이젓, 뱅어젓, 고등어내장젓, 전복젓, 조기알젓, 게젓, 굴젓, 수어식해, 전복식해 등으로 종류가 20종이 넘을 만큼 많았다.[54] 같은 시기에 나온《고사촬요》와《쇄미록 瑣尾錄》, 17~19세기에 편찬된《음식디미방 飮食知味方》,《산림경제 山林經濟》,《증보산림경제 增補山林經濟》등의 문헌에 소개된 젓갈은 무려 180여 종 이상으로, 이 시기에는 매우 다양한 종류의 젓갈을 먹었던 것을 알 수 있다.[55] 또 조선 중기부터 많이 잡히기 시작한 명태, 조기, 청어, 멸치, 새우 등을 말리거나 젓갈로 만들어 전국에 널리 유통하기까지 하였다.

《음식디미방》에는 심지어 세 가지 젓갈이 나온다. 청어 염해법에서는 켜켜이 소금을 얹어 절이며, 방어와 같이 큰 생선은 썰어서 담그라고 하였고, 특히 물기를 금하라고 하였다. 지금 청어젓은 많이 담그지 않으나《음식디미방》이 나온 경북 지역에서는 구전으로 청어젓을 담갔다고 전해지고 있다. 참새젓도 나오는데 참새를 날것 그대로 내장을 뺀 다음 몸체를 편편하게 두들겨 피를 깨끗이 뺀 다음 술로 씻어서 말리고 소금, 끓인 기름, 좋은 술에 담가 항아리에 넣고 익히라고 하였다. 맛있게 하려면 참새 두 마리를 포개되, 그 사이에 산초와 파를 넣으라고 하였다. 그 외에도 연어알젓이 나온다.

그리고《증보산림경제》에 나타난 곤쟁이 젓갈, 즉, '자하(紫蝦)'법의 내용을 보면, "젓갈로만 담글 수 있다. 그 방법은 먼저 전복, 소라,

55 김미혜(2013). 〈眉巖日記 분석을 통한 16세기 사대부가(士大夫家) 음식 문화 연구 - 丁卯年(1567年) 10월
    ~戊辰年(1568年) 9月〉.《한국식생활문화학회지》. 28(5): pp.425-437.

오이, 무(네 조각으로 썰면 된다)를 마련하여 소금을 많이 뿌리고 갈무리하여 둔다. 곤쟁이가 날 때를 기다려서 앞의 네 가지 재료를 가져다가 소금을 뺀다. 짠맛을 조금 남겨둔다. 곤쟁이도 보통 방법대로 소금을 뿌리고 네 가지 재료와 함께 항아리에 한 겹 한 겹 깔아 넣는다. 다 끝나면 기름종이로 항아리 주둥이를 단단하게 막아 땅에 묻는데, 뚜껑을 닫고 또 잘 타고 남은 재(맹회, 猛灰, 참나무를 태운 재 따위처럼 진한 잿물을 내릴 수 있는 독한 재)로 항아리 주둥이를 둘러 바르고서 묻는다. 이렇게 하면 개미를 막을 수 있고 또 비와 습기도 막을 수 있다. 오래도록 두었다가 먹으면 더욱 맛있다."라고 하여 매우 자세하게 설명하고 있음을 볼 수 있다.

이후 서유구의 《임원경제지》에는 '붕어젓'이 나온다. 이에 따르면, 중국의 《거가필용 居家必用》에 나오는 젓갈 담그는 법을 인용하여 설명하고 있다.

"크고 좋은 붕어 10근을 깨끗이 씻어 손질하여 하룻밤 물기를 말리고, 내장과 쓸개를 빼내고 비늘과 아가미는 그대로 둔다. 다른 방법에서는 아가미 아래에 칼집 하나를 낸다. 다시 닦아 물기를 말려서 별도로 볶은 소금 24냥, 맥황 가루 15냥, 신국(神麴) 가루 20냥, 천초 2냥, 시라 1냥 반, 마근 1냥, 홍국 8냥을 모두 함께 섞어 생선 아가미로 밀어 넣는다. 나머지 양념은 생선 배에 넣어 채우고 생선 몸통에도 뿌린다. 또 좋은 술을 손가락 한두 개가 잠길 정도로 붓고 진흙으로 단단히 밀봉한다. 납월(음력 섣달)에 만든다. 《거가필용》"

이상으로 조선시대의 농서와 조리서에는 젓갈을 담그는 방법으로 염해법(鹽蟹法), 주국어법(酒麴魚法), 어육장법(魚肉醬法), 식해법(食醢法) 등 네 가지 방법이 기록되어 있다. 이 중 어패류를 소금에 절이는 염해법과 내장을 제거한 생선에 밥과 소금, 고춧가루, 엿기름 또는 누룩을 넣고 버무려 담근 식해법이 우리나라의 젓갈 제조법이고, 나머지는 중국의 제조법이 우리나라에 소개된 것으로 추정된다. 이후 중국의 영향을 받아 만들어진 어육장해와 주국어법은 고려시대 이후 조선시대에 들어서면서 점차 사라지고 지염해(漬鹽醢)와 식해가 오늘날까지 전승되어 내려오고 있다.

조선시대 전기까지 젓갈은 주로 반찬으로 먹었고, 김치에는 젓갈을 사용하지 않았다. 그러던 중 임진왜란을 전후하여 고추가 전래되면서 젓갈도 다양한 용도로 쓰이게 되어 양념용 젓갈과 반찬용 젓갈로 분류되었다. 특히, 김치를 담글 때 고추와 함께 젓갈을 사용하게 되면서, 고추가 젓갈의 비린내를 줄이고, 젓갈이 김치의 감칠맛과 저장성을 더욱 향상시켜 소금 대신 젓갈의 사용이 늘어나게 되었다.

젓갈은 반찬으로도 좋고 다른 음식의 조미료로도 빼놓을 수 없는 것으로, 한국 음식의 특유한 맛이 여기서 나온다. 주로 김치에 많이 들어가는 젓갈로는 새우젓, 조기젓, 황석어젓, 멸치젓 등이고, 찌개의 간을 맞추는 데에는 새우젓, 나물을 무치는 데에는 멸치젓에서 나오는 멸장을 쓴다. 홍합을 건조할 때 만들어지는 합자장(蛤子醬, 액젓 형태) 등 동물성 단백질이 주를 이루는 장으로 간을 맞추면 보통 장과 맛이 다르고 음식의 맛이 훌륭해진다.

젓갈은 우리나라에서 일찍 시판되어 온 식품으로, 조선시대에는 각

처에 명물이 있었다. 그러나 술안주, 밥반찬용으로 좋은 젓갈들은 각 가정에서 만들어 먹었으나, 지금은 주로 사서 먹는 밥반찬이 되었다.

젓갈 만드는 법

젓갈류는 생선 전체, 껍데기를 제거한 조갯살, 새우 등을 20% 내 외의 식염과 버무려 토기 항아리와 같은 광선이 차단되는 용기에 채 워 놓고, 윗부분을 2~3cm 두께의 식염으로 덮은 후 빗물이나 공기 가 차단되는 덮개를 씌워 2~3개월간 상온에서 저장하면 내염성 세 균과 효소의 작용으로 생선 비린내가 없어지면서 아미노산 발효로 구수한 맛을 내게 되며 즙액이 다소 생긴다. 이렇게 발효된 젓갈에 양념하면 우리가 먹는 창난젓, 조개젓, 새우젓 등이 된다. 이렇게 만 들어진 젓갈을 상온에서 6~12개월간 발효시켜 육질이 모두 분해되 게 한 후 저어서 마쇄하고 체에 거른 후 끓여 살균하면 수년간 보관 할 수 있는 젓국이 된다.

젓갈의 변신, 짠맛의 변화

보통 젓갈은 생선의 종류와 담그는 시기의 온도에 따라 소금 농도 를 원재료 무게의 10~30% 정도로 조절한다. 우리나라의 가장 대표 적인 젓갈은 멸치와 새우이다. 새우젓갈의 소금 농도는 10~15% 정 도이고, 멸치젓갈의 소금 농도는 20~25% 전후다.

우리 민족이 예로부터 즐겨 먹은 발효식품 중 젓갈은 짠맛의 고염 분 때문에 소비가 줄고 있다. 그런데 젓갈 식품을 염분은 줄이고 맛 은 향상한 제품이 곧 산업화할 수 있다고 본다. 즉, 기존의 저염 젓갈은 처음부터 소금의 양을 줄이고 저온 숙성으로 만든 까닭에 젓갈 특유의 깊은 맛이 나지 않지만, 요즘은 탈염 기법을 적용한 저염 젓갈이 나온다. 이는 전통 방식으로 소금을 넣고 숙성한 뒤 소금기만 빼내는 방법으로, 젓갈의 맛이 그대로 살아있고 보존성도 뛰어나다.

현재 염도 20~30%인 젓갈의 염도를 7.5%까지 낮출 수 있으며, 탈염한 뒤 부산물인 소금은 천연 맛소금으로도 활용할 수 있다고 밝혀, 탈염 기술이 실용화될 경우 경제적 파급효과가 있을 것으로 보았다. 우리나라 젓갈 산업의 규모는 연간 약 1,600억 원에 달하는 것으로 파악되고 있다.[56] 젓갈은 젊은이들이 즐기지 않아 전망이 밝지는 않지만, 그래도 다양한 기술 개발을 통하여 발전하기를 기대해 본다.

젓갈의 미래는 있는가?

젓갈은 냉장시설이 없던 과거에 어패류를 보관하기 위한 수단으로 발전했다. 소금을 뿌려 해산물을 발효시킴으로써 냉장시설 없이도 해산물을 장기간 보관할 수 있게 한 것이다. 이 보관법은 중국 남서부와 메콩강 유역에서 시작되어 차츰 전 세계로 퍼져 나갔다. 처음에는 생선을 소금으로 절이는 단순한 방식이었지만, 시간이 지나면서 점차 다양한 형태가 생겨났다. 젓갈류는 크게 젓갈, 액젓, 식해 등 세 가지로 나눌 수 있다. 젓갈은 소금 등 양념류로 발효시킨 생선이다. 이 젓갈을 오래 발효시킨 후 그 즙만 거른 것이 액젓이고, 해산물과 곡식을 함께 삭힌 것이 식해다.

---

56 현대해양(http://www.hdhy.co.kr)

초밥도 처음에는 식해, 즉 젓갈의 일종으로 시작했다. 현재는 신선한 생선과 밥을 사용하지만, 여전히 식해의 흔적이 남아있다. 초밥의 밥에는 식초를 넣어 시큼한 맛을 낸다. 식해는 곡류가 함께 삭으면서 독특한 향이 나는데, 초기 초밥의 흔적이 현대의 초밥에도 남아 있는 것이다. 서양에서 많이 먹는 안초비(anchovy)도 젓갈이다. 멸칫과의 생선을 소금에 절인 것이다. 세계 최고의 악취 음식으로 이름을 날리는 북유럽의 발효 생선 수르스트뢰밍(surströmming)도 청어를 낮은 염도의 소금에서 삭힌 것이다. 심지어 케첩도 젓갈에서 유래했다. 동남아의 젓갈 중 하나가 유럽으로 건너가면서 변형된 것이다. 실제로 케첩이라는 단어도 생선으로 만든 즙이라는 뜻의 한자 '규즙(鮭汁)'에서 유래했다.

삼면이 바다로 둘러싸인 우리나라는 지리적 특성상 젓갈 문화가 많이 발전했다. 대중적인 것만 해도 새우젓, 멸치액젓, 까나리액젓, 조개젓, 명란젓, 창난젓, 낙지젓 등이 있다. 이외에도 내장만 모아 담근 젓갈, 생식소를 모아 담근 젓갈 등 특이한 젓갈도 많다. 쓰임새도 광범위하다. 김치를 담글 때 쓰기도 하고, 계란찜이나 순댓국 등 음식의 간을 맞추는 데도 쓴다. 하지만 젓갈은 뭐니 뭐니 해도 대표적인 밥반찬이다. 먹을 것이 많지 않던 시절, 감칠맛과 염도 높은 젓갈은 밥도둑 노릇을 톡톡히 했다.

하지만 식생활의 변화로 젓갈의 쓰임새에도 많은 변화가 있었다. 우선 반찬으로서 젓갈의 사용이 많이 줄었다. 건강을 위해 저염식, 저탄수화물식을 하는 사람이 늘었기 때문이다. 반면에 퓨전 음식에 젓갈이 많이 쓰이게 되었다. 젓갈 파스타, 아보카도 명란 비빔밥 등이 그 대표적인 예이다. 여기에는 일본의 영향이 컸다. 20세기 초 한국에서 명란젓이 전파된 이후 일본에서는 명란젓이 큰 인기를 얻었다. 일본에서는 명란젓을 다양한 용도로 활용했다. 심지어 마트에 가면 명란 맛 과자, 명란 맛 마요네즈도 쉽게 찾아볼 수 있다. 이러한 일본의 명란 활용법이 다시 한국에 전달되면서 우리나라에도 명란젓을 활용한 퓨전 요리가 유행하게 되었다. 명란젓의 인기에 힘입어 최근에는 다른 젓갈들도 퓨전 요리의 재료로 쓰이기 시작했다.

오늘 젓갈을 먹었는가? 안 먹었다고 하는 사람이 대부분이겠지만, 본인도 모르는 사이에 먹었을 가능성이 높다. 김치를 먹었다면 그 안의 젓갈을 먹었을 것이고, 설사 한식을 안 먹었다고 해도 파스타, 샐러드, 동남아 음식을 먹었다면 같은 맥락이다. 변화된 식생활과 인식 속에서도 젓갈은 우리 식단에서 빼놓을 수 없는 존재다. 외국의 젓갈이 들어오고 우리 젓갈이 다양하게 사용되면서 젓갈의 지평이 달라지고 있다. 앞으로 또 어떤 변화가 일어날지 지켜볼 일이다.

2. 식혜 문화, 주로 생선 식해로 남다

앞서 우리의 전통 젓갈의 역사와 문화를 살펴보았다. 그런데 과거 고문헌에서 젓갈은 주로 '해(醢)'라는 한자어로 등장한다. 이 해는 수조육류로 만든 고기 젓갈(肉醢)을 뜻하기도 하고, '어해'라고 하여 지금의 생선 젓갈을 뜻하기도 한다. 그러니까 우리 조상들이 과거에 먹던 해는 주로 고기 젓갈과 생선 젓갈이었다. 그러나 이 중에서 고기 젓갈은 사라지고. 주로 생선으로 만드는 젓갈을 주로 먹게 되었다고 보인다.

그렇다면 '해'라는 음식은 어떻게 되었을까? 이 해는 우리나라에서는 주로 가자미식해나 명태식해 같은 생선 젓갈이되, 과거의 조리법과 비슷하게 소금과 곡물, 혹은 누룩을 섞은 형태로 진화되었다. 바로 이 생선 발효 음식으로 지금도 많은 사람이 즐기는 식해에 관해서 한번 살펴보자.

식해 원조, 동남아시아의 생선 발효 음식

식해(食醢)는 여러 생선에 곡물(쌀, 조, 보리 등)의 밥과 소금을 섞어 발효시켜 만든 음식이라고 정의할 수 있다. 우리는 지금도 주로 강원도 지역에서 생선 식해를 즐겨 먹는다. 독특한 우리 생선 발효 음식으로 남아있다.

그렇다면 식해는 어디에서 시작되었을까 하는 의문이 생긴다. 정확한 기원은 알 수 없지만, 아무래도 생선을 먹는 동남아 그리고 중국의 남방에서 식해의 기원을 찾을 수 있을 것 같다. 이는 식해는 바다에서 먼 산간지대에서 생선을 저장하는 방법으로 시작된 것으로 추측되기 때문이다.

현재 전 세계적으로 살펴보면 식해와 비슷한 생선 발효 음식을 많이 먹는 지역은 동남아의 미얀마, 타이, 라오스 등지이다. 이 지역의 생선 젓갈은 주로 생선에 소금, 그리고 쌀과 같은 곡물을 섞어서 만드는 것을 볼 수 있다. 이 지역에서 우리와 비슷한 식해가 만들어진 이유는 다음과 같이 추측해 볼 수 있다. 이 지역은 대부분 바다 생선은 구하기 어려우나, 계절에 따라 민물고기는 구하기 쉽지만 잡히는 계절이 지난 뒤의 저장이 항상 문제였다. 또 이곳은 바다에서 멀기 때문에 소금이 귀하여 소금에 절인 물고기를 많이 만들 수가 없었다. 또 열대 지역이기 때문에 비가 오는 우기에는 생선을 말리기도 어려웠다.

따라서 민물 생선에 소금을 약간 넣고, 많이 생산되는 쌀로 밥을 지어 섞어 숙성시키는 식해가 만들어졌을 것으로 추측한다. 민물 생선에 최소한의 소금과 쌀밥을 섞어 발효시키게 되면 숙성되는데, 쌀의 전분이 분해되어 유기산이 생성된다. 쌀 전분이 분해되어 나오는 유기산이 생선 부패를 억제하고 독특한 풍미를 생성한다. 또 생선 단백질이 분해되어 아미노산이 되어 감칠맛이 생기게 된다. 그래서 이 지역에서는 아주 오래전부터 그들의 전통 지식으로 우리의 식해와 비슷한 생선 식해를 만들어 먹어 온 것으로 보인다. 이 동남아의 생선 발효가 중국으로 전파되었는지는 분명하지 않고, 중국은 중국대로 그들만의 생선 발효법을 발달시켰지만, 중국에서도 아주 오래전부터 식해 발효법이 있었다고 한다.

중국의 식해 - 송대에 전성기

그럼, 중국에서는 어떠한가? 식해는 2세기 초엽에 나온 사전인 《설문해자》에 처음 등장한다. 여기에는 "지(鮨)는 생선 젓갈이고, 자

(鮓)는 생선의 또 다른 저장 형태인 식해(食醢)인데, 이것은 외래어이다."라고 하였다. 6세기 전반에 펴낸 것으로 보이는 중국의 농서《제민요술》에도 잉어를 비롯한 각종 생선 식해 만들기가 설명되어 있고, 또 돼지고기 식해도 나온다. 수나라와 당나라는 북방계의 왕조로서, 이 시대에는 식해에 관한 기록이 적지만, 백낙천(白居易, 백거이)의 시에 "연잎에 싼 식해"란 구절이 나온다.

이후 송대에 이르면 중국 식해의 전성시대가 열린다. 주재료는 잉어, 은어, 해파리, 거위, 참새 등이었다. 당시의 식해는 일반적으로 생선, 소금, 생강, 귤피, 시라 등의 향신료, 홍국, 지에밥(고두밥), 참기름 등으로 만들었다고 전해진다. 북송의 수도인 카이펑(開封), 남송의 수도인 항저우(杭州)에서 음식점은 물론이고 식료품점이나 거리의 노점에서도 여러 가지 식해가 판매되고 있었다.

그러다가 점차 식해의 제법이 변하여 밥을 적게 쓰고 술을 많이 쓰게 되었다. 술은 바로 산화하여 초산이 된다. 또는 식초를 뿌려준다. 어류에 식초를 뿌려주면 옛날부터 있었던 회가 되어 버린다. 곧 송(宋) 특히, 남송 시대에 식해는 회에 흡수되고 말았다는 것이다. 이후 원, 명, 청으로 내려오면서 식해는 쇠퇴일로를 걷게 되었다. 청대 초엽인 18세기 초엽에는 오랜 전통의 식해가 중국에서는 거의 자취를 감추고 말았다고 보았다.[57]

이상의 논의를 중심으로 살펴볼 때 식해는 아무래도 원산지로 추

---

57 이성우(1984), 《한국식품문화사》, 교문사.

측되는 동남아시아에서는 옛날의 원시적인 방법이 그대로 전해져 지금도 담그고 있다고 판단된다. 그러나 이러한 식해 제조법은 중국 문화권에는 일단 흡수되기는 하였으나, 지금은 거의 사라지고 말았다고 판단할 수 있다. 그러나 이는 확실하지는 않다.

한국의 식해는 어떻게 발전하였나?

조선 초기까지 우리 문헌에는 식해에 관한 내용이 나오지 않는다. 그렇다고 조선 초기까지 식해가 없었다고는 보기 어렵다. 후한 시대에 중국에 들어온 식해가 송대에는 전성시대를 이루는 것으로 보아 우리에게도 식해가 들어왔을 것으로 추측한다. 그런데 우리나라에서는 문헌으로는 보이지 않다가 이후 조선조 중엽부터 식해가 고조리서에 나타난다.

1600년대 말엽의 《주방문 酒方文》과 1680년의 《요록 要錄》에 생선과 곡물, 소금을 사용한 전형적인 식해가 나타난다. 그러다가 1800년대 중엽에 쓰인 작자 미상의 《역주방문 歷酒方文》에서는 식해의 생선 대신 소의 양이나 멧돼지 껍질을 쓰고 후추를 섞은 것도 역시 식해라 하고 있어, 식해가 좀 더 다양해진 것을 볼 수 있다. 역시 1700년대의 《음식보 飮食譜》에는 '삼일 식해'가 나온다. 이 식해는 생선, 소금, 곡물에 밀가루를 넣고 다시 누룩을 섞어 숙성을 촉진하는 것으로 나온다.

그리고 1700년대에 나온 《산림경제》에는 '작식해법(作食醢法)'이라는 이름으로 등장한다. 이후 1766年의 《증보산림경제》에서는 '정안식해법'이 나온다. 이는 대하, 곡물, 천초, 엿기름 등으로 만들고 있다.

그리고 1827년경의《임원경제지》에는 고기, 생선, 잉어, 조개, 참새, 거위 등을 사용한 다양한 식해를 중국 문헌을 인용하여 싣고 있다.

《규합총서》에는 황해도 연안 지역의 식해 조리법인 '연안 식해'가 나오는데, 만드는 방법은 다음과 같다.

> "연안 식해는 대합을 똥 없이 깨끗이 까서 속뜨물에 씻고 또 씻어 베 수건에 깨끗이 짜서 물기를 없애고 바람에 넣어 약간 말린다. 좋은 쌀을 깨끗이 찧어 밥을 짓고, 엿기름을 곱게 가루내기하여 밥의 분량대로 짐작하여 넣는다. 천초를 넣어 사기 항아리에 보통의 방법대로 담근다. 담가 넣을 때 좋은 대추 10여 개와 통잣을 까서 반 줌만 넣어 담근다. 3~4일이나 되어 조갯살 빛이 붉은 후에야 쓴다. 담글 때 기름과 소금을 약간 넣으면 좋고, 혹 조개를 넣지 않고 대추, 잣만 넣고 기름, 소금만 조금 넣어 담가도 좋다."

이렇게 대합을 사용하는 것을 비롯해 재료가 상당히 유사하며, 조리법의 서술 내용도《산림경제》에 나오는 '작식해법'과 거의 일치하여 이를 옮겨 적었을 가능성도 있다. 무엇보다《규합총서》이후의 문헌으로는 1908년에 나온《부인필지 婦人必知》와 1921년의《조선요리제법》에 나오는 '연안 식혜' 조리법이《규합총서》의 식해 조리법과 일치한다는 점이다. 이 또한 옮겨 적었을 가능성이 있다.

그런데 여기서는 '연안 식해'라고 하지 않고 '연안 식혜'라고 하였다. 식해(食醢)는 생선에 익힌 곡물과 엿기름 등을 섞어서 발효시킨 것을 뜻한다. 그리고 식혜(食醯)는 밥을 엿기름물에 삭혀 만든 음료를 뜻한다. 그러니까 이를 혼동하여 잘못 적었을 가능성이 있다. 반면 《조선요리학》에서는 마시는 식혜를 식해(食醢)로 표기하고 있어 이 둘이 혼용되어 사용되었음을 알 수 있다.

식해와 식혜에 대한 논쟁

식해와 식혜는 지금도 혼용되어 쓰이지만, 과거에도 그랬다. 식해(食醢)는 우리나라 특유의 명칭이다. '해(醢)'는 젓갈 해로, 생선에 소금을 넣어 만든 것이고, 이 해에 밥을 뜻하는 '식(食)'을 결합하여 식해라 한 것으로 보인다.

1527년의 한글 자전인 《훈몽자회》에서는 '醯, 초 혜', '醢, 젓 해 혹은 육장'이라 하고, '鮓, 젓자'로서 속칭 '어자(漁鮓)'라고 하였다고 나온다. 그러니까 당시 식해라는 음식은 있었으나 한자로 '자'라 표기되었고, 식해란 명칭은 없었다고 해석할 수 있다. 그러다가 1682년에 나온 《역어유해 譯語類解》에서 '醢, 식혜'라고 하였다. 이후 1807년의 《재물보 才物譜》에서는 '자(鮓), 식해(食醢)'라고 하였다. 그리고 1896년의 《규곤요람 閨壼要覽》(연세대 소장본)에서 곡물과 엿기름으로 된 식혜(食醯) 만들기를 설명하였으며, 1800년대 말엽의 《시의전서 是議全書》에서 곡물과 엿기름으로 감주를 만들고, 여기에 유자를 섞어 산미를 더한 것을 식혜(食醯)라 하였다.

앞서 살펴본 바와 같이 1600년대의 《주방문》과 《요록》에 식해가 나오는 것으로 보아 우리나라에서 식해란 말은 1600년대부터 문헌에 나타난 것으로 보인다. 그런데 《주방문》에서 식해를 식혜라 하였고,

1740년경에 편찬된 책으로 알려진 이시필의 《소문사설 謏聞事說》에서는 '삼일 식혜법'이란 음식이 나온다. 쌀에 엿기름을 넣어서 3일 동안 발효시킨 이 음식은 오늘날의 식혜와 가장 닮았다. 이렇게 식해와 식혜는 뜻과 표기에서 혼동되어 사용되고 기록에도 혼동이 있었다.

그런데 실학자 정약용은 이에 대해 말하고 있어 흥미롭다. 그가 1819년에 쓴 《아언각비 雅言覺非》라는 일종의 한글 교재에서 "혜(醯)란 작장(酢醬)이다. 해(醢)의 즙이 많은 것을 '혜'라 하는데, '혜'란 '즙 瀋(심)'이다."라고 하였다. 즉, 우리나라 방언으로 젓국이다. 어린아이들의 공부에서는 혜와 해를 가리지 못하였다. 그러므로 포해를 읽기를 포혜라 하는 것 같다고 한 것이다. 그러니까 '혜(醯)'는 국물이 있는 형태로 지금의 식혜와 비슷하다고 본 것이다. 정약용은 이렇게 먹는 음식명이 올바르지 못한 것을 바로잡고자 노력하였다. 해와 혜를 아이들에게 올바르게 가르치기 위해 고민했을 그의 모습이 그려지는 대목이다.

지금도 식해와 식혜가 혼용되어 쓰인다. 처음 음식 문화를 공부할 때 필자 스스로 가장 헷갈린 대목이기도 하다. 한자 해와 혜가 혼용되어 쓰이고 있어서 이를 해결하는 데 오랜 시간을 소모하기도 한 기억이 난다.

이를 다음과 같이 정리해 보려 한다. '해(醢), 젓해'에 밥(食)을 섞었으나 식해라 하는 것이 바람직하다고 생각한다. 그리고 생선에 소금, 곡물, 엿기름으로 만든 것이 식해이다. 이 식해에서 생선과 소금을 빼 버리고 물을 많이 써서 만든 것은 감주이고, 여기에 흔히 유자나 석류 알을 섞어 만들면 산미가 감도는 식혜가 된다. 결론을 내려 보면 식해는 육고기나 생선에 곡물이나 소금을 넣고 삭힌 음식이며, 식혜는 감주나 단술과 같은 음료이다.

지역별로 다양하게 만드는 식해와 식혜

한국의 식해는 지역별로 다양하다. 서울의 전통적인 식해는 사라지고 찹쌀과 엿기름으로 만든 감주에 설탕과 석류를 섞어 감주에 산미를 더해준 음료 형태를 식혜라 하는 데 비하여, 지방에서는 특색 있는 향토 음식으로서 식해가 내려온다.

경상도에는 마른고기 식해가 있다. 이는 곡물, 소금, 생선에 파, 고추, 마늘 등의 향신료를 섞은 것으로 진주 식해가 있다. 함경도 도루묵 식해는 쌀이나 좁쌀 등의 곡물에 소금, 생선 및 각종 향신료를 넣고, 또 여기에 엿기름을 섞어 만든다. 황해도 연안 식해는 큰 조개에 곡물, 엿기름, 생강, 대추 등을 섞어 만들고 있다. 또 강원도의 북어 식해, 함경도 가자미식해는 곡물, 엿기름, 소금, 생선, 각종 향신료에 무를 섞어서 만들고 있다.

반면 함경도 식해는 특히 유명한데, 가자미, 무채, 생강, 마늘, 고춧가루, 소금, 조밥 혹은 쌀밥과 조밥을 반씩 섞는다. 이때 가자미만 쓰는 것은 아니고 도루묵과 북어(동태)로도 식해를 담근다. 가자미도 참가자미를 쓰는데, 대가리도 자르지 않고 창자만 버리고 씻어 가로 썰어 소금에 절인다. 고기가 꼬들꼬들할 때 밥과 버무려 단지에 넣어 둔다. 며칠이 지나 고기와 밥이 삭을 만하면 다시 꺼내어 무채를 섞고 양념을 한다. 물론 가루소금으로 간을 맞춘다. 이런 다음에 미지근한 곳에다 항아리째 덮어 두었다가 고기와 무가 삭아 맛이 들면 먹는다. 도루묵과 북어 식해도 비슷한 방식으로 담근다. 이렇게 생선을 절여서 담그는 식해가 함경도의 특이하고 요긴한 반찬이라는 것이다.

요즈음의 식혜는 발효 음식이 아니라 당화 음식이라고 보기도 한다. 엿기름이 쌀을 당화시켜 만드는 당화 식품이지 발효식품이 아니라는 것이다. 그러나 발효 음료가 분명한 독특한 경상도식 안동식혜가 있다. 경상도 안동식혜는 멥쌀이나 찹쌀밥을 지어 무와 고춧가루, 생강 등의 향신료와 섞어 엿기름물에 버무려 3~4시간 발효시킨 음료이다. 맛이 시원하면서도 맵고 칼칼하며 소화에 도움을 주므로 잔치 때는 물론 평소에도 먹는다. 안동식혜는 식해(食醢)에서 식혜(食醯)로 변화되어 생겨난 것으로 보이는 중간 음식으로 보인다.

일본은 '해(醢)'에서 스시로

해와 혜는 분명히 다른 음식으로 중국의 고문헌에 나온다. 하지만 오늘날 중국 음식에서 해나 혜와 유사한 음식은 찾기 어렵다. 이 음식이 나온 중국에서는 이들 음식이 유행을 좇지 못해 사라진 것으로 보인다. 이에 비해 한자 문명의 주변부인 한국과 일본에는 해가 다양한 진화 과정을 거치면서 2,000년을 넘게 유지되어 왔다. 한국에서는 생선을 발효시킨 가자미식해나 명태 식해로 그리고 음료인 식혜 그리고 안동식혜 등으로 명맥을 유지하고 있다.

반면 일본에서는 다양한 모습으로 발전하였다. 원래 식해에서 나

온 스시는 일본을 상징하는 대표적인 요리이다. 이 스시가 바로 해에서 유래한 것이다. 일본은 19세기부터 오늘날의 초밥, 곧 인스턴트식으로 만든 식해가 나타났다. 이때는 생선이 신선할수록 좋고 초를 섞어 시게 한 밥으로 식해의 모습을 볼 수 있다. 그중 하나가 바로 일본 음식 '스시(壽司)'이다. 스시의 전신은 '나레즈시(熱鮨, なれずし)'로 알려져 있다. 나레즈시는 생선에 소금과 밥을 넣고 발효시킨 음식이다. 8~12세기경 일본 관서지방에 본거지를 잡았던 헤이안(平安) 시대에 사용된 규칙을 적은《연희식 延喜式》이란 문헌에 처음으로 등장한다. 나레즈시는 분명히 해의 조리법으로 만든다. 아마도 중국 당나라 때까지도 육고기나 생선을 소금과 곡물로 발효시키는 해가 동북아시아의 지배층에서 상당히 고급 음식으로 유행한 듯하다. 7세기 신라의 신문왕(神文王, ?-692)이 혼인 납채(納采)에 해를 보낸 것이 좋은 예이다.

그런데 일본의 나레즈시와 같은 계통의 고전적인 스시인 에도마에스시(江戶前ずし)는 18세기에 쇼군의 거처인 지금의 도쿄에서 유행했다. 당시 도쿄는 인구가 100만 명에 이를 정도의 대도시였다. 즐비하게 자리 잡고 있던 상가에서 에도마에스시는 간편한 끼니음식으로 상당한 인기를 끌었다. 하지만 당시의 스시는 소금이나 간장 혹은 식초에 절인 생선 조각을 밥 위에 올려놓은 것이었다. 1910년대 이후 전기 냉장고가 에도마에스시 전문점에 도입되면서 점차 지금의 스시로 모습을 바꾸어갔다. 이것이 1980년대 일본의 미국을 비롯한 해외로의 진출을 통해서 세계인이 즐기는 음식으로 자리 잡아 간 것이다.

5장

가가호호(家家戶戶) 담가 먹었던 우리 식초

현재 일반 가정에서 직접 식초를 담그는 경우는 많지 않다. 그러나 오래전에는 각 가정에서 술을 발효시켜서 식초를 만들어 먹는 전통이 있었다. 대부분 막걸리에서 발효 과정을 더 진행해 식초를 만들었으며, 이 막걸리식초는 한국 음식과 가장 잘 어울렸다. 식초는 한국에서 중요한 조미료의 역할을 하였다. 식초는 미생물을 이용하여 전분을 함유하는 원료로부터 알코올 발효, 초산 발효 과정을 거쳐서 생산한다. 신맛을 내는 초산 성분을 비롯하여 다양한 유기산, 아미노산, 에스터 등 각종 성분이 함유된 복합 산미 조미료이며, 최근에는 건강식품이나 기능성 음료로도 활용되고 있다.

식초는 술과 함께 인류 역사상 가장 오래된 발효 음식 중 하나이다. 가장 오래된 식초는 B.C. 5000년의 바빌로니아의 기록이라고 한다. 당시 바빌로니아에서는 대추야자, 말린 포도로 만든 술, 맥주 등으로 식초를 만들었다고 전해 온다. 또 B.C. 3000년경에는 맥주와 양조의 부산물로서 식초를 상업적으로 생산하기 시작하였다고 전해진다.[58]

식초는 영어로 'vinegar'라고 하는데, 이는 프랑스어의 비네그르(vinaigre)가 어원이다. 이는 와인의 뜻을 가진 vin(wine)과 시다의 뜻을 가진 aigre(sour)의 합성어로, '신 포도주'라는 뜻이다. 그러니까 식초는 술의 일종이거나 혹은 술을 숙성한 것을 의미한다. 현재 세계 각지에 수많은 종류의 술이 있듯이 식초 또한 매우 다양하게 존재한다.

식초는 동서양의 공통 발효식품이라고 할 수 있으나, 주로 식초 재료에서 차이를 보인다. 우리나라에서는 곡물을 발효시킨 술과 함께 곡물 식초 위주라고 한다면, 서양에서는 포도, 사과 등의 과일을 이용한 과실 식초가 발달되어 왔다. 유럽에는 프랑스, 스페인 등 와인 주요 산지에서 만든 포도식초가 있다. 북이탈리아 모데나 지방에서는 와인으로 만드는 발사믹식초가 유명하다. 영국에서는 보리, 밀, 옥수수를 사용한 맥아 식초가 유명하다. 식초는 곡물이나 과일을 원료로 누룩이나 효모(yeast)를 이용하여 알코올 발효한 후, 초산균에 의한 초산 발효를 통하여 만든다. 식초의 맛과 풍미를 결정하는 데 구연

58 Ha YD, Kim KS. 2000. *Civilization History of Vinegar. Food Industry and Nutrition.* 5(1):1-6.

산, 사과산, 호박산 등 유기산과 아미노산(단백질) 등이 중요한 역할을 하며, 만드는 방법에 따라서도 식초의 맛과 풍미가 달라질 수 있다.

이 장에서는 우리 선조들이 오래전부터 가가호호 만들어 먹었던 우리의 자랑스러운 전통 식초들을 만나보자.

1. 식초 이름, 초(醋)는 어디서?

우리가 초라고 부르는 명칭에 대해서는 '초(醋)'에는 술 '유(酉)' 자가 들어있어 술로부터 출발한다는 것을 알 수 있다. 그리고 조치한다는 말인 '조(措)'와 같은 뜻으로 다섯 가지 맛을 조절하여 알맞게 한다는 의미로 사용되었다고 한다.[59] 이후 일제강점기에 나온 《조선무쌍신식요리제법 朝鮮無雙新式料理製法》에서는 '초'는 여러 가지 음식의 독을 다스리는 작용이 있는 것이어서 '초'라고 하고 있다. 그러니까 초는 맛을 조절하기도 하며, 독을 다스리는 기능도 있다.

고문헌을 통해 초의 명칭을 살펴보면, 고려 말기의 《향약구급방 鄕藥救急方》에 '초(醋)'라고 나오며, 이후 이를 따른 것으로 보인다. 식초의 명칭은 다양한데, '초(醋)', 그리고 쓴 식초라는 의미로 '고초(苦醋)', 술 순(醇) 자를 써서 '순초(醇醋)', 초 엄 자를 써서 '엄초(釅醋)' 등으로 문헌에 나온다.

---

59 장지현 외 11인(2001), 《한국음식대관》 제4권, 한림출판사, pp.125-150.

3,000년의 식초 역사를 자랑하는 중국 식초[天然醱酵醋]의 명칭은 시대에 따라 다섯 차례의 변화를 겪게 된다. 하·상[殷]은 맹아(萌芽), 서주 때는 혜(醯), 한나라와 북위 시대에는 초(酢), 양진(서진과 동진)은 고주(苦酒)로 부른다. 초(醋)로 통일해서 부르기 시작한 것은 당나라 때부터다. 중국에서는 지금도 식초 가문의 역사를 강조하기 위해 혜(醯), 초(酢), 초(醋)로 혼용해 사용하기도 한다.

　　중국 4대 명초의 대표 식초인 황허의 산시라오천추[山西老陈醋]에서는 고체 발효 기술인 '훈임'(熏淋, 찌고 물에 내리기) 기술을 개발했다. 라오천추[노진초(老陈醋)]가 천하제일 명초로 불리는 계기도 14세기 (명나라 초기) 때 훈임 기술이 도입되면서부터다. 식초의 톡 쏘는 맛과 향, 부드럽고 중후한 맛의 검은색 식초는 훈임 기술로 완성된다. 중국의 식초가 초(醋)의 이름으로 정착되는 시기는 훈임 기술이 개발된 이후로 보면 된다. (조영광, 방심방 교수)

하상시대 맹아(萌芽)

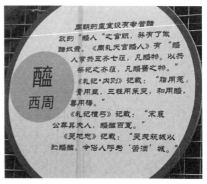

서주 때는 혜(醯)

한나라와 북위 때는 초(酢)

양진(서진과 동진)은 고주(苦酒)

당나라 때부터 초(醋)로 불림

산시라오천추 숙성 옹기 모습

위 식초 명칭 사진은 중국 황허문명의 발상지인 산시성(山西省)의 3,000 역사를 자랑하는 '동호식초' 공장에서 촬영한 것이다.

*출처: 헬스레터 출판 DB

2. 우리나라 식초의 역사

고대의 우리 식초

우리나라에서는 식초를 언제부터 만들어 먹었는지는 정확히 알 수는 없다. 술이 인류 사회에서 자연 발생적으로 만들어졌듯이 식초도 술로부터 만들어졌을 것이다. 이수광의 《지봉유설 芝峰類說》(1614년)[60]에는 '초일명고주(醋一名苦酒)'라는 중요한 기록이 나온다. 즉, '식초는 독하고 쓴 술'이라는 것이다. 이렇게 옛날 식초는 술 빚기에서 나왔음을 알 수 있다. 누룩으로 술을 빚은 것이 삼국시대 이전부터라고 하니, 식초 또한 삼국시대 이전부터 만들었다고[61] 보았다. 즉, 고구려인들이 '자희선장양(自喜善藏釀)'[62]이라고 한 것으로 보아 침채류, 장류, 주류, 초류 등의 양조 기술이 이미 고구려시대에 상당히 발달하였고, 식초도 함께 빚었을 것으로 추측한다. 이의 근거로는 이미 6세기 전반에 중국 산둥성에서 나온 농서인 《제민요술》에 약 20여 종의 중국 고대의 '초 만드는 법'이 나오고 있는 것에서도 알 수 있다.

발효 음식의 유래가 나오는 잘 알려진 문헌인 우리나라의 기록인 《삼국사기》 8권, 신문왕 3년(683년) 2월조에는 납채(納采)로 폐백(幣帛)이 15수레, 그리고 쌀[米], 술[酒], 기름[油], 꿀[蜜], 장(醬), 메주[豉], 포육[脯], 젓갈[醯]이 135수레로, 총 150수레였다고 나온다. 이

---

60 이수광(1614), 《지봉유설》 19권. 식물부. 식이.
61 장지현(1989), 《한국전래발효식품사연구》, 서울. 수학사.
62 《삼국지》. 〈위지동이전〉. 고구려조.

로써 술, 장, 젓갈 같은 발효 음식이 발달한 것으로 보아 식초도 만들었을 것으로 보고 있다. 그러나 어떤 식초를 만들었는지, 주원료가 무엇인지는 알 수 있는 기록은 없다.

고려시대의 식초

고려시대에는 식초 제조법이 나오는 기록은 찾기 어려우나 초를 이용한 기록은 있다. 바로 《해동역사 海東繹史》(1823년)[63]이다. 이에 따르면 중국의 《본초도경 本草圖經》을 인용하여 고려시대부터 음식을 만들 때 식초가 이용되었음이 기록되어 있다.

그 기록이 매우 재미있는데, 고려시대 음식으로 '고려곤포확법(高麗昆布臛法)'이 나온다. 이 곤포는 미역으로, 끓인 확은 고깃국을 뜻하므로 미역국이라고 볼 수 있다. 그런데 이를 만드는 부재료로 파[蔥], 소금[鹽], 초(酢), 메주[豉], 생강(生薑), 귤피(橘皮), 산초가루[椒末] 등이 나온다. 바로 여기에 초가 사용된 것을 알 수 있다. 지금의 미역국과 달리 메주와 생강, 귤피, 산초 그리고 식초까지 들어간다. 다양한 향신료가 고려시대의 미역국에는 들어가는 것으로 보아 향신료를 즐겼음을 알 수 있다.

다음으로 고려시대 초의 이용을 볼 수 있는 문헌이 바로 고려 후반 고종 연간에 나온 《향약구급방》(1236년)이다. 이 책은 의약방으로 초를 이용하였음을 볼 수 있다. 그런데 부스럼을 치유하는 방문에 그

---

63 《해동역사》 26권. 〈물산지〉 1. 채류조.

내용이 나온다. 밀가루떡을 술잔처럼 빚어서 바닥에 구멍을 뚫고 부스럼 위에 올려놓은 다음 끓인 '고초(苦醋)'를 부스럼에 부으면 기묘하게 고쳐진다는 것이다. 또 다른 부스럼 처방법으로 다른 약제와 함께 치료하는 방법이 나오는데, 푸른 쑥인 '청애(靑艾)'와 함께 초로 반죽하여 바르는 방법이 나와 있다. 아마도 식초의 소독 효과를 활용한 것으로 생각된다. 이러한 부스럼 치료 외에도 다른 약제와 섞어 중풍을 고치는 처방도 나와 있다. 이렇게 고려시대에 식초는 조미료 외에도 의약용으로도 광범위하게 사용된 것으로 보인다.

조선시대의 식초

조선시대에 들어오면 세종 이후의 문예부흥으로 명종 9년(1554년)에 일상 생활에 대해 기록한 《고사촬요 攷事撮要》나 《구황촬요 救荒撮要》를 보면, 초를 만드는 법은 조선 초기부터 보편적이었으며, 곡물로 초를 계속 만들었음을 알 수 있다. 또 누룩을 활용한 양초법이 발달한 것을 알 수 있다. 초는 주로 조미료 역할을 하였다. 이외에도 조선 초기의 《향약집성방 鄕藥集成方》(1433년)에서는 "식초가 의약품으로 사용되어 부스럼이나 중풍을 치료하는 데 이용되었다"고 기록되어 약방(藥房)으로 이용되었음을 알 수 있었다.

이후 실학사상이 발달하고 중국 농서들의 영향으로 효종 시대를 전후하여 《농가집성》 하편에 수록된 〈사시찬요초 四時纂要抄〉, 《음식디미방》, 《색경》 등의 고문헌에 초를 만드는 법이 나오며, 그 관리 방식도 매우 발달한 것을 볼 수 있다. 즉, 이 시대에 이르면 식초는 조미료로서 그 이용이 보편화되고 심지어 구황 방법으로도 활용되었다. 이 시기의 식초는 주로 멥쌀, 밀, 찹쌀과 같은 곡물을 재료로 한 전통적인 곡물 식초였다. 한편, 과일을 이용한 합성 과일주도 함께 나온다.

조선 중기 이후에는 《증보산림경제》나 《규합총서》 같은 고문헌를 통해 살펴보면 곡물주의 전통이 더욱더 강화된다. 이외에도 菜醋(채소)류, 酒醋(술)류, 糟醋(지게미)류 같은 새로운 식초가 나오기 시작하며, 꿀로 만드는 밀초(蜜醋)가 만들어져 전래 식초류의 주류를 형성하게 된다. 즉, 조선 중기에는 양초 기술 및 초 관리 기술이 발달하여 식초 양조의 토대가 완성된다.

조선 말기에 나온 《임원경제지》〈정조지〉 편을 보면, 식초 제조법이 크게 발달하기보다는 기존 초가 재등장하고 있는 것을 볼 수 있다. 아마도 조선시대 식초 제조법은 사대부가에서 음식을 즐기는 방편으로 집안 비법으로 전해 내려온 것으로 보인다.

최근 생활의 변화와 더불어 최근까지 전해지는 식초류는 약주를 초산 발효시키거나, 약주에 누룩을 추가하여 발효시키는 것을 볼 수 있다. 약주나 탁주 중에 대추를 넣어 자연 발효시키거나 감을 이용한 식초 제조법도 보인다. 그런데 조선시대 발달한 다양한 식초들은 지금은 거의 전해지지 않고 있어 아쉽다. 일제강점기 주세법(1907년) 시행으로 술 제조법이 거의 자취를 감추었듯이, 식초 양조도 같은 운명을 걸었다.

조선시대 식초 제조법이 수록된 관련 문헌

조선시대에 제조한 식초의 종류를 아는 방법은 당시의 고문헌을 참조하는 것이다. 고문헌에 나오는 음식명이나 제조법은 중국의 것을 복사하여 그대로 기록한 경우도 있다. 그러나 일단 조선시대의 식초 관련 중요한 기록이라고 볼 수 있다. 이를 위해 장지현의 책과 차경희의 논문을 참조하였다. 차경희는 조선시대 문헌 21개를 분석하였는데, 이 결과 식초는 총 89회 등장하고, 식초를 빚는 날이나 고치는 법에 대한 기록은 총 19가지였다고 하였다. 장지현은 〈한국전래식품제조사〉와 〈한국식초식용기원〉이라는 논문에서 조선시대 고문헌 속의 식초 제조법에 대한 광범위한 연구를 진행하였다.

《산가요록 山家要錄》(1459년경), 전순의

진초(眞酢), 진맥초(眞麥酢), 대맥초(大麥酢), 창포초(菖蒲酢) 1·2·3, 고리초(古里酢) 1·2, 병정초(丙丁酢) 1·2, 전자손초(傳子孫酢), 사절초(四節酢), 사시급초(四時急酢) 1·2 / 고리조법(古里造法), 의초법(醫酢法) 1·2·3

《수운잡방 需雲雜方》(1540년경), 김유

조고리초법(造高里醋法)—오천가법(烏川家法) 1·2, 사절초(四節醋), 또 다른 병정초[又丙丁醋], 창포초(菖蒲醋), 목통초(木通醋) / 작고리법(作高里法) 오천가법(烏川家法) 1

《고사촬요 攷事撮要》(1554년), 어숙권

양초법(釀醋法) 1

《주방문 酒方門》(1600년대 말), 작자 미상

밀초[小麥醋], 보리초[醋], 차조초[粘粟醋] 3 / 맛이 변한 초를 다시 쓰는 법
[救醋法]

《음식디미방[閨壺是議方]》(1670년경) 장계향

초 담그는 법, 초법, 매자초 3

《치생요람 治生要覽》(1691년), 강와

식초 빚는 법[釀醋] 1

《산림경제 山林經濟》(1715년), 홍만선

미초(米醋) 1·2, 삼황초(三黃醋), 소맥초(小麥醋), 대맥초(大麥醋), 추모초(秋醋),
감초[醋], 대추초[棗醋], 창포초(菖蒲醋), 조초(糟醋), 천리초(千里醋), 11 / 초(醋)
빚는 길일, 초 저장법[收醋法], 초 항아리 보관과 초 맛 고치는 법 3

《온주법(蘊酒法)》(1700년대 후기), 작자 미상

식초 만드는 법, 황남초 2

《규합총서(閨閤叢書)》(1809년), 빙허각 이씨

사절(四季)의 초 본방(本方), 기이(奇異)한 초, 중국 초[唐醋] 3 / 초 빚는 길일
[造醋吉日], 초 빚기 꺼리는 날[造醋른日] 2

《임원십육지 林園十六志》(1827년), 서유구

대초방(大醋方)-작대초법(作大醋法), 출미신초방(米神醋方) 1·2·3, 미초방(米醋方) 1·2, 나미초방(米醋方), 속초방(俗醋方), 칠초방(七醋方), 황삼초방(黃三醋方), 미맥초방(米麥醋方), 대맥초방(大麥醋方) 1·2, 동국추모조방(東國秋醋方), 소맥초방(小麥醋方)-소맥고주법(小麥苦酒法), 소맥초방(小麥醋方)-조맥황초법(造麥黃醋法), 소맥초방(小麥醋方)-속법(俗法) 1·2, 사절병오초방(四節丙午醋方), 무국초방(無麴醋方), 선초방(仙醋方) 1·2, 조초방(糟醋方) 1·2, 부초방(醋方), 조강초방(造糠醋方), 대소두천세고주방(大小豆千歲苦酒方), 도초방(桃酢方), 매초방(梅酢方), 시초방(柿醋方) 1·2, 조초방(棗醋方) 1·2·3, 연화초방(蓮花醋方), 창포초방(菖蒲醋方) 1·2, 길경초방(桔梗醋方), 밀초방(蜜醋方), 당당초 방(醋方), 만년초방(萬年醋方), 천리초방(千里醋方)-42 / 수장초법(收藏醋法) 1·2, 의초실미법(醫醋失味法) 1·2·3, 조초의기(造醋宜忌) 1·2-7

《시의전서 是議全書》(1800년대 말), 작자 미상

초안치난법 1

《부인필지 婦人必知》(1915년), 작자 미상

초장법 1·2

식초 원료의 변천 과정

우리나라 식초 원료가 어떻게 변화되어 왔는지 살펴보자. 조선시대 초기까지는 보리, 밀, 멥쌀, 찹쌀 등을 이용한 곡물 식초가 있었고, 더불어 오매(매실)를 이용한 합성 과일 식초도 만들어졌다. 조선 중기에는 전통 곡물 식초 외에 율무(栗米), 청량미 등을 원료로 한 새 곡물초가 나온다. 이와 함께 매실 외에 감[柿], 대추[棗]를 활용한 본격적인 과실 식초와 창포, 길경 등의 채소 식초와 꿀을 이용한 밀초와 술로 만드는 주초류와 술지게미로 만드는 조(糟)초류 등이 나온다.

이후 조선 말기에 와서는 전래 곡물 식초는 계속 재정리되는 가운데 과실 식초에는 감, 대추, 매실 외에 복숭아[桃]가 새로 추가되었다. 채소 식초류는 창포, 길경 외에 연화초 등이 새롭게 개발된다. 한편, 꿀[蜜] 외에 엿기름[飴]를 이용한 엿초와 밀기울을 이용한 부(麩)초류 등의 새로운 식초류가 나타났다. 이와 같은 식초를 만드는 재료의 변천 속에서도 가장 대중적인 식초류로는 고초류가 주를 이루었다. 그 가운데서도 보리[大麥]초가 조선 말기까지 보편적이었다.

식초를 만드는 양초 기술

조선시대 초기부터 제초용 누룩[麴]을 따로 만들었고, 양주용 누룩과 함께 병용된 것으로 짐작된다. 이 조초용 누룩은 원료를 밀[小麥]로 하였고, 그 제조법은 매우 단순해 장류용 메주와 같이 만들었으며, 황의(黃衣)를 입히기를 권장하였다.

양초 방식은 다음과 같은 종류가 있다. 곡초법은 조선시대 전반에 걸쳐 양초 제조 원리를 그대로 인용한 방법으로, 곡류·누룩·물의 형식으로 식초를 만들었다. 조선시대 중기를 전후하여 전자에 소국(燒麴)을 첨가하는 방식과 국을 쓰지 않는 무국초와 국을 태워서 양초하는 소국초를 만들었다. 과초류는 오매를 양초에 처리한 합성초가 가장 오래된 조초 형식이고, 조선시대 중기에 이어 새로 출현한 과초류는 과실을 술에 담가서 양조한 것이었고, 계속 이와 같은 과실초가 이용되어 오면서 조선시대 말기에는 과실이 상하여 시어지는 원리를 이용한 순과실 자연 발효 초의 개발이 시작되고 있었다.

채소 식초류는 조선 전기에 걸쳐서 주중 침적법에 의한 채소 식초류가 만들어지면서, 조선 말기에는 누룩과 함께 빚는 방법도 등장하였다. 주초법은 곡초 위주의 초 제조방식이 주로 전래되어 직접 주류를 사용하여 초를 담그는 방법은 뒤늦게 발달하였다. 조선 중기를 전후하여 주류를 이용한 초를 만들기 시작하며, 그중에는 술과 과실 및 채소, 곡류를 섞어서 만드는 방식이 주가 된다. 조선 말기에는 변미주(變味酒, 변한 술)와 식초를 섞어 만드는 주초류가 나온다.

술 혹은 지게미 조(糟)로 만드는 조초(糟醋)류는《산림경제》에서 처음 거론된 후 단절되었다가 조선 말기에 다시 관심 대상으로 부상하여 주조(酒糟)류는 곡류를 혼합하는 형식의 양조초로 전해졌다. 부초(麩糟)류는 부국(밀기울 누룩)을 만들어 곡류와 함께 양조하는 원리의 식초이며, 문헌상으로는 조선 말기에 와서 처음으로 나온다. 기타 조선 초기부터 만들어진 것으로 보이는 밀초(蜜醋)는 꿀에 물을 타서 따뜻한 곳에서 발효시켰으나, 조선 말기에 등장한 이초(飴醋, 엿초)는 엿에 물을 섞고 백국을 섞어서 식초를 만드는 방법이다.

그리고 집에서 식초를 담가 이를 계속 이어 가는 기술이 발달하였다. 식초를 빚고 이 초를 '촛밑(醋밑)'으로 삼아서 오래도록 식초를 얻는 방식이 조선 초기부터 전통화되고 있었다. 이 같은 초 한 잔을 쓰면 그 대신 청주라든가 소주를 넣어 계속 발효시키는 원리는 조선 이전부터 이어 온 것으로 추측된다. 조선 중기부터는 이 제조 기술이 더 강화되어 이전과 같이 누룩(麴)을 넣어주되, 소국(燒麴)을 넣는다든지 소국과 함께 소소맥(燒小麥)을 넣는 방법 등이 있었다. 이와 같은 제조법은 곡초뿐만 아니라, 조선 중기 이후부터 과실초 등 기타 초에도 적용되고 있었다.

식초의 길일(吉日)과 기일(忌日)

조선시대 고문헌에는 식초를 만들기 좋은 길일과 피하는 기일이 중요하게 언급된다. 왜 그럴까? 이는 식초는 발효 음식이기 때문에 인간의 정성에 보이지 않는 손길이 작용한다고 생각했기 때문이다. 그래서 발효는 가장 좋은 날씨와 음양오행이라는 동양의 철학을 중시하였던 것 같다.

조선시대 고조리서 문헌 중에 《산가요록》과 《규합총서》에는 식초를 빚는 길일이 기록되어 있는데, '신미일(辛未日), 을미일(乙未日), 경자일(庚子日)'일이 공통적으로 언급되고 있다. 또 《규합총서》에서는 식초 빚는 길일이 술 빚는 길일과 같다고 하였다. 이 중에서도 《산림경제》와 《규합총서》에서 공통적으로 언급되고 있는 '제(除)·만(滿)·개(開)·성(成)'일은 역학에서 택일하는 데 있어 고려하는 날이다. 택일하는 방법의 하나인 12신(神) 길흉론(吉凶論)을 보면, 그 안에 '건일(建日), 제일(除日), 만일(滿日), 평일(平日), 정일(定日), 집일(執日), 파일(破日), 위일(危日), 성일(成日), 수일(收日), 개일(開日), 폐일(閉日)'이 존재하는데, 그 각각의 뜻에 관한 연구는 좀 더 필요할 것 같다.

이에 반해 피해야 하는 기일(忌日)로는 '무자일(戊子日), 갑진일(甲辰日), 정미일(丁未日)'을 꼽는다. 《증보산림경제》(1776년)에도 같은 기록이 나와서 아마도 당시의 관습이었음을 알 수 있다. 이외에도 식초 빚을 때 금기 사항으로 《임원경제지》에는 '날물, 짠맛을 피하고, 여러 사람의 손을 거치지 말 것'과 '부인을 가까이한 사람이나 부정한 것을 피하라'고 되어 있었다.

이렇게 길일과 기일에 대한 구분은 나름의 과학적 이유도 있지만, 당시 풍속에 의한 것으로도 보인다. 한 예로, 장을 담글 때 용날과 뱀날에 장을 담그면 구더기가 끓기 때문에 이날을 피하고, 새해 첫 말날에 장을 담가야 장이 말 피처럼 빛깔이 진하고 맛있다는 풍습이 있다. 또 같은 말날 중에서도 무오일(戊午日)은 다섯째 천간 무(戊)와 무성할 무(茂)의 음이 같으므로 말(午)이 잘 자라고 번식도 잘한다고 해서 길일로 치고, 병오일(丙午日)은 밝을 병(丙)과 병들 병(病)이 음이 같아 병을 연상하므로 금기시하고 불길하게 여기기도 하였다고 한다.[66]

식초를 1세기경부터 만들어 먹었다

우리나라에서는 언제부터 식초를 먹었을까 하는 의문이 든다. 그러나 앞서 문헌상으로 살펴본 결과로는 고려시대 이전까지 거슬러 올라가기 어렵다. 초(醋)는 고주(苦酒)라는 이름으로 불렸다고 볼 때

---

66 Yoon, E. S. (2004). *A Research on Comparison of Cultural Idea of Horse Between Korea and Mongolia-In view of customs related to horse in Korea and Mongolia.* J. Korean Grassl. Sci., 24(4):347–358.

고려시대의《향약구급방》, 조선시대에는《동의보감》,《의방유취》등에서 그 기록이 보인다. 그 이전에도 초를 먹었으리라는 추측은 통일신라시대 신문왕의 혼례 음식에서 '술 주(酒)'의 존재는 고주(苦酒) 즉, 식초가 있었음을 추측하게 한다. 또《삼국사기》를 통해서 장양(醬釀) 즉, 발효 문화가 발달한 것으로 추측한다.

그 이전 3세기경 고구려 사회의 식생활을 반영하는《삼국지》를 통해 추측건대, 이 시대에 주류를 비롯하여 장류, 시(豉)류, 해(醢)류 같은 저장성이 요구되는 발효 음식들을 만들 줄 알았다는 사실로 미루어 볼 때 식초류의 양초법이 삼국시대 초기에는 이미 정착되어 있었다고 본다.[67]

한편, 양조 기술의 발달과 양초 기술의 관련성을 보면 이미 3세기 이전인 고구려 건국 초에 고구려의 지주에 관한 이야기나 일본이 백제가 미주를 빚어 헌납하였다는 이야기를 통해 볼 때 3세기 이전에도 이미 양초 기술이 상당한 수준이었음을 짐작하게 한다. 또 고구려의 동맹, 부여의 천제 등의 부족국가 시대의 축제에서 '주야 음주 가무'를 하였다는 기록으로 보아, 1세기경에 음주 문화가 일상화되었고 식초의 식용도 시작된 것으로 보인다.

중국의 식초 문화
중국에서는 주대(周代, B.C. 1046~B.C. 771) 전반기에 식초류의 공

---

67 장지현(1996).《한국전래발효식품사연구》. 수학사.

용 호칭으로 '혜(醯)'가 정립되기 전에 고주(苦酒)라고 하였다. 이로 미루어 주대 초기에 이미 식초 문화가 실제 있었다. 주대, 진대를 걸쳐 혜(醯)라고 하였으며, 한대로부터 식초류는 '젓 자(鮓)'로 변하면서 선대로부터 혜와 고주의 호칭과 병용되고 있었다. 선비족(鮮卑族)의 탁발부(拓跋部)가 중국 화베이 지역에 세운 북조 최초의 왕조인 북위(386~534)대에 내려와서는 식초류의 공용 명칭이 초로 이어지면서 이전 시대의 공용 명칭인 고주(苦酒), 혜(醯), 자(鮓)가 그대로 공존하고 있었다. 그 후 청대에 이르기까지 공용 호칭으로 초가 지배적으로 내려왔다고 본다.

따라서 우리나라에 받아들인 초의 호칭은 북위대에 받아들였다고 보이며, 초가 받아들여지기 이전에 고주 또한 받아들인 것으로 보인다. 또 중국의 식초 문화를 적극적으로 받아들인 것은 지리적인 조건으로 볼 때 한대 이후의 한 군현의 설치 등이 계기가 되었을 것이다. 이로 미루어 볼 때 기원 1세기에는 우리나라에 식초 문화가 형성되었을 것으로 생각된다.

일본으로 건너간 우리 식초 문화

일본에서는 문헌으로 볼 때 상한 시대는 다이카개신(大化改新, 645년, 아스카 시대 고토쿠 왕이 사용한 연호)을 계기로 당나라의 율령을 모방한 대보법령(大宝法令)에서 그 기원을 찾아볼 수 있다. 이를 통해 아스카(飛鳥) 시대(672~709)로 소급되고 있었음을 확인할 수 있다. 일본에서 주로 쓰이는 '자(鮓)'라는 호칭은 당나라 시대에 함께 쓰이던 초(醋), 자(鮓), 혜(醯), 고주(苦酒) 중에서 자(鮓)를 받아들인 것으로 보인다.

그러나 당나라에서 자를 받아들이기 이전에 이미 식초, 즉 'su'가 있었던 것으로 보인다. 헤이안 시대의 《화명초 和名抄》에서 자를 일명 고주(苦酒, karasake)라고 하였다는 점과 일본의 술인 사케(sake)가 우리말인 '삭히다'에서 왔다고 본다. 따라서 아스카 시대 말기(701년) 이전에 이미 우리나라의 식초 문화가 일본에 전달된 것으로 추정할 수 있다. 아스카 문화 시대에 우리나라 사람들이 집단으로 이주해 가면서, 아니면 그 이전인 일본의 고분시대(古墳時代, 3~6세기경)에 이루어졌을 것이다.

우리 전통 식초와 주정 식초

우리 주변에는 다양한 식초가 있다. 그래서 식초를 구분하기가 어렵다. 그러나 우리가 발효된 좋은 식초를 구분하는 것은 우리 식생활에 큰 영향을 미친다. 식초는 크게 합성 식초와 발효식초로 구분된다.

합성 식초는 석유에서 추출한 에틸렌, 아세틸렌 등을 원료로 합성 초산을 만든 후 희석하여 조미료, 감미료 등을 첨가하여 생산한다.[68]

발효식초는 주정 식초와 천연 식초로 나뉜다. 발효식초는 전통적인 병행 복발효 방식을 사용하며, 주정을 희석하여 제조하는 양조 방식, 알코올과 초산 발효를 2단계로 발효하는 방식으로 나뉜다. 공장

---

68 박은희·최찬영·권훈주·김명동(2016), 〈전통 식초의 종류와 제조 방법에 관한 문헌 연구〉, 《식품과학과 산업》, 12월호.

규모로 식초를 생산할 때는 주정을 사용하여 호기적 상태에서 초산 발효를 진행하는 방식을 사용한다. 그러나 주정 식초는 전통 발효 방식의 식초와 유사한 수준의 감칠맛을 나타내지는 못하며, 아미노산, 유기산 등의 유용 물질 함량이 부족하다.

반면, 우리 조상들이 만들어 먹었던 전통 식초는 산미료 역할뿐만 아니라, 풍부한 맛을 지니며 영양학적으로도 우수하다. 산도나 가용성 고형분 함량, 알코올 함량이 합성 식초보다 높게 나타난다. 전통 식초는 일반적으로 원료의 종류에 따라서 곡물 식초와 과일 식초로 나눌 수 있으며, 대추, 길경초, 꾸지뽕, 당귀 등의 원료를 사용하는 기타 식초가 있다.

전통 식초와 주정 식초의 차이는 발효주와 희석식 소주의 차이와 같다. 술을 마시면 그 안에 있는 알코올 성분 때문에 취기가 느껴지는 것은 마찬가지다. 그러나 여러 재료를 발효시켜 폴리페놀과 타닌처럼 다양한 영양소를 함유한 발효주와 달리, 주정을 이용해 만드는 희석식 소주에는 건강에 유익한 점이 없다. 그와 마찬가지로 전통 식초와 주정 식초의 신맛은 같을 수 있지만, 그 영양소에서는 큰 차이가 난다. 따라서 제대로 만든 발효식초는 음식의 조미료로서만이 아니라 음료로 가까이 두고 음용하는 것도 추천한다.

전통 식초의 복원

식초라고 하면 신맛을 내는 조미료로만 접해 오다가, 몇 년 전부터 흑초와 홍초 바람으로 건강에 유익함을 알게 되었다. 그래도 식초를 직접 제조해서 먹는다는 생각은 꿈에도 해보지 못했다. 필자가 어릴 적만 해도 집에서 메주를 띄워서 된장이나 고추장, 간장을 담가 먹었고, 이를 가르치고 수제 장류를 판매하는 곳도 꽤 있어서 익숙한데, 식초는 당연히 가게에서 사 먹는 것으로 생각했다.

예전에는 식초도 집집마다 만들어 먹었다. 먹다 남은 막걸리를 부뚜막 옆의 촛단지(초 항아리)에 붓고 솔가지를 꽂아 놓으면, 촛단지 안에 있던 식초와 막걸리가 함께 초산 발효됨으로써 식초가 만들어졌다. 그후 일제강점기의 주세령과 해방, 한국전쟁으로 식량난이 이어지면서 집에서 술을 빚던 가양주 문화가 사라지고, 막걸리식초도 사라졌다. 그래서 이제는 식초 하면 당연히 식품 공장에서 에틸알코올에 산소를 넣어 산화시켜서 만든 주정 식초를 떠올린다. 그러나 이는 신맛만 있을 뿐, 영양학적인 가치가 없으므로 전통적으로 발효를 통해 만든 식초에 비할 수가 없다.[69]

발효식초는 알코올 발효와 초산 발효의 두 단계로 이루어진다. 우선 곡식이나 과일에 누룩이나 효모를 넣어 막걸리를 빚는 알코올 발효가 첫 번째 단계이고, 알코올 발효가 완료되면 여기에 초산균을 접종하여 발효시킴으로써 알코올을 초산으로 전환하는 것이 두 번째 단계이다. 우리나라 전통 곡물 식초로 만든 것의 한 사례가 오곡 식초이다. 이는 현미, 보리, 기장, 차조, 수수 등 다섯 가지 곡물을 우리 누룩으로 발효시킨 것이다. 이탈리아의 발사믹식초, 중국의 쌀 식초

---

69 한상준(2014), 《한상준의 식초독립》, '100년 끊긴 한국 전통 곡물 식초 복원기', 헬스레터.

(미초), 일본의 현미식초(흑초), 미국의 사과식초처럼 우리나라를 대표할 수 있는 발효식초라고 할 수 있다. 오곡 식초의 재료인 곡물은 모두 유기농으로 재배하고 누룩을 직접 만들어 쓰며, 주문 제작한 옹기에서 발효, 숙성시키는 등 전통 방식 그대로인 꼼꼼한 방법으로 건강에 좋은 식초가 복원될 수 있었다고 한다. 그 외에도 현재 우리 다양한 전통 식초들이 복원되고 있어서 반가운 마음이고 계속 발전하기를 기대한다.

6장

음주 가무의 민족, 술

발효 음식 중에서 가장 보편적이면서 매력적인 것은 바로 술이다. 술은 알코올 성분이 있는 일종의 기호음료이다. 주류(酒類) 혹은 알코올음료(alcoholic beverage)라고 한다. 세계 각 민족은 대부분 고유한 술이 있다. 술은 제각각 민족의 풍토와 풍속을 담고 있으며, 각 민족의 문화적 배경을 지니고 탄생한다. 술은 오랜 옛날부터 자연 발생적으로 생긴 것을 인간이 이용하게 된 것으로 본다. 과일이나 곡류의 당질 원료에 야생의 효모가 작용하는 발효 과정을 통하여 알코올이 만들어지고 인간이 이를 마시며 즐긴 것이다. 이를 통해 신비한 발효 현상을 이해하게 되고, 원하는 술을 빚는 문화로 발전하게 된 것으로 본다.

세계적으로 볼 때 아시아에서는 농경 문화권으로 고온다습한 기후 영향으로 곡류에 곰팡이를 자연적으로 번식시킨 누룩을 사용하여 담근 술을 주로 먹어 왔고, 유럽의 목축형 문화권은 포도로 술을 담근 포도주나 보리로부터 싹을 틔운 맥주를 먹어 왔다.

한국은 아시아 문화권 내에서 막걸리, 청주(약주), 소주 그리고 혼성주를 주로 만들어 왔다. 그런데 한국인들의 음주율은 전 세계적으로 보아도 매우 높다. 그리고 세계 최고 수준의 술 소비국답게 술 수입량도 매년 기록을 경신할 정도로 높아지고 있다. 특히, 고급 양주류인 위스키와 포도주의 수입량은 기하급수적으로 늘어나고 있다.

한국인은 누구보다도 술을 사랑하는 민족이다. 우리 민족의 삶에서 술을 빼놓고 이야기하기 힘들다. 술은 한국인의 삶에서 문화 그 자체로 우리와 늘 함께해 왔다. 고단했던 삶과 농사일 속에서 술은 항상 동반자였으며, 에너지의 원천이었다. 그것을 우리의 선조는 풍속화와 문학 속에 고스란히 담아놓았다. 그리고 함께 술을 나누고 즐기는 권주문화가 있었다. 또 우리나라의 음식점은 원래 그 태생이 술을 주로 팔던 주막에서 출발한다. 그러나 아쉽게도 정감 넘치던 우리 술 문화는 그동안 잊혀 왔다.

그뿐만이 아니다. 우리나라의 경제 수준이 올라가면서 오히려 전통주는 외국 술에 점령당했다. 현재 위스키와 와인, 사케 등 외국 술 소비량이 부끄럽게도 세계 최고이다. 최근 외국인들은 우리 한식에 관심을 보이고 열광한다. K-pop에 이은 K-food의 열풍이고 한식에 대한 관심은 당연히 전통주에 대한 관심으로 이어지고 있다. 그러나 정작 우리는 우리 술 문화에 대해서도 너무 모르고 있다. 이 장에서는 우리 술의 역사와 문화를 찾아 떠나보자.

1. 술은 어떻게 만들어졌을까?

전 세계적으로 보면 술은 과일주에서 시작한 것으로 추정된다. 과일은 그냥 내버려 두어도 술로 바뀌기 때문이다. 과일에 상처가 나면 과즙이 나오고 이것이 껍질에 있는 천연 효모와 작용하여 과즙 안에 있는 당분이 알코올 이산화탄소로 분해된다. 이렇게 발효된 과일을 먹고 코끼리가 휘청거리며 날뛰었다는 에피소드가 전해져 내려온다. 모든 과일은 기본적으로 과일주를 만들 수 있으나, 그 가운데에 포도는 당도(Brix)가 높고 신맛이 적어 과일주로 가장 적합하다. 당이 많은 것도 중요하지만, 신맛이 적어야 술을 만드는 데에 힘이 덜 들어가기 때문이다. 우리나라 포도는 유럽산 포도에 비해 당도가 낮아 술을 만드는 데에 적합하지 않다. 메소포타미아나 이집트에서는 기원전 5000~1만여 년부터 포도주를 빚었다.

그러다가 농경 시대로 바뀌어 곡류가 본격적으로 생산되면서 곡식으로 빚은 곡물 양조주가 생겨난다. 우리나라는 포도주와 같은 과일주의 전통보다는 곡물을 이용한 곡물주의 전통을 가진 나라였다. 그런데 이 곡물은 과일처럼 자연 발효가 되는 것이 아니다. 곡물주는 전분을 당화하는 과정이 필요하다.

이때 전분을 당화하기 위해 넣는 것이 바로 누룩이다. 누룩은 밀 같은 곡물을 반죽해 놓으면 곰팡이의 포자가 붙어 발효되면서 만들어지는 것이다. 고대 중국에서 나온《서경 書經》에서는 술을 만들 때 국얼(麴糵)을 쓴다고 기록되어 있는데, 국얼은 누룩(麴)을 말한다. 또 누룩은 '술의 어머니'라고 표현하기도 한다. 중국 한나라 때는 벌써 밀로 누룩을 만들어 사용했다는 기록이 있고, 6세기경에 나온 중국 농업서인《제민요술》에서도 주로 밀을 사용해서 누룩을 만드는 방법이 자세히 나온다.

2. 술의 제조와 종류

술은 탄수화물이 미생물의 분해작용으로 알코올을 비롯한 여러 가지 성분이 생긴 발효 음료이다. 이때 발효 원료는 전분이 주성분인 곡류와 감자류, 당분이 주성분인 과일, 당밀, 꿀 등이다. 이때 전분은 미생물(주로 곰팡이)이나 맥아에 의해 만들어지는 당화 효소에 의해 일단 당분으로 분해되어야 한다. 이 당분은 효모에 의해 공기가 없는 혐기 상태에서 알코올과 탄산가스가 생성된다.

결국 술, 즉 알코올을 만드는 과정에는 당화 과정과 알코올 발효 과정이 필요한데, 곡류 전분은 이 두 과정을 모두 거치지만, 당분을 가진 과일은 알코올 발효 과정만 필요하다. 알코올음료는 양조주, 증류주, 혼성주로 나눈다. 양조주는 다시 단발효주와 복발효주로 나누는데, 단순 발효는 알코올 발효만을 일으키는 것이고 복합 발효는 당화와 알코올 발효를 다 일으킨 것을 말한다. 이를 다음과 같이 간단히 분류해 본다. 다양한 술을 단순하게나마 이해하는 데 도움이 될 것이다.

[양조주]
- 단발효주: 와인, 사과주, 기타 과실주 등
- 복발효주: 막걸리, 청주(약주), 사케

[증류주]
- 단발효 증류주: 브랜디, 럼
- 복발효 증류주: 소주, 고량주, 위스키, 보드카, 진

[혼성주]
- 합성 과실주, 칵테일, 과하주 등

3. 우리 술의 핵심, 누룩

우리 전통주에서 가장 중요한 것은 바로 누룩이다. 그런데 최근 전통주를 만들면서 누룩을 제조하지 않거나 일본 코지(koji, コジ)를 사용하기도 하여 아쉽다. 누룩에 관해서 간단히 알아보자.

누룩은 곡류와 같은 전분에서 술을 만들 때 필요한 미생물을 자연계에서 수집 배양하여 만든 것이다. 이러한 누룩은 일본으로 건너가 그대로 이용되다가 메이지(明治) 시대에 이르러 미생물 연구가 이루어지면서 일본 청주인 사케를 만들기 위하여 코지[麴]를 새롭게 만들

게 된 것이다. 코지란 곡류를 살균한 후 아스페르질러스(Aspergillus) 속 균(국균, 麴菌)을 비롯한 곰팡이를 순수 배양한 것을 말한다. 코지는 원료에 따라 쌀코지, 보리코지, 밀기울 코지, 콩코지라고 부른다. 코지는 개량곡자라고 부르기도 한다.

누룩의 원료는 본래 밀인데, 생산이 부족한 전라도 지역에서는 밀에 보리를 섞기도 하고 북한 지역이나 강원도에서는 밀에다 옥수수, 콩, 팥, 호밀을 섞기도 하였다. 누룩은 과거에는 지방에 따라 모양, 크기, 품질이 달랐으나 일제강점기에 전매 제도로 통일되었다. 일반적으로 원료 1되로 만든 원판 형이 보급되었다.

누룩은 원료의 분쇄 정도에 따라 분국(粉麴)과 조국(粗麴)으로 나눈다. 분국은 밀을 빻은 가루로 만들고 주로 청주용에 쓴다. 조국은 거칠게 부순 밀로 만든 것으로 탁주, 소주용으로 쓴다. 누룩은 만든 시

밀을 분쇄해 누룩을 성형하는 일제강점기 누룩 제조 모습. 거칠게 빻은 조곡의 밀과 물을 배합한 후, 사람들이 직접 발로 밟아 떡 모양의 병국을 만들고 있다.

출처: 이상희(2009). 《한국의 술 문화 I》. 창해.

기에 따라 춘국, 하국, 절국, 동국으로 구분하기도 한다. 재래식 누룩 만드는 법은 잘 빻은 밀을 물과 반죽하여 보에 싸 누룩 틀에 넣고 성형한 다음 쑥으로 싸서 부엌 시렁이나 온돌방 벽에 매달아 놓고 띄워서 만들었다.

4. 우리나라 술의 역사

우리나라에서 처음 술이 어떻게 만들어졌는지에 관한 기원은 정확히 알 수 없다. 그런데 고구려 건국신화에 술이 등장하고 있다. 고구려의 주몽신화를 다룬 〈동명성왕〉 편에 따르면, 천제의 아들 해모수는 하백의 세 딸을 초대하여 술을 취하도록 마시게 하였더니 다른 딸들은 놀라서 달아나고 큰 딸 유화만이 해모수에게 잡혀서 인연을 맺어 잉태하여 태어난 아이가 고구려를 세운 주몽이라고 한다. 한 나라의 시조를 잉태하는 데 결정적인 역할을 한 것이 곧 술인 것을 볼 때 부족국가 시대에도 술이 매우 중요한 역할을 하였음을 알 수 있다.

그리고 고대의 기록 중에서 역시 제천의식에서 술이 중요한 역할을 하였음을 짐작할 수 있다. 중국의 《삼국지》〈위지동이전〉에 따르면, 일 년 내내 수고하여 고생한 추수를 끝내고 나면 백성들이 모여서 제사를 지내며 즐기던 부여의 영고, 고구려의 동맹, 동예의 무천 등의 제천의식 행사 때에 밤낮으로 식음(食飮)하였다는 기록이 나온다. 즉, 이때의 음(飮)이 술을 가리키는 것으로 추측된다. 아마 이때부터 음주 가무를 즐기는 우리의 풍습이 있지 않았을까 짐작된다.

미인주(美人酒)

우리나라의 경우는 17세기 초에 이수광이 쓴 《지봉유설 芝峯類說》이라는 책에 재미있는 술 이야기가 나온다. 삼국시대에 입안에서 곡물을 씹어서 만든 술을 일러서 '미인주'라고 했다는 기록이다. 곡물을 입안에 넣고 씹으면 곡물의 전분이 침 속에 있는 프티알린(ptyalin)이라는 전분 분해 효소에 의해서 당화 작용이 일어나고 다음에 발효 과정을 거쳐서 술이 만들어지게 되는 과정을 이미 이해하고 있었다. 그런데 미인주라는 이름이 흥미롭다. 여성이 주로 곡물을 씹고 빚었음은 짐작해 볼 수 있다. 이 미인주는 가장 원시적인 당화 법에 의한 곡물 술이라고 할 수 있다. 그래서 우리나라에서뿐 아니라 전 세계적으로 많이 만들어 먹던 술이기도 하였다.

백제의 수수보리

그러다가 삼국시대에는 술 빚는 기술이 아주 능숙해져 중국의 서적에도 우리나라의 술에 관한 기록이 많이 나온다. 조선시대에 나온 《해동역사》나 《지봉유설》에 따르면, 중국 당나라의 시인인 이상은(李想慇)의 시에 다음과 같은 구절이 나온다고 하고 있다.

"한잔 신라주의 기운이 새벽바람에 사라질까 두렵구나."

그러니 당나라에서 신라주의 인기가 얼마나 높았는지 알 수 있다.

백제의 수수보리(須須保利)는 일본에 처음으로 누룩으로 술 빚는

방법을 전했다고 하니, 우리의 술 빚는 기술이 얼마나 대단했는지 알수 있다. 이것은 고대 일본의 역사책인《고사기 古事記》에 나오는 이야기로, 응신천황(應神天皇, おうじんてんのう)이라는 사람이 수수보리가 만들어 준 술을 먹고 취해서 불렀다는 노래[70]도 전해 오고 있다. 후에 수수보리는 일본의 주신(酒神)이 된다.

고려시대의 탁주, 청주, 소주

고려시대는 탁주, 약주, 소주의 기본적인 술 세 가지가 모두 성립된 시기이다. 중국 송나라 때 개성에 들어온 서긍(徐兢)이라는 사신이 쓴《고려도경》에 따르면, "고려 술은 술의 맛이 독하여 쉽게 취하고 빨리 깬다."라고 하였는데, 이 술은 아마도 누룩과 멥쌀을 함께 써서 만든 청주(약주)로 보인다. 그리고 "서민들은 좋은 술을 얻기 어려워 맛이 짙고 빛깔이 짙은 것을 마신다."라고 하였는데, 이는 즉 서민들의 술인 탁주(막걸리)를 가리키는 것으로 보인다.

청주와 약주, 탁주

고려 사람들이 마셨던 청주라는 술은 당시에 나온 이규보의《동국이상국집》에 나온다. 즉, 멥쌀과 누룩을 섞어 발효시키면 나오는 술밑을 눌러서 짜낸 것이 바로 이 청주이다. 이 술은 도수도 12~18%나 되고 맑아서 좋기는 하지만, 한 번에 겨우 4~5병밖에는 얻지 못한다는 단점이 있었다. 따라서 서민들은 쉽게 접할 수 없었다. 이 청

---

70 수수보리가 빚어 준 술에 내가 취했네 / 마음을 달래주는 술 웃음을 주는 술에 내가 취했네

주는 귀해서 주로 귀족들만 마셨다는 것이다. 술을 사랑한 고려의 주신(主神)이라 할 만한 이규보도 젊어서 관직에 있을 때는 청주 즉, 맑은 술을 마셨으나, 늙어서는 주로 탁주를 마셨다고 한다.

서민들은 이 술밑에서 청주를 떠내지 않고 그대로 체로 걸러내면 나오는 탁주를 마셨다. 탁주는 백주(白酒)라고 하는데 막걸리가 바로 이것이다. 서긍은 《고려도경》에 고려인들은 잔치 때 이 술을 마시는데, 마셔도 별로 취하지 않는다고 적고 있다. 막걸리는 도수가 맥주와 비슷한 약 4%에 불과하니 마셔도 취하지 않는다고 했을 것이다.

증류주, 소주(燒酒)가 원으로부터 들어오다

여기서 말하는 소주는 고려인들이 주로 먹었던 전통 소주이다. 우리가 많이 먹는 '참이슬'이나 '처음처럼' 같은 희석식 소주와 혼동하면 안 된다. 중국 명나라의 이시진(李時珍)이 지은 《본초강목 本草綱目》에 보면, "소주는 예로부터 있었던 것이 아니고, 원대에 비로소 만들어지게 된 것이다 燒酒非古法也(소주비고법야) 自元時始創基法(자원시시창기법)…"이라고 하였다.

우리나라에는 원의 지배를 받던 고려시대에 소주가 전해진 것으로 보인다. 그 당시 소주를 빚는 방법을 보면, 먼저 큰 가마솥에 숙성된 막걸리의 술밑을 붓고 가마솥 뚜껑을 거꾸로 덮는다. 이때 솥 안에 그릇을 하나 띄워 놓고 뚜껑을 손잡이가 그릇 안에 들어가도록 한다. 불을 때서 솥이 끓으면 솥뚜껑의 오목한 곳에 냉수를 부어 식힌다. 솥뚜껑의 꼭지에 수증기가 물방울이 되어 모여서 솥 위에 띄워 놓은 그릇에 고이게 된다. 이것이 바로 소주이다. 고려 말에 몽골군이 주둔하였던 개성, 안동, 제주도가 지금도 소주의 명산지로 유명하다. 특히, 안동 소주는 현재 그 독특한 맛과 향기로 전통의 맥을 이어 가고 있다.

그 밖에 고려시대의 시문에는 이화주(梨花酒)·화주(花酒)·파파주(波把酒)·백주(白酒)·방문주(方文酒)·춘주(春酒)·천일주(千日酒)·천금주(千金酒)·녹파주(綠波酒) 같은 술이 등장하고 있어 매우 다양한 종류의 술을 빚었음을 알 수 있다. 그리고 청주는 흔히 약주라는 이름으로 불렸는데, 이것은 약재를 넣은 약양주가 아닌데도 이렇게 불린 이유는 몇 가지로 추측된다. 조선조 중종 때 술을 잘 빚는 이씨 부인이 서울의 약현이라는 동네에 살고 있었는데, 그 동네 이름을 따서 청주를 약주라고 부르게 되었다고 한다. 혹은 우리나라 최고의 농학서인 《임원경제지》〈정조지〉에 따르면, "서충숙공(인조 때의 정치가 서성)이 좋은 청주를 빚었는데, 그의 집이 약현에 있었으므로 그 집 술을 약산춘(藥山春)이라고 한다."라고 하였다. 그리고 이 술은 약이 된다는 의미로 약주라고 불렀다고도 전해진다.

5. 가양주 전성시대, 조선시대 술 문화

조선시대는 술의 시대라고 할 만큼 집집마다 다양한 술을 빚었다. 과거 고려시대에 정립된 탁주와 청주, 소주를 기반으로 한 다양한 술이 고조리서에 등장한다. 우리 술의 역사를 외국으로부터의 전래주의 역사로 보기도 한다. 고려시대에 이루어진 중국, 북방 사회, 남만 사회 등 대중국 위주의 술 유입에 머무르면서 남만이나 서구 사회의 주류 유입이 증가하게 되었다고 본 것이다. 어찌 되었건 조선시대는 술의 시대라고 할 만큼 많은 술이 고조리서에 등장하고 있다. 또 집집마다 술을 담그는 가양주(家釀酒)의 전통이 있었으며, 꽃이나 열매 등 향이 나는 재료를 넣어 담그는 가향주(加香酒)도 많이 담갔다.

조선시대에는 집집마다 술을 빚는 가양주 문화가 있었으며, 우리 술 문화의 전성기를 이루었다. 또한, 남부지방에서는 탁주, 중부지방에서는 약주, 북부지방에서는 증류주가 발달하였다. 술을 약으로 생각하여 약재를 넣은 술도 개발되고, 한 번에 술을 빚는 단양법에서 여러 차례 발효 과정을 거치는 중양법이 확대되고, 조선 후기는 혼양주 기법도 생겨나는 등 양조 기법도 발달한다. 또한, 꽃이나 과일, 열매 등 자연 재료의 향기를 첨가한 술인 가향주도 발달한다. 조선시대의 《임원경제지》〈정조지〉편에는 꽃잎이나 향료들을 이용하여 빚은 약주를 향양주(香釀酒)라 하였으며, 송화주(松花酒), 두견주(杜鵑酒), 국화주(菊花酒), 호산춘(壺山春), 송순주(松筍酒) 등이 있다.

이렇듯 조선시대 술 양조법이 발달하고 술 종류가 많았던 이유는 당시 양반가의 가장 중요한 일이 '봉제사접빈객(奉祭祀接宾客)'이었기 때문이다. 이들은 접빈객을 당연히 갖추어야 할 예로 생각하였고, 제사를 모시고 손님을 접대할 때는 직접 음식과 술을 장만하여 정성을 다하였다. 따라서 술은 기본을 이루는 것으로, 집집마다 술을 담갔던 전통이 존재했다. 각종 의례는 물론 제사상에는 술과 과일, 포를 기본으로 갖가지 음식을 올리고, 조상에게 절을 할 때마다 술을 따라 올렸다.

조선시대 선비들은 시와 문장 짓는 것을 기본 교양으로 여겨서 생활 속에서 술을 자연스럽게 즐겼다. 선비들은 시회를 열어 술잔을 기울이며 시를 짓기도 했고, 취흥을 바탕으로 영감을 얻어 술을 사랑하는 마음을 문학과 그림으로 표현했다. 우리는 예부터 술 마시는 풍류를 생활 속에서 자연스럽게 즐기며 취흥을 예술로 승화하였다. 계절별로도 이에 맞는 술을 담가 즐겼으며, 생일이나 제사와 같은 통과의례에도 술은 빠지지 않았다. 이러한 조선시대 술 문화를 간단히 살펴보자.

약재를 넣어 만드는 약용주(藥用酒)

약용주는 통상적으로 빚는 술에 약재와 기타 부재료를 함께 넣고 일정 기간 발효한 술을 말한다. 이러한 약주는 고려시대 이후는 여러 고식 문헌에 자주 등장하는데, 도소주(屠蘇酒)를 비롯하여 자주·동양주·국화주처럼 여러 가지 약재를 같이 달이거나 삶거나 찌거나 하여 빚기도 하고, 오가피·구기자·창포·송엽·죽엽·지황·인삼 등 단일 약재를 넣어 빚는 약주류도 많다. 그리고 약재의 성분을 우러나게 하여 만드는 술은 대개 소주를 이용하기도 한다. 소주에 약재를 침지시키는 것이 대부분이나, 때로는 약재를 섞은 술밑을 고아서 소주를 얻는 경우도 있다.

평양의 명주로 알려진 감홍로(甘紅露)는 소주를 고아서 받는 그릇

바닥에 꿀을 바르고 지치를 넣으면 맛이 달고 빛깔이 연지와 같다고 《임원경제지》〈정조지〉에 쓰여 있다. 배와 생강을 넣어 빚은 이강고(梨薑膏)는 전주가 명산이다. 그 밖의 약용주로는 후추·인삼·구기자·오가피·마늘·솔잎대추·생지황·꿀·도라지·더덕 등 약용 식물성 재료를 쓰는 경우가 대부분이다.

이러한 약용주가 일반화한 것은 조선 중엽 허준의 《동의보감》이 편찬된 때부터이다. 그 이전에는 약재가 비싸서 사대부나 부유층에서 주로 빚어 마셨는데, 《동의보감》〈잡병〉 편에 자생 약재의 효능과 처방이 수록되면서 일반 서민들 사이에서도 주변에서 쉽게 구할 수 있는 약재를 질병 치료와 예방 목적으로 넣어 빚어 마시게 되었다.

재미있는 것은 곡식 부족으로 자주 금주령을 내렸던 조선시대에 이 병을 치료한다는 핑계로 약주를 빚어 마셨다고 하니, 나름대로 숨통을 틔워주는 역할도 하였다. 그래서인지 약용주는 질병 치료 목적으로 술을 빚은 탓에 술맛은 은은한 향기나 취기보다는 쓴맛과 약 냄새가 강한 것이 특징이다.

향으로 마시는 술, 가향주(加香酒)

우리 전통주는 계절 감각을 끌어들이고, 특히 술의 사용 목적에 따라 방법을 달리함으로써 무엇보다 다양한 술 빚기를 특징으로 한다. 꽃이나 과일, 열매 등 자연 재료의 향기를 첨가한 술을 가향주라고 한다. 조선시대 《임원경제지》에는 꽃잎이나 모든 향료를 이용하여 빚은 약주를 향양주(香釀酒)라고 하였다. 순곡주의 재료에 향의 재료를 넣어서 함께 빚거나, 이미 만든 곡주에 가향 재료를 침지시킨다. 가향주의 향을 내는 재료는 진달래·도화·송화·송순·연잎·매화·동백꽃·국화 등이 있다. 향기를 즐기는 가양주 대부분은 피기 시작하는 꽃잎을 사용하는 경우가 많고 간혹 과일이나 그 껍질 또는 약용식물의 잎 등을 사용하기도 한다. 꽃잎의 경우는 반쯤 핀 꽃을 송이째 채취하여 흐르는 물에 살짝 씻어 물기를 털어내고 바람이 통하고 그늘진 곳에서 2~3일간 2회 정도 바짝 말려서 사용한다.

가양주를 즐기는 것은 자연을 즐기는 것과 마찬가지이다. 즉, 자연의 변화를 우리의 술에까지 끌어들여 독특한 술 문화를 만들어낸 것이다. 즉, 계절 변화에 따라 봄이면 꽃이 피고 여름이면 잎이 무성해지며, 가을이면 열매와 뿌리가 무성해지는 자연의 섭리를 그대로 술에 끌어들이는 지혜를 발휘한 것이다. 우리의 전통주는 술에 취하더라도 자연의 향기와 함께 취하는 풍류의 맛을 즐겼다.

《임원경제지》〈정조지〉 편에 나오는 술

조선시대 술은 음식 관련 고문헌을 통해서 알 수 있다. 특히, 조선시대 고조리서 대부분이 술 빚기를 다루고 있다. 조선시대 유교 이념인 '봉제사접빈객'에서 가장 중요한 것은 술이기 때문이다. 그래서 고조리서에 나오는 술은 그 종류가 너무 다양해서 모두 다루기는 어렵다. 조선 후기의 다산 정약용과 쌍벽을 이뤘던 실학자인 풍석(楓石) 서유구(徐有榘, 1764-1845)는 벼슬을 내려 놓고 고향인 파주의 장단으로 귀농(당시 용어는 임원)해 방대한 농업 백과사전인 《임원경제지》를 남겼다. 이 《임원경제지》〈정조지〉 편에는[71] 총 1,748개의 요리법과 296개의 술 요리법이 실려 있다. 조선시대 가장 방대한 음식 조리에 관한 책이라고 할 수 있다. 이를 토대로 여기에 나오는 술들을 간단히 정리해서 살펴보니[72] 대개 다음과 같이 정리되었다. 이미 조선 말기에 술 만드는 법이 얼마나 발달하였는지 알 수 있다. 지금 전통주로서 이 술들은 재현 복원되고 있다.

- 상용 약주: 청주, 약주, 백화주, 삼해약주 등
- 특수 약주: 호산춘(壺山春), 백일주(百日酒), 약산춘(藥山春), 법주 등
- 속성 주류: 일일주(一日酒), 삼일주, 칠일주 등
- 탁주: 이화주, 막걸리 등
- 백주(白酒): 약주와 탁주의 중간에 위치하는 술. 맛이 달고 젖과 같이 희다
- 감주(甘酒): 누룩 대신에 엿기름을 사용해 달게 만든 술
- 이양주(異釀酒, 숙성 과정 중에 다른 것을 사용하는 술): 와송주(臥松酒), 죽통주(竹筒酒) 등
- 가향주류(加香酒類, 꽃잎이나 향료를 이용하는 술): 송화주(松花酒), 두견주(진달래술), 국화주 등
- 과실주: 포도주, 송자주(松子酒) 등
- 소주: 쌀 소주, 밀소주 등
- 혼양주(混釀酒, 소주와 약주의 중간형 술): 과하주(過夏酒) 등
- 약용 소주: 진도의 홍주, 감홍로 등

---

71 서유구(2020). 〈정조지〉. 《임원경제지》 4. 임원경제연구소(역). 풍석문화재단.

72 이성우(1984). 《한국식품문화사》. 교문사.

• 약용 약주: 구기주(枸杞酒), 오가피주 등

조선시대 금주령

우리 민족이 얼마나 술을 좋아했는지 나라의 곡식을 축낼 정도로 문제가 되어 조선시대에는 국가가 이를 강력히 규제하였다. 조선 전기에 가장 빈번하게 발효된 법령 중 하나가 금주령이었다. 국가가 수시로 금주령을 발동하여 개인의 음주를 금지하였다. 술은 대부분 귀중한 생명줄인 곡물로 만들었기 때문에 흉년이 들었을 경우 곡물의 낭비는 곧 죽음을 불러왔다. 그런데도 조선 전기는 음주의 시대였다.

조선시대에 마음대로 술을 마실 수 있는 사람들은 지배자 곧 양반 관료였다. 관청마다 술 창고가 딸려 있었을 뿐만 아니라, 영접, 전송 등의 행사에 모두 술을 사용하였다. 《중종실록 中宗實錄》에 따르면, 품계가 높은 서울의 아문과 육조 소속 각 관청에서는 자체로 술을 빚어 물처럼 마셨다. 이 때문에 원래 술 판매에 종사하던 각 관아의 노복들이 생업을 잃기도 하였다. 서울 시내 각 시장에 누룩을 파는 곳이 7~8군데 있고, 그곳에서 하루에 거래되는 누룩으로 빚는 술의 양이 쌀 1천여 석에 이른다고 하였다. 과장이 있겠지만, 엄청난 양이다. 이 때문에 흉년을 핑계로 관청의 주고(술 창고)를 혁파하지만, 그렇다고 술의 소비량이 줄어들지는 않았다.

술집의 역사

조선시대에 이처럼 음주 문화가 성행하였다면 그 구체적인 행태는 어떠하였을까? 추론하건대, 조선 전기에는 술을 파는 집은 있었지만, 술집은 없었던 것으로 보인다. 1973년에 발간된 김화진(金和鎭)의 《한국의 풍토와 인물》에 수록된 〈옛날의 음식점〉 편에 따르면, "바침술집(술을 많이 만들어 술장수에게 파는 것을 직업으로 하는 집 또는 그런 사람)은 예전에 주세가 없고 아무나 술을 만들 때 술만 만들어 파는 집이고, 그 집에도 문간에 병을 그려 붙이고 중간에 '바침술집'이라고 쓴다. 그러므로 '병술집'이라고도 한다."

요컨대, 조선 전기에는 지금의 술집처럼 술과 안주를 함께 제공하는 형태의 술집은 없었던 것으로 보인다. 다만, 술만 파는 형태의 주류 판매업인 병술집은 분명히 존재하였다. 그러니까 오늘날과 같은 형태의 술집은 조선 후기에 출현하였다.

특히, 영조는 강하게 금주령을 실시한 임금이었다. 그러나 정조는 영조 시대의 그 가혹한 금주령이 별 효과가 없음을 간파하고 금주령 발동을 금지하였던 관계로 술집이 폭발적으로 증가하였다. 《정조실록》에 따르면, "서울 시내에 큰 술집이 골목에 차고 작은 술집이 처마를 잇대었다."라고 하였다. 다음으로 정조 때의 채제공(蔡濟恭)이 말한 술집의 모습을 보자.

"비록 수십 년 전의 일을 말하더라도 애주가의 술안주는 김치와 자반에 불과할 뿐이었습니다. 그런데 근래에 백성의 습속이 점차 교묘해지면서 신기한 술 이름을 내기에 힘써 현방(懸房)의 쇠고기나 시전의 생선을 따질 것도 없이 태반이 술안주로 들어갑니다. 진수성찬과 맛있는 탕이 술 단지 사이에 어지러이 널려 있으니, 시정의 연소한 사람들이 그리 술을 좋아하지 않아도 오로지 안주를 탐하느라 삼삼오오 어울려 술을 사서 마십니다. 이 때문에 빚을 지고 신세를 망치는 사람이 부지기수입니다…. 시전의 찬물(饌物) 값이 갈수록 뛰어오르는 것은 이 때문입니다."

이렇게 시정의 술집이 발달하면서 점차 그 종류도 다양해졌을 것이다. 이에 관한 정확한 자료는 없지만, 김화진의《한국의 풍토와 인물》〈옛날의 음식점〉편[73]에 따르면, "지금으로부터 약 70년 전까지 서울 안의 음식점은 목로(木樓)술집, 내외(內外)술집, 사발막걸릿집, 모주(母酒) 집이고 이채를 띠고 여자가 조흥하는 술집은 색주가뿐"이라고 증언하고 있다. 여기서 목로주점은 서서 술을 마시는 선술집이고, 내외주점은 행세하던 집 노과부가 생계에 쪼들려 건넌방이나 뒷방을 치우고 넌지시 파는 술집이다. 그리고 색주가는 여자가 술을 따르고 노래를 불러 흥을 돋우는 그렇고 그런 술집이라고 하였다. 사발막걸릿집은 사발 단위로 값을 정하고 파는 막걸리라고 볼 수 있다. 모주 집은 모주를 파는 술집인데, 모주란 술 찌꺼기를 걸러 마시는 것이었다.

이처럼 숙종조에 모습을 보인 시정의 술집은 영조 치세의 혹독한 금주령 아래서 일시 위축되었다가 18세기 후반 정조 때 본격적으로 출현한다. 그러나 술집이 발달한 가장 큰 이유는 경제적 발전에 있

---

73 김화진(1973). 《한국의 풍토와 인물》. 〈옛날의 음식점〉. 을유문화사.

을 것이다. 술을 사서 마신다는 것은 금속화폐가 발달했음을 알 수 있다. 18세기 조선은 화폐가 본격적으로 사용되고 대동법과 균역법의 전면적인 시행으로 도시 상공업이 발달하였으며, 농업 분야에서도 기술 발달로 잉여 농산물이 생겨나는 등 경제 규모가 크게 확대된다. 이런 것들이 궁극적으로 생활의 여유를 가져오고 시정의 술집까지 나타나게 한 것으로 보인다.

이와 같이 조선 말기의 주점은 일제강점기에 이르면 오히려 경제가 어려워지고 살림이 피폐해지면서 온갖 상점과 식당들이 서울의 종로, 을지로와 청계천에 자리를 잡게 되었다. 특히, 음식점이 많이 늘어났고, 음식점 중에서도 '선술집'이 가장 많이 늘어나게 되었다. 이러한 주점은 1930년대가 되면 주점에서 밥집으로 변신하게 된다. 밥과 술이 늘 함께 다니는 우리의 독특한 반주문화는 술집이 밥집이 되고 또 밥집이 술집을 겸하는 형태가 된다.

6. 일제강점기, 한국 술의 수난사

일제강점기에는 대규모 양조업체가 생겼을 뿐만 아니라, 세금 납부 때문에 각 지방이나 각 가정에서 만들던 향토주와 가양주는 점차 사라지게 된다. 이때 발동한 주세령이 5차에 걸쳐 개정되면서 집에서 작은 규모로 술을 만들던 사람들은 몰락의 길을 걸었다. 이런 상황이 가속화하여 1932년에는 자가 업체가 하나만 남게 되었고, 2년 뒤에는 이마저 없어졌다. 양조업자들만 융성해가고 각 지방에 있던

명주들은 사라지게 된다. 아울러 밀주 단속이 계속되었기 때문에 그 많던 우리나라 술들이 대부분 자취를 감추게 되었다.

이런 사정은 해방 후에도 그리 달라지지 않았다. 해방이 되었지만, 각 가정에서 임의로 술을 만들지 못했다. 곡식이 부족했기 때문에 쌀로 술을 빚는 것은 아예 생각할 수도 없었다. 소주는 잡곡을 원료로 하는데, 비곡주(秘曲酒) 정책 강화로 그나마 쓰던 잡곡도 쓸 수 없었다. 그 대신 고구마와 당밀을 이용하게 되어 술의 질이 떨어졌고, 따라서 서민들은 소주를 외면하게 된다. 막걸리와 약주는 소주보다 상황이 더 나쁘게 돌아갔다. 1965년에 '순곡주 제조금지령'이 내려지면서 쌀 대신 외국에서 도입한 밀가루나 옥수수를 쓰게 되었고, 그 결과 술의 품질이 크게 떨어졌다. 서민들은 막걸리를 외면하고 발효 과정도 없이 주조한 희석식 소주 쪽으로 술 선호도를 바꾼다. 이에 비해 중산층은 맥주와 양주를 더 찾게 되었다.

와인, 사케와 전통주

일제강점기부터 그동안 주류 정책은 우리의 고유한 술인 전통주를 밀주로 간주하는 정책으로 점차 사라지는 운명에 놓였다. 그러다가 1980년대에 들어서면서 정부 관계자들이 우리나라 고유의 술이 지나친 간섭으로 사라진 현실을 뒤늦게 깨닫고 '일도일민속주(一道一民俗酒, 한 도에 술 한 가지씩)' 개발 정책을 시행하게 된다. 이것은 물론 1986년의 아시안게임과 1988년의 올림픽을 염두에 둔 것이었고, 그 결과 안동 소주 같은 재래 명주가 다시 세상에 나오게 되었다. 그런데 이렇게 한 지역에 한 가지 술만 문화재로 지정하여 시판하게 하는 정책은 많은 부작용도 낳았다. 그러나 이제는 전통주의 시대가 도래하였다는 느낌도 지울 수 없다. 전국에 양조장들이 늘어나고 현재 젊은 사람들이 오픈하는 전통주 판매 주점이 늘어나고 전통주가 인기를 얻어가는 것을 보면 기쁘고 환영할 만한 일이다. 특히 최근에 서민의 술로 대표되는 우리 막걸리는 저도주 선호 흐름에 건강주라는 인기를 업고 수출도 늘어나는 술이 되었다.

와인이 전 세계적인 문화로 자리 잡아 가는 것을 보면서 우리도 무엇을 배워야 하나를 생각하게 된다. 와인 자체의 술도 물론 좋은 술이기는 하지만, 끊임없는 음식과 와인과의 어울림 그리고 사교 모임에서 빼놓을 수 없는 술임을 강조하는 그들의 문화전략에서 우리의 전통주가 가야 할 방향을 생각해 보곤 한다.

특히, 일본의 경우를 보면 〈신의 물방울〉이라는 만화가 일본뿐 아니라 우리나라에서까지 크게 인기가 있는 것을 보면 남의 것이라고 배척하지 않고 자기화하려는 노력이 놀랍다. 일본은 이미 국경 없이 전 세계적인 술이 되어버린 와인까지 일본화해 버렸다는 생각이 들지만, 또 사케도 수없이 지역적인 특성이 있는 수많은 종류의 사케를 만들어내고 거기에 문화적 의미를 부여하고 키워나가는 것을 볼 수 있다. 우리의 전통주도 정부의 그렇게 많은 억압된 정책에도 명맥을 유지해 온 술답게 대단한 술이다. 와인과 사케 그리고 우리의 전통주를 한번 생각해 볼 과제가 아닌가 싶다.

7. 풍속화에 담긴 우리 술 문화

우리가 술 문화를 이야기한다는 것은 술과 음식 그 자체만을 말하는 것이 아니다. 술과 안주를 먹고 마셨던 사람들과 술의 종류, 술 마시는 법 등 음주 생활에 관한 총체적인 모습을 말한다. 이 모든 것이 가장 사실적으로 묘사된 것은 과연 무엇일까? 사람들의 생생한 삶의 모습을 담아낸 그림, 즉 풍속화로 보았다.

우리가 과거 선조들의 술 문화를 공부하고자 할 때 그림은 매우 유익한 자료이다. 예를 들어, 고구려의 술 문화를 알려주는 문헌은 보이지 않지만, 고구려 술 문화의 모습은 오히려 고구려 고분벽화를 통해 찾아볼 수 있다. 고구려 고분벽화는 오늘날 우리에게 의복, 음식, 주거의 중요한 자료를 제공한다. 고분벽화 중 중국 지린성(吉林省) 지안현(輯安縣) 루산(如山)에 있는 각저총(角觝冢) 벽화의 고구려 시대 손님 접대 그림이라고 볼 수 있는 〈묘주도 墓主圖〉를 살펴보면, 두 명의 여자가 각기 방바닥에 앉아 소반을 받고 주인공 남자는 의자 위에 앉아 상을 받고 있다. 상 중에서 하나는 음식상으로, 또 다른 하나는 술상으로 추측해 볼 수 있다. 음식이 잘 보이지 않는 음식상은 네모인 데 반해, 술상은 세 발 달린 둥근 상으로 주전자가 놓여 있기 때문이다.

각저총과 같은 장소에 있는 또 다른 벽화인 무용총 벽화를 보면 술병이 하나 보인다. 무용총 중 〈접객도〉는 널방 안벽에 그려져 있는

〈묘주도 墓主圖〉

벽화로, 무덤 주인이 승려를 접대하고 있는 장면이다. 우측에 있는 무덤 주인은 머리에 관모를 쓰고 팔짱을 낀 자세로 좌상에 앉아 있다. 왼쪽의 인물도 좌상에 앉아 있으며 음식이 차려진 탁자들을 사이에 두고 이야기를 나누고 있다. 그리고 방 안에 남자 손님과 남자 주인 두 명이 의자에 마주 걸터앉아 있다. 각자의 음식상이 있고 2개의 곁상인 술상과 과일 상도 놓여 있다. 바로 이 술상의 술병에 담긴 술이 중국의 고문헌에 기록되어 있는 고구려의 술인 '곡아주(曲阿酒)'라고 볼 수 있다.

술병이 있는 상의 왼쪽에 놓인 상에는 오늘날의 고임 음식과 닮은 것이 놓였다. 아마도 강정, 산자, 밤 따위를 고임한 것으로, '곡아주'의 안주로 여겨진다. 일본의 고대 기록에는 이런 고임 음식을 고구려병(高句麗餅)이라 불렀다. 오늘날 제사 음식이나 잔치 음식을 고임의 형태로 올리고 있으며, 일본에서도 제사에서 음식을 쌓는 고임 음식

〈접객도〉

출처: 무용총. 5세기 중국 지린성 지안현.

의 전통이 아직 남아 있다. 이렇듯 음식 문화를 설명하는 데 있어서 그림이 가진 힘은 매우 크다.

이후 조선시대에 접어들면 술 문화를 보여주는 풍속화가 더욱 풍부해진다. 특히, 풍속화가 많이 나오는 조선 후기는 이전 시기와는 다른 새로운 양상을 보여주는 의미 있는 시기이다. 임진왜란, 병자호란 등을 극복한 중흥기에 해당하며, 현실에 대한 반성과 새로운 자아의식을 바탕으로 새 사회로의 방향을 찾게 되었다. 특히, 기존의 유교사상과 사대부 중심권에서 벗어나 실학사상의 대두와 중인계층이 핵심으로 등장한다. 또한, 새롭게 부상한 중인층의 사설시조, 한글 소설, 판소리, 풍속화의 출현은 당대의 사회, 문화 연구의 중요한 사료가 된다. 그중에서도 풍속화는 일상생활을 있는 그대로 사실적으로 표현한 그림으로, 역사 문헌 자료의 한계성을 보완하여 당시의 생활상을 생생히 전하는 귀중한 자료이다.

　현재까지 술 문화에 관한 연구가 진행되어 오긴 하였으나, 술 자체의 연구에만 주로 초점이 맞춰져 있거나, 더욱이 풍속화를 자료로 한 술 음식 문화 연구는 매우 미진하다. 풍속화에는 술뿐만 아니라, 그 음식을 먹고 마셨던 사람들, 술 먹는 장면, 음주 방법 등 음식 생활에 관한 총체적인 모습이 모두 사실적으로 묘사되어 있다.

　음식 생활 문화가 나타난 많은 조선 후기 풍속화 중 단원(檀園) 김홍도(金弘道, 1745-1806?)의 작품은 풍부한 한국적 정서, 서민들의 애환과 감흥, 일반 대중을 중심으로 한 실생활을 가장 잘 반영한 것으로 평가된다. 이외에도 혜원(蕙園) 신윤복(申潤福, 1758-?), 긍재(兢齋) 김득신(金得臣, 1754-1822), 혜산(蕙山) 유숙(劉淑, 1827-1873), 구한말의 김준근(金俊根, ?-?)에 이르기까지 조선의 유명한 화원들이 그린 풍속화에 술과 관련한 문화가 남아 있다.

　조선시대의 유명한 화가인 김홍도와 신윤복의 술과 관련한 풍속화 두 편을 감상해 보기로 하자.

　김홍도는 조선시대의 풍속을 그림에 빼어나게 담아낸 최고의 화가이다. 그는 여러 가지 풍속을 그렸지만, 역시 일상적이었던 술 마시는 광경을 담은 '주막' 그림을 다수 남겼다. 주막 풍경은 첫눈에 보기에도 초라하다. 초가지붕에 방과 마루 주변에는 별다른 장식을 볼 수 없다. 아마 어느 시골의 길가에 있는 외딴 주막인 모양이다. 주모는 어린아이와 함께 마루에 앉아 술 단지와 술병, 그릇 몇 개를 늘어

출처: 김홍도. 18세기 후반. 지본담채(27.0×22.7㎝). 국립중앙박물관.

놓고 길손을 맞이하고 있다. 술 단지에는 막걸리가 가득하다. 술그릇을 놓는 선반 밑에는 불 때는 아궁이가 있어 그 위에 솥을 걸어 항상 국이 끓고 있음을 보여준다. 솥이 걸린 그 옆자리의 부뚜막에 주모가 앉아 술과 국을 떠주는 것이다. 18세기 주막에서는 술과 함께 따끈한 국밥 한 그릇을 곧바로 대접할 수 있었다. 때마침 주막에는 두 사람의 나그네가 찾아들었다. 땅바닥에 주저앉아 소반을 앞에 놓고 점심을 먹고 있다. 아마도 식사가 끝나면 이젠 막걸리를 마실 것이다. 그 막걸리를 몇 사발 들이켜고 나면 나그네는 떠나갈 것이다. 이렇게 조선시대 주막은 배고픈 나그네들에게 밥과 술을 해결해 주는 중요한 장소였다.

다음 그림은 김홍도의 서민이 주로 드나들던 〈주막〉과는 달리 혜원 신윤복이 그린 양반들의 술집을 보여주는 〈주사거배 酒肆擧杯〉라는 그림이다. 이 또한 조선시대의 술집을 그린 그림으로, 우리에게 당시의 술집 풍경을 짐작할 수 있게 해준다. 혜원이 살았던 시기인 18세기 말 서울의 술집 모습인 듯한데, 기와집과 초가집의 지붕들 사이로 보이는 풍경, 마루 뒤편의 장이나 장 위에 놓인 많은 백자기 등은 술과 밥을 팔며 나그네가 유숙하는 일반 주막과는 다른 모습이다. 트레머리를 하고 남색 치마와 짧은 저고리를 입은 주모는 오른손으로 국자를 들고 술을 담는다.

〈주사거배도 酒肆擧盃圖〉

출처: 신윤복. 18세기. 종이에 채색, 28.2×35.6㎝. 간송미술관.

이 풍속화에는 금주령 아래에서 양반들의 탈법 행위와 퇴폐적인 모습을 풍자하고자 한 혜원 신윤복의 뜻이 담겨 있다. 혜원이 살았던 당시에는 금주령이 가장 엄격한 시절이었다. 그러나 풍속화에서 보이듯 대낮인데도 관리로 보이는 사람들이 술집을 찾아 술을 즐기고 있다. 금주령이 제대로 지켜지지 않았다는 것이다. 양반들은 술을 마시다가 들켜도 벌을 받지 않고 백성들만 단속에 걸려들어 재산을 빼앗긴다는 원성이 자자했다. 이렇듯 당시 백성들은 생존을 위한 식량도 부족하여 굶주리고 있었으나, 임금의 금주령 상황에서 굶주린 백성의 곡식으로 빚는 술을 몰래 마시는 관원들의 행위는 질타받아야 마땅했고, 이를 혜원은 풍속화를 통해 꼬집은 것이다.

8. 마리아주, 아름다운 술과 안주

우리는 고대로부터 술을 사랑하고 좋아하고 또 자신의 삶 속에서 즐길 줄 알았던 술의 민족이다. 식사 때마다 식사에 어울리는 술을 곁들였으며, 그래서 이를 반주문화라고 불렀다. 서구의 음식과 술의 페어링을 중시하는 마리아주(Mariage) 문화가 우리에게도 오래전부터 있었다. 우리 술의 진정한 의미는 잘 만든 안주와 이에 어울리는 술이 잘 어우러질 때 살아난다. 그래서 우리의 대표적인 전통주 10가지 술에 우리의 안주를 곁들여 소개해 보고자 한다. 이로써 우리 음식과 술의 진정한 어울림을 추구해 본다.

봄, 두견주와 두릅죽순채

봄이면 산과 들에 지천으로 피어나는 진달래꽃을 넣은 두견주가 봄맞이 술로 제격이라면 안주는 무엇이 어울릴까? 봄의 전령사인 두릅과 죽순을 소재로 한 두릅죽순채가 두견주와 함께하는 봄을 더욱 아름답게 열어줄 것이다. 죽순과 두릅을 소재로 한 나물채인 두릅죽순채는 비타민도 풍부하여 나른한 봄에 기운을 주는 음식으로 봄을 느낄 수 있다.

여름, 과하주와 영계찜

우리들은 예로부터 몸이 쉽게 피로해지고 지친 여름철이면 복날 음식으로 건강을 지켰다. 여름을 건강하게 보내기 위한 술인 과하주에는 영계로 요리하는 영계찜이 어울린다. 서울 반가의 음식인 이 영계찜은 여름 보양식으로, 영계의 배 속에 쇠고기, 표고버섯을 채우고, 무·당근·감자 등 채소를 곁들여 양념하여 찜을 한 음식이다.

가을, 소곡주와 송이 섭산적

아름다운 계절 가을에는 국화꽃 등 다양한 꽃과 약재를 넣은 한산 소곡주와 가을철 별미인 송이와 쇠고기의 우둔을 도톰하게 떠서 칼집을 넣은 후 배즙을 넣어 연하게 한 후 고기 양념장에 재워 만든 송이 섭산적이 잘 어울린다. 섭산적은 고기를 부드럽게 다져 만들어 연로한 분들도 먹기에 좋다.

겨울, 증류주인 소주와 도미찜

겨울에는 높은 도수의 증류주가 좋고, 이에 대한 안주로는 겨울이 제철인 도미찜을 추천한다. 도미찜은 겨울철 맛이 좋은 도미를 손질하여 뼈를 제거한 후 숙주, 미나리, 쇠고기, 표고 등을 양념하여 도미 속에 채운 후 쪄낸 음식으로 도미와 채소를 같이 즐길 수 있다.

새해주, 도소주와 족편

새해에는 약재를 넣고 만든 사악한 기운을 몰아내는 찬 도소주를 마시면서 족편을 즐겨보자. 족편은 우족을 오래 고아 만드는 콜라겐이 풍부한 반가 보양 요리로, 특히 겨울철에 즐겨 먹은 음식이다. 소의 사태를 오래도록 삶아 꺼내 손질하여 썰어놓고 육수를 진하게 고아 소금으로 간을 한 후 썬 고기를 넣고 굳혀 고명을 올린 후 식혀 썰어, 겨자장과 함께 낸다.

합환주, 백화주와 대추단자

혼례에 신랑과 신부가 함께 행복한 삶을 기원하며 꽃향기가 아름다운 백화주를 합환주로 마셨다. 여기에는 함께 대추단자를 제안한다. 대추단자는 찹쌀가루에 대추 살을 다져 넣고 함께 쪄서 오래 치댄 후 모양을 빚어 곱게 썬 대추채와 밤 채를 고물로 묻힌 빚는 떡이다. 달콤한 맛과 더불어 재료인 밤과 대추는 자손의 번영을 기원한다.

관례주, 법주와 관례 상차림

성인이 되면 이를 기념하여 관례를 올리고 관례주와 관례 상차림을 준비하였다. 경주 최부잣댁의 정신을 담은 경주 교동법주와 이에 알맞은 현대에 맞는 관례 상차림으로 젊은이들이 좋아하는 김에 절편을 싼 김말이 떡과 밥과 포로 관례 상차림을 준비해보았다.

막걸리와 두부김치

이제 전 세계인들이 좋아한다고 자부하는 우리의 술은 막걸리이다. 이에 걸맞은 안주로 값싸고 손쉬운 안주는 대한민국 안주라고 불러도 손색없는 두부김치이다. 남녀노소 누구나 즐기는 영양가 있고 소화에 좋은 두부와 김치로 두부김치를 제안한다.

스파클링 청주와 곶감 치즈말이

청주는 우리 반가의 대표 술이다. 이러한 반가 청주도 현대인에게 맞는 화려한 변신으로 스파클링 청주로 재탄생하였다. 이에는 우리의 전통 안주인 곶감말이에 현대인들이 좋아하는 치즈를 넣고 말아낸 곶감 치즈말이를 제안한다. 한국과 서양의 절묘한 조합을 느낄 수 있을 것이다.

삼해 약주와 민어포 다식

삼해 약주는 조선시대 삼양주의 기법으로 빚어낸 조선시대 반가의 고급술이다. 여기에는 조선시대 최고의 반가 안주인 민어포 다식(茶食)을 제안한다. 민어포 다식은 민어포를 살짝 구워 곱게 갈아서 다식판에 박아낸 안주로서, 섬세한 장인의 손길로 만드는 아름다운 다식이다.

9. 우리 술의 미래

우리는 술과 함께 살아온 민족이다. 고대의 중요한 축제 때마다 빠지지 않고 등장한 것은 음식과 술이었다. 술은 신과의 접신을 위해서도 필요했고, 인간과 인간의 어울림에도 빠지지 않는다. 인류 역사에서 술은 과일주에서 시작한 것으로 추정된다. 과일은 그냥 내버려 두어도 술로 바뀔 수 있기 때문이다. 과일에 상처가 나면 과즙이 나오고, 이것이 껍질에 있는 천연 효모와 작용하여 과즙 속 당분이 알코올과 이산화탄소로 분해되기 때문이다.

농경 시대가 되면서 곡식으로 빚은 곡물 양조주가 생겨난다. 우리나라는 포도주와 같은 과일주의 전통보다는 곡물주의 전통을 가졌다. 그런데 이 곡물은 과일처럼 가만히 두면 발효가 되지 않는다. 곡물주는 우선 그 안에 들어 있는 전분을 당화(糖化)해야 한다. 그런 다음 알코올 발효 과정을 거쳐야 술이 된다. 전분을 당화하기 위해 넣는 것이 바로 밀 같은 곡물로 만드는 누룩이다. 우리 조상은 곡물로 지은 밥과 곡물의 기울로 만든 누룩으로 술을 만들어 마셨다. 즉, 술이 되는 곡물에 관한 지식이 풍부했으므로 가능했다.

고구려를 세운 동명성왕의 탄생 설화는 술로 시작한다. 천제의 아들 해모수는 하백의 세 딸을 초대하여 술을 취하도록 마시게 하였더니 다른 딸들은 달아나고 큰딸 유화만이 남아 해모수와 인연을 맺어 고구려 시조 동명성왕이 태어났다고 한다. 이렇듯 우리 민족은 기원전부터 음주와 가무를 즐겼고 부여의 영고, 고구려의 동맹, 동예의 무천 같은 제천 행사에서 집단적으로 춤과 노래를 부르면서 주술적 의미를 나눴다.

삼국시대에는 술 빚는 기술이 아주 능숙해진다. 중국에도 우리나라의 술에 대한 기록이 많은 편이며. 백제의 수수보리는 누룩으로 술 빚는 방법을 일본에 전했다고 알려진다. 고려시대에 이르면 이전부터 내려오던 곡물주의 양조법이 발달하고 증류법이 도입되어 우리의 대표적인 술이라고 할 수 있는 청주, 탁주, 소주의 기본적인 술이 성립된다. 고려의 유학자이자 주신(酒神)인 이규보는 술을 마시지 않으면 시를 제대로 짓지 못하는 것으로 유명하고, 술을 의인화한《국선생전 麴先生傳》을 짓기도 하였다.

조선시대는 우리 술 문화의 전성기로, 술 양조법이 발달하고 술 종류가 많았다. 이는 이 당시 양반가의 가장 중요한 일이 '봉제사접빈객'이었기 때문이다. 각종 의례는 물론 제사상에는 술과 과일, 포를 기본으로 갖가지 음식을 올리고, 조상에게 절을 할 때마다 술을 따라 올렸다. 또 조선시대 선비들은 시와 문장 짓는 것을 기본 교양으로 여겨서 생활 속에서 술을 자연스럽게 즐겼다. 일반 백성들은 주로 막걸리를 즐겼는데, 노동주로서 삶의 풍류를 즐기는 방편이었다. 우리는 예부터 술 마시는 풍류를 생활 속에서 자연스럽게 즐기며 취흥을 예술로 승화하였다.

한말 이후 외세의 압력으로 쇠락하기 시작하는 우리 전통주 문화는 일제강점기에 이르면 그 맥이 끊기고 우리의 술도 점차 사라지게 된다. 광복 이후에도 우리 술 문화를 복원하고자 하였지만, 각 집안에서 구전으로만 비법을 전해오는 방식으로 이어져 왔기 때문에 쉽게 복원되지 못하였다. 1980년대에 이르러서야 전통주 발굴이 이루어지고, 전통주를 무형문화재로 지정하기에 이른다.

그러나 아직도 우리 술은 제대로 대접받지 못하고 있으며, 더구나 아름답던 우리의 술 문화는 자취를 감추었다. 우리 국민 대부분은 우리 술의 가치와 중요성을 인정하지만, 우리 술을 제대로 아는 사람은 많지 않다. 특히, 우리는 우리의 술에 대해 그리고 술과 함께 이루어지는 우리 음식 문화에 관해 무지하고 제대로 즐기는 법을 알지 못한다. 현재 우리나라는 세계적인 술 소비국 중 하나이면서 외국 술인 사케나 위스키, 와인의 최대 수입국이다. 심지어 해박한 와인 지식을 자랑하면서도 우리의 술 문화를 모르는 것은 부끄러워하지 않는다. 절제와 중용의 어울림을 추구했던 진정한 우리의 술 문화는 어디서도 찾기 어렵다.

우리 술이 젊은 친구들에게 사랑받기 시작한 지금, 무엇이 필요한가를 생각해 본다. 진정한 우리 술 문화를 돌아보는 것이 무엇보다 필요한 시점이다. 술 문화에 녹아 있는 '향음주례(鄕飮酒禮)'의 정신과 건강하고 아름다운 생활로서의 술 문화를 제대로 배워보자. 이게 바로 수천 년을 이어 온 우리 술에 대한 최소한의 예의 아닐까?

7장

발효 한식
-기타

앞서 한국의 전통 발효 음식— 장, 김치, 젓갈과 식해, 식초, 전통주 등에 관한 길고 긴 이야기를 끝냈다. 이들은 대표적인 한국인의 발효 음식일 것이다. 그러나 이외에도 우리의 고유한 발효 음식들이 있다. 이 발효 음식들을 여기서 다루려고 한다. 그런데 이외에도 알지 못하는 발효 음식들도 있을 것이다. 앞으로 우리 발효 음식을 더 찾아 나가기를 바라면서 이 장에서는 증편, 홍어, 노티 떡, 안동식혜, 발효액 등에 관해서 살펴보려고 한다.

1. 발효 빵 대신에 발효 떡, 증편

서양에서는 주로 효모로 발효시킨 빵이 주식이었다. 우리는 쌀에다 막걸리 즉, 술(효모)을 넣어 만드는 증편이라는 떡을 먹었다. 우리말로 술의 기운으로 발효시키는 것을 '기주(起酒)' 한다고 하므로 서민들은 주로 '기주떡'이라고 했다. 증편은 달착지근하면서 새큼한 맛이 감도는 술을 넣어 빚는 떡이다. 주로 기주떡, 기지떡, 기증병, 벙거지떡, 상화, 상애떡 등으로도 불린다.

증편은 찐빵처럼 부풀려 쪄내며, 여름철이 제격이다. 여름에는 음식물이 쉬 상하게 마련인데, 이 떡은 오뉴월 뙤약볕에 두어도 쉬지 않아 여름에도 2~3일간은 먹을 수 있다. 술을 넣고 만들어 그 안에 들어 있는 효모나 세균의 작용으로 부드럽고 쉽게 상하지도 않기 때문이다.

증편은 중국에서 들어온 것으로 보인다. 밀가루가 흔한 중국 북쪽 지방에는 밀가루를 반죽하여 쪄내는 만두(饅頭)와 면포(麵包: 빵)가 있는데, 우리의 만두와는 달리 소를 넣지 않고 두툼하게 만든 찐빵으로, 고려 때 원나라에서 들어왔으나 훗날 밀가루보다 쌀이 흔한 우리나라에서는 쌀가루로 빚게 된 것으로 보인다. 그리고 중국인의 기호에 맞는 음식이라, 중국 사신이 오면 궁중에서 이를 대접하였다는 기록이 〈육전조례 六典條例〉에 나오고 있다. 1829년 순조 때에는 '증병'이라 하여 잔칫상에도 올랐는데, 이때 들어간 재료로는 멥쌀 1말 5되, 술 7홉, 깨 3되, 대추 3되, 잣 7홉, 꿀 7홉, 참기름 3홉 등의 일곱 가지로 나온다.

증편은 조선시대에도 많이 먹었는지 고조리서에 많이 등장한다. 그럼, 과거 고조리서에 나오는 증편을 알아보자. 《음식디미방》(1670년경)에서는 '증편(蒸片)'이라 하여 "쌀가루를 고운체로 치고 다시 깁체에 친다. 증편을 하려면 좋은 쌀 한 되를 씻어서 밥을 누르게 지어 식힌다. 깨끗한 누룩을 깎아 물에 담갔다가 불어나면 물을 따라 버리고 주물러 걸러서 흰 물이 한 사발쯤 되면 밥에 섞고 좋은 술 한 숟가락을 더 넣는다. 술이 괴어오르면 쌀 3홉으로 무르게 밥을 지어 차게 식혀서 그 술에 섞어 다시 괴기를 기다린다. 이튿날 거품이 나면 비단 자루에 받쳐 여기에 쌀가루를 반 동이쯤 콩죽같이 풀어 두었다가 동이에 7부쯤 부풀어 오르면 시루에 안쳐서 찌되, 상화 찌듯 하라."고 하였다. 또 '상화'에 대해서는 "밀가루를 술로 발효시키고 오이, 박, 무를 양념하여 소로 넣고, 여름에 바쁠 때는 거피한 팥을 쪄서 어레미에 쳐서 청밀(꿀)에 넣는다."라고 하였다.

그 밖에 《요록》, 《음식보》, 《정일당잡지 貞一堂雜識》, 《주방문》에 나오는 증편은 모두 멥쌀가루로 만들었다. 특히, 《윤씨음식법》에는 거피한 팥을 볶아 소로 넣고 대추와 잣으로 고명하여 방울 모양으로 만든 '방울증편'이 나온다.

《규합총서》의 증편 만드는 법을 보자. "좋은 쌀을 씻어 담갔다가 하룻밤 지난 후 건져 맑은 물을 뿌려 뜨물기 없이 하여 빻아서 깁체에 친다. 물을 끓여 송편 만들 때처럼 반죽하고, 냉수에 술맛 있을 만큼 막걸리를 타서 반죽한 것을 헤치고 참기름을 두어 푼쯤 같이 쳐서 멍울 없게 푼다. 맛을 보아 시큼하여 술맛이 나고, 반죽한 것을 손으로 치켜올려 천천히 떨어지면 기름종이와 보자기로 단단히 싸매어 따뜻하고 바람이 잔잔한 방에 놓아둔다.

열어 보아 부풀었으면 꿀팥 소에 계피, 건강(乾薑, 말린 생강), 후춧가루를 넣어 볶되, 질게 하여야 소를 쥐기가 좋다. 부풀어 오른 후 반죽이 너무 되면 안칠 때라도 냉수를 더 넣는다. 안칠 때 테에 보자기를 펴고 소를 줄을 맞춰서 벌여 놓고 수저로 반죽을 차례로 소 위에 떠 얹으면 절로 흘려내려 방울이 된다. 방울이 분명하고 팥 비친 곳을 수저로 덧붙여서 대추, 곶감 가늘게 썬 것과 통잣을 쪼개어 위에 박고, 가장자리를 들쑥날쑥하지 않게 박는다. 보자기를 덮고 물을 많이 붓고 쌍화 찌듯 하여 익으면 기름을 발라 가며 자른다. 찔 때 대춧빛이 검어지면 다 익은 것이다.

푸르게 하려면 처음 반죽할 때 승검초 가루를 섞는다. 막걸리가 달고 좋으면 해롭지 않으나, 시고 쓴 것은 떡 맛이 좋지 못하므로 증편을 하려면 이틀 전에 미리 흰밥을 한 되나 칠 홉 정도 지어 차게 식혀 좋은 누룩을 섞어 빚어 술맛이 달콤 쌉쌀하게 괴어오르면 증편 반죽 만들기도 쉽고 맛도 좋다.”라고 나온다. 아주 자세하게 증편 만드는 법을 설명하고 있다.

《시의전서》에서도 앞의 다른 책과 마찬가지로 “쌀 반죽을 발효시켜서 소로 꿀팥에 계피를 넣고 혹은 깨소금에 꿀을 섞어서 썼고, 별법으로는 술 대신 감주를 달게 잘 고아 건지를 짜서 떡가루를 빻아 함께 동이에 담고 골고루 저어 들어 올려 보아 축축 처지면 꼭 덮어 더운 데 놓아 두었다가 자주 보아 괴어오르면 내놓는다. 찔 때가 되면 감주 풀을 더쳐서 저어 보아 가며 찐다."라고 하였다.

이렇게 지금도 증편은 별식이지만, 조선시대에도 증편을 꽤 즐겼던 것으로 보인다. 아마도 발효에 의해 부풀어 오른 발효의 맛이 특별했던 모양이다. 지금의 증편은 층이 넓게 얇은 층으로 한 켜씩 쪄내야 하므로 깊은 시루보다는 굽이 낮은 것이 낫다. 시루가 없으면 만두 찌는 통을 이용하면 편리하다. 찜통에 김이 오르면 젖은 베나 소창 보자기를 펴고 발효한 반죽을 2~3cm 두께로 붓고 위에 채 썬 대추와 석이버섯을 고루 뿌리고 뚜껑을 덮어서 20분 정도 쪄낸다. 여름철에는 순백색의 증편에 붉은 맨드라미 잎을 얹으면 보기도 좋다. 요즘은 먹기 좋은 크기로 조그맣게 빚어 쪄내기도 하니, 증편의 진화도 더 지켜볼 일이다.

2. 평안도 발효 떡, 노티 떡

유명한 소설가인 황석영의 수필 중에 음식에 관한 책으로 《노티를 꼭 한 점만 먹고 싶구나》가 있다. 노티는 대부분 사람에게 생소한 음식일 것이다. 황석영의 어머니는 다른 어떤 음식보다 노티를 먹고 싶어 했다니, 노티 떡의 발효의 맛을 잊지 못한 게 아닌가 싶다. 노티는 찰기장 가루로 만드는 발효 떡이다. 노티는 기름에 지진 유전병(油煎

餠)으로, 북한에서 많이 나오는 찰기장 가루를 엿기름으로 삭힌 후 기름에 지져낸 떡이다.

노티는 평안도 지방 향토 음식의 하나이다. 고려시대에는 불교의 영향으로 병과류가 발달하였는데, 특히 평안도는 지역 특산물인 찰기장·찰수수·차조 등으로 병과류를 만들었다. 노티도 그 가운데 하나이다. 황석영은 "노티는 아마도 약과 비슷한 것도 같고, 모양은 지짐이와 비슷했을 것"이라고 말했다.

노티를 만드는 방법은 3시간 정도 불린 찰기장을 찹쌀이나 차조를 가루 내어 쪄낸 다음, 엿기름가루를 섞어 뜨거운 방에서 서너 시간 삭힌다. 5㎝ 정도 크기로 둥글납작하게 빚은 떡을 기름 두른 번철에 놓고 노릇노릇하게 지져서 완전히 식힌 다음, 사기 항아리에 설탕이나 꿀을 뿌리면서 차곡차곡 담가 보관한다. 이때 떡을 지질 때는 약한 불에서 천천히 하지 않으면 타기 쉬우므로 주의하여야 한다. 저장성이 좋아서 몇 달이 지나도 상하지 않는다. 추석 때쯤 만들어 성묘에도 쓰고, 두고두고 어린이의 간식으로도 쓴다.

이렇게 엿기름가루를 넣고 당화가 일어나면 뜨거운 방에서 발효 과정이 진행되도록 하는 것이 중요하다. 이 발효를 통해 특유의 삭힌 맛이 난다. 바로 이 삭힌 맛이 발효 음식이 갖는 독특한 맛으로, 잊을 수 없는 맛이 되는 것으로 보인다.

황석영에게 노티는 이북이 고향인 작가의 어머님이 돌아가시기 전까지 꼭 한 점만 먹고 싶다고 그리워한 고향의 맛이었다. 고향에 가고 싶고 헤어진 가족이 보고 싶은 간절한 표현일 것이다. 통일이 된다면 그곳에서 제일 먹고 싶은 음식이 되었다고 하였다.

작가는 서문에서 "맛있는 음식에는 노동의 땀과, 나누어 먹는 즐거움의 활기, 오래 살던 땅, 함께 사는 식구, 낯설고 이질적인 것과의 화해와 만남, 사랑하는 사람과 보낸 며칠, 그리고 가장 중요하게는 궁핍과 모자람이라는 조건이 맛의 기억을 최상으로 만든다. 그런 의미에서 미식가나 식도락가를 '맛을 잃어버린 사람'으로 규정한다. 마치 진전한 사람을 찾아서 끝없이 헤매는 동 쥐앙(Don Juan)처럼 말이다."라고 썼다.

이런 추억을 소환하는 맛있는 음식은 바로 과거에 먹었던 어머니의 정이 담긴 노티 떡과 같은 발효 음식이다.

3. 안동식혜는 최고의 발효 음료이다

보통 식혜는 밥을 엿기름물로 당화시켜 단맛이 나고 밥알이 동동 뜨게 한 차가운 음료이다. 식혜는 당화 식품으로 발효 음식의 범주에 넣지 않기도 한다. 그런데 안동식혜는 이와는 달리 발효 음료이다. 안동식혜는 밥에 무 썬 것을 넣고 생강즙과 고춧가루를 넣고 엿기름물로 삭힌 안동 지역의 대표 음료이다. 안동식혜는 멥쌀이나 찹쌀밥을 지어 무와 고춧가루, 생강 등의 향신료와 섞어 엿기름물에 버무려 서너 시간 발효시킨 음료로, 맛이 시원하면서도 맵고 칼칼하며 소화에 도움을 주므로 잔치 때는 물론 평소에도 먹는다.

현재 안동식혜는 18세기 중엽 이후에 생긴 것으로 보인다. 옛날 제조법은 무채를 소금에 절여서 물기를 빼고, 고춧가루는 그대로 넣는데, 농도가 짙은 편이어서 이를 무 식혜라고 불렀다고 한다. 현재는 옛날 제조법과 달리 찹쌀이나 차조·조·수수 등을 씻어 불리고, 엿기름가루에 물을 부어 주물러 체에 밭쳐서 둔다. 찹쌀을 쪄서 더울 때 맑은 엿기름물에 버무리고 채 썰기나 깍둑썰기 한 무와 생강즙을 섞고, 고춧가루를 우린 물을 섞어 항아리에 담아 담요로 싸서 급히 삭히기도 하고, 온돌방 윗목에서 21시간 또는 차가운 곳에 2~3일 두면 익는다. 단맛은 기호에 맞게 넣어 차게 두고, 먹을 때는 밤이나 고구마를 무처럼 썬 것과 잣을 띄운다.

경상도 안동에 거주하는 한 종손의 말로 안동식혜를 맛보자.

"안동식혜의 맛과 외지인의 반응에 대해 '(안동식혜가) 특이해서, 고춧가루를 넣어서 맵기도 하고 달기도 하고, 제사에도 원래 식혜 쓰잖아요. 식혜 물은 꼭 동치미 같아요. 시원한 게. 감기 걸릴 때 겨울에 먹으면 목이 탁 트이는 게 좋아요.' '특이하지. 내가 군에 있을 때 내가 36사단에서 근무했는데, 부산에 친구를 데리고 와서, 아마 설하고 보름하고 중간쯤 되었을 거예요. 그걸 주니까, 한 숟가락 주니까 안 먹어. 그리고 돌아가다가, 그게 뭐로(뭐냐)? 이래서, 그거 안동식혜라고 그는(그러는) 게 있어. 그게 뭐 달고 맵고 꼭 개토해 놓은 거(것) 같은 거 어에(어떻게) 먹노(먹느냐), 이래. 거 뭐, 안 먹다 먹는 사람은 그런 말 할 끼래(할 거야).'"[74]

안동식혜는 현재 음청류에 가깝다고 본다. 우리가 일반적으로 먹는 쌀로 만드는 음료인 식혜와 발효 음식의 백미인 생선 식해 사이에 존재한 음식이라고도 볼 수 있다. 안동식혜는 식해에서 식혜 쪽으로 변화해 갔다고 한다. 안동식혜가 음청류형으로 발달한 것은 식해류에 홍국 대신에 맥아를 사용하게 되어 단맛을 강조하는 음청류 쪽으로 발달하여, 감주형 식혜와 유사성을 가져오게 되었다. 그 이유는 고춧가루 사용이 자극적인 맛을 대신한 것도 영향이 있다.[75] 아무튼 발효 음식인 식해에서 더 발달하여 안동식혜는 18세기 이후에 정립된 것으로 보인다. 이렇게 우리 민족은 새로운 유형의 발효 음식을 창조해 나가기도 하였다.

4. 발효 음식 최고봉 '홍어'

한국에는 특별한 생선 발효 음식이 있다. 바로 삭힌 홍어이다. 김치나 장과 같이 발효 음식을 즐기는 한국인들은 발효 음식에 비교적 거부감이 없지만, 이 삭힌 홍어에 대해서는 한국인도 호불호가 갈린다. 홍어를 좋아하는 사람과 싫어하는 사람으로 나뉜다. 이는 홍어가 발효 때 극심한 냄새에 대한 기호 차이이다.

---

74 배영동(2009). 〈안동식혜의 정체성과 문화사적 의의〉. 《실천민속학연구》. (14). pp.307–338.
75 윤숙경(1988). 〈안동식혜의 조리법에 관한 연구〉. 《한국식생활문화학회지》. 3(1).

홍어는 과거 조선시대에도 즐겼던 음식으로 보인다. 1700년대의 《산림경제》에 "봄에 철쭉 필 때는 먹어서는 안 된다. 끓는 물에 미끄러운 것을 씻어내고, 칼로 저며서 감장(甘醬)에 찌거나 삶아 먹는다. 흰 알은 국에 넣어 먹으면 좋다."[76]라고 나온다. 이 내용은 1830년대 최한기(崔漢綺)가 편찬한 《농정회요 農政會要》에도 나온다. 그러나 《증보산림경제》에는 "봄철에 진달래꽃이 필 때 먹을 수 있다. 끓는 물에 씻어 미끈거리는 것을 없애고, 칼로 납작하게 썰어 조각을 만들고 된장 물에 삶아서 먹는다. 하얀 알은 한데 모아 국물에 섞어 먹으면 맛있다."라고 기록되어 있다. 아마도 진달래꽃이 필 때까지 즉 이른 봄에 먹는다는 것이 이렇게 표현된 것으로 보인다.

홍어철은 10월부터 이듬해 3월까지로, 겨울이 제철이다. 홍어 요리는 무침, 홍어찜, 홍어탕이 조리서에 나온다. 홍어탕은 홍어애탕이나 홍어애보릿국으로 나오는데, 이는 홍어애를 깨끗이 씻어 넣고 한 번 끓으면 보리싹, 대파, 고추를 넣고 걸쭉해질 때까지 푹 끓인 것을 말한다. 《오주연문장전산고 五洲衍文長箋散稿》에는 홍어절임도 나온다. 《임원경제지》〈정조지〉편에는 홍어 젓갈이 나온다. 즉, "홍어나 붕어의 내장을 제거하고 깨끗이 씻어 한 근을 소금 한 냥에 반나절 절였다가 점액을 깨끗이 씻어내고 물기를 말린다. 매번 소금 두 냥을 생선 살에 뿌리고 홍국 가루 두 냥, 파 흰 부분 두 줄기를 가늘게 썬 것, 시라 약간, 산초 100알, 술 반 잔을 넣고 섞어 단지에 담고

<hr />

76 春月杜鵑花時不可食. 湯水洗去涎. 切作片. 甘醬汁蒸煮食之. 白卵揉和汁中好.

단단히 밀봉한다. 5일이면 먹을 수 있다."라고 하였다.

무엇보다 인상적인 것은 홍어는 조선 왕실의 잔치 기록인《진연의궤 進宴儀軌》(1902년) 각색절육(各色截肉)의 재료로 등장하고 있어 왕실에서도 홍어를 많이 먹었음을 알 수 있다. 재료로 "각색절육 1그릇: 고임 높이 1자, 상어·홍어 각 7마리, 백대구어 15마리, 황대구어 3마리, 광어 5마리, 문어 1마리 반, 전복 30개, 오징어 2접, 강요주 2동, 추복(槌鰒) 7동, 편포 1접, 황포 2접, 치포 5마리, 해대 10가닥, 건대하 3급, 잣 1되"[77]로 나와 있다.

원래 홍어가 많이 잡히는 흑산도에서는 주로 생홍어를 먹거나 말린 뒤 쪄서 먹었다. 그런데 흑산도에서 잡힌 홍어가 영산강을 거쳐 영산포에 도착할 즈음이면 발효가 가장 잘되어 저절로 맛있는 음식이 된다. 이를 즐기는 사람들이 많아지면서 홍어는 최고 발효 음식으로 등극하게 되었다. 영산포에서 발효시킨 홍어가 최고의 음식이 된 것이다.

주로 흑산도나 목포에서는 손님들의 접대 음식으로 홍어는 회와 무침으로, 가오리는 무침으로 제공한다. 이러한 음식의 선호는 지역마다 다소 차이가 있는데, 전남의 여수, 순천, 광양, 곡성, 구례, 보성, 고흥이 가오리 음식 문화권이다. 홍어 음식 문화권은 영산강과

---

77 各色截肉一器: 高一尺 沙魚洪魚 各 七尾 白大口魚十五尾 黃大口魚三尾 廣魚五尾 文魚一尾半 全鰒三十箇 烏賊魚二貼 江瑤珠二同 槌鰒七同 片脯一貼 黃脯二貼 雉脯五首 海帶十條 乾大鰕三級 實栢 子一升

호남선을 통해 전라도 서부 지역을 중심으로 형성되어 있다. 이 지역에서 큰일을 치르는 가정에서는 고기는 빠뜨려도 홍어는 빠뜨릴 수 없는 음식으로 여긴다.

발효시킨 홍어회는 최근 들어 찾는 사람이 많아졌다. 발효 홍어회와 막걸리의 앙상블인 홍탁은 전라도 음식의 특미였지만, 이제는 전국적인 음식이 되었다. 그러나 홍어는 그 살코기만이 아니라 머리부터 꼬리, 그리고 내장까지 하나도 버릴 것이 없는 게 특징이다. 다른 물고기는 하다못해 가시가 있고 비늘이 있고 지느러미가 있어 버리게 되지만, 홍어의 경우 뼈는 다져서 회로 먹고 내장은 국으로 끓여 먹는다. 특히, 홍어 내장인 홍어애와 보리싹을 넣어서 끓인 홍어애보릿국을 세 번만 먹으면 더위를 먹지 않는다는 말이 나돌 정도이고 보면 홍어애보릿국은 각별한 음식이자 가장 토속적인 풍미가 있는 맛이다.

잘 삭힌 홍어의 맛

발효 음식의 최고로는 발효된 홍어구이나 홍어전을 꼽는 사람이 많다. 왜냐하면, 불을 가하면 최고의 암모니아 향의 발효미를 자랑하기 때문이다. 특히, 홍어구이는 발효된 것으로 코를 푹 찌르는 암모니아 비슷한 이상한 냄새가 자극적이어서 유난히 식욕을 돋운다. 발효되어야 홍어구이로서의 적성을 인정한다. 하나 재미있는 것은 모든 생선이 상하기 시작하면서 속에서 독성이 발생하지만, 홍어만은 약간 상할 정도로는 인체에 무해무독하다.

홍어 마니아들은 다음과 같이 표현한다. 한입 씹으면 오래된 뒷간에서 풍겨 올라오는 듯한 암모니아 가스가 입안에서 폭발할 것처럼 가득 찼다가 코로 역류하여 터져 나온다고 한다. 눈물이 찔끔 솟고 숨이 막힐 것 같았다. 단숨에 막사발에 넘치도록 따른 막걸리를 쭉 들이켜야 제격이라고 한다. 잠깐 숨을 돌리고 나면 속이 후련해진다. 무어라 형언할 수 없는 혀와 입과 코와 눈과 모든 오감을 일깨워 흔들어버리는 맛의 혁명이다. 쾌감 대신 충격과 고통을 수반한다는 점에서 반(反)음식이라고도 한다. 잘 삭힌 홍어를 가리켜 '맛의 혁명'이라 표현할 만큼 한국 발효 음식의 최고봉은 잘 삭힌 홍어이다.

5. 최근 많이 만드는 발효액

최근에 많은 사람들이 찾는 발효 음식으로 발효액이 있다. 한동안 채소나 과일에 설탕을 50% 정도 넣어 발효시켜 만든 액을 '발효액 효소'라고 하여 인기가 있었다. 이 효소는 건강에 좋은 약재로 포장되어 팔리기도 하였다. 그러나 이는 효소가 아니고 굳이 이름을 붙이자면 발효액이라고 할 수 있다. 지금도 발효액은 채소나 과일을 발효시킨 음식으로 그 인기가 있다. 이 발효액을 간단히 살펴보려 한다.

발효액의 역사는 그리 길지 않다. 발효액은 설탕을 넣어 담그는데, 식물성 재료에 붙어 있는 효모의 증식을 돕는 먹이가 바로 설탕이다. 설탕이 우리 식생활에서 널리 사용하기 시작한 시기는 1960년대 이후이다. 설탕에 관한 최초 기록은 고려 명종 때 이인로(李仁老)가 지은 《파한집 破閑集》에서 찾아볼 수 있다. 설탕은 중국에서 수입한 것이다. 그러나 설탕은 귀하고 민가에서는 사용하기 어려웠다. 조선시대에도 왕실이나 귀족층에서나 조금씩 사용되었을 뿐이다. 설탕을 넣은 발효액은 만들기 어려웠다. 우리 식생활에서 채소에 설탕을 넣어 만든 발효액이 자리 잡기 시작한 시기는 최근이라고 생각된다. 일설에는 1920년대 이후 일본에서 시작되어 우리나라로 건너왔다고는 하지만, 이는 확실하지 않다.

그러나 발효액은 설탕 대신에 꿀을 주로 넣는 형태로 오래전부터 존재했다고 전해진다. 산에서 채취한 산야초와 들에서 거둔 다양한 열매나 뿌리, 줄기를 잘라서 발효액을 만들었고, 특히 사찰에서 정진하는 스님들은 발효액을 마셔서 정신을 맑게 하고 기운을 돋우었다는 것이다.

15세기에 저술된 농서이자 식품서이기도 한 《산가요록 山家要錄》에서 복숭아나 살구를 저장할 때 반쯤 익은 복숭아나 살구의 껍질을 벗기고 씨를 발라낸 것에 꿀을 달여 부어 보관했다는 기록이 나온다. 꿀을 이용하거나 과일의 생즙 그대로를 발효시켜 먹은 역사도 있지만, 이런 방법들은 주로 스님들에 의해 전해졌다. 머리를 맑게 하는 솔잎차는 솔잎과 토종꿀을 밀랍째 섞어 1백일 정도 숙성시켰다가 나오는 농축액을 받아낸 것이다. 떫은 감의 꼭지를 따서 돌절구에 갈아 물을 붓고 고루 주물러 즙을 낸 후 땅속이나 그늘진 곳에서 5~6개월 발효시켰다가 마시는 방법이 전해 내려오기도 한다.

발효액은 비교적 만들기 쉽다. 식물성 재료에 동량의 설탕을 붓고,

일정 기간 발효시켜 건더기를 걸러 내고 맑은 액만 받으면 된다. 삼투압 작용을 활용하는 것이기에 비법은 재료와 설탕의 비율이다. 발효액을 만드는 재료의 배합률을 잘 맞추는 것이 중요하다. 재료의 특성에 따라 발효 시기가 다르므로 잘 조절해야 한다. 봄에 나는 새순이나 미나리 싹, 곰취, 곤드레 같은 나물 등은 10~20일 사이에 거르는 것이 좋은데, 이는 수분이 쉽게 빠지기 때문이다. 질경이나 냉이·민들레·돌나물·씀바귀 같은 질긴 재료는 20~30일 사이에 거른다. 석 달 정도 두었다가 거르는 재료로는 가장 흔한 매실을 비롯해 황기·당귀·솔잎·영지 등이 있다. 가장 오랜 시간을 두고 발효시켜야 하는 재료는 뿌리 약재로 더덕·도라지·칡·둥굴레 등인데, 대개는 6개월이 지나야 거를 수 있다고 알려져 있다.

레몬이나 모과처럼 차로 타서 마시는 청은 발효만 시키면 된다. 그러나 산나물이나 약재로 만드는 발효액은 숙성 과정이 중요하다. 발효액은 좋은 환경에서 천천히 숙성시켜야 좋다. 그리고 발효액은 과거에 주로 꿀을 넣어 비상용 약재로도 사용했다고 전해진다. 현재는 설탕을 넣어 발효시키는 발효액이 인기가 높다. 앞으로 더 연구가 필요한 분야로 생각한다.

8장

세계 각 민족의
발효 음식

오늘날에도 세계에서 먹는 음식의 약 3분의 1 정도는 발효가 포함된 과정을 거쳐 만든다. 세계인들이 즐기는 커피, 초콜릿, 바닐라, 빵, 치즈, 포도주와 맥주, 요구르트, 케첩, 그 외의 양념, 식초, 미소된장, 발효차, 소금에 절인 쇠고기, 살라미는 모두 발효 과정을 거친 좋은 음식들이다.[78]

발효는 미생물의 작용으로 이루어진다. 생산되는 지역의 풍토에

---

78 Steinkraus, K. H. (2002). *Food Science and Food Safety*. vol. 1. 코넬대학교 전 교수로, 미생물학자이자 발효 전문가인 스타인크라우스(K. H. Steinkraus)는 전 세계의 발효식품을 조사하여 종류별로 정리한 바 있다.

따라 다양한 종류의 식품이 생산된다. 우유를 발효시킨 치즈나 채소를 발효시킨 김치의 종류는 수백 종에 이른다. 이는 바로 토양의 성질이나 미생물 종류에 따라 고유의 방식으로 진행되기 때문이다. 한국은 발효 음식이 유난히 발달한 나라로, 발효 음식 없는 한식을 생각하기 어렵다. 그러나 한국만 발효 음식이 발달한 것은 아니다. 세계의 각 민족은 자신만의 독특한 발효 음식이 있다. 이러한 독특한 발효 음식들은 그 민족의 특성을 드러내는 민족음식(에스닉 푸드, ethnic food)인 경우가 대부분이다. 따라서 발효 음식 문화는 보편성과 특수성을 지닌다고 할 수 있다.

여러 나라의 전통 발효식품은 아직도 조상 대대로 내려온 기법을 그대로 이어받아 만드는 경우가 많다. 특히, 동남아시아의 경우는 일상 식생활에서 많은 발효식품을 이용하고 있다. 최근에는 자연 발효를 관리하고 과학화하는 노력이 집중되고 있다. 특히, 채소나 생선에서 만들어지는 발효 음식들은 아시아에서 오래전부터 많이 먹어 왔다. 중국에서는 만리장성 축조 때 사용되었을 것으로 추정되는 채소류를 발효시킨 항아리가 발견되기도 하였다. 또 이 지역에서 풍부하게 생산되는 쌀과 생선류를 혼합하여 발효한 식해(젓갈류)가 많은 편이다. 한국에서는 식해가 대표적인 식품이라 할 수 있다. 젓갈은 생선의 자가소화 기능과 미생물을 함께 이용하여 만드는 대표적인 발효식품이다.

1. 세계의 다양한 발효 음식

발효는 미생물의 세상이다. 다만, 어떤 미생물이 먹이 활동을 하느냐에 따라 발효 음식도 다르다. 발효 음식을 만들 때 작용하는 발효를 진행하는 미생물이 잘 자라려면 온도와 습도 같은 환경 조건이 중요하다. 기온이나 강수량과 같은 조건에 따라 작용하는 미생물도 다르다. 이는 지역마다 다양한 발효 음식이 생산되는 이유이기도 하다. 발효 음식은 발효에서 중요한 역할을 하는 미생물의 종류에 따라 분류되기도 한다. 이러한 미생물들은 곰팡이나 효모, 세균, 그리고 혼합 미생물로 분류한다.

① **곰팡이 발효 음식:** 템페(tempeh), 온쫌(oncom), 앙칵(angkak)

② **세균 발효 음식**

   • 채소: 김치, 쓰케모노(つけもの, 漬物), 피클

   • 우유: 요구르트

   • 곡류: 인도 이들리(Idli), 푸토(puto), 옥수수 발효 음식

   • 어류: 젓갈, 어장

③ **효모 발효 음식:** 술(과일주)과 빵

④ **곰팡이 효모 발효 음식:** 사케, 약주, 탁주, 증류주

⑤ **곰팡이, 효모, 세균 발효 음식:** 장류(대두 발효 음식)

모든 생물은 고유한 성질이 있다. 소는 풀을 먹고, 고양이는 고기를 먹고, 상어는 바닷물에 살고, 붕어는 민물에 살고, 야자수는 더운

데서 자라고, 자작나무는 추운 데서 자라고, 식물은 햇볕이 없으면 죽고, 곰팡이는 음지에서 잘 성장하고 소멸한다. 미생물은 제각기 좋아하는 온도, 습도의 양, 조도(밝고 어두움), 산도(산성과 염기성), 공기 노출도(산소가 있고 없음) 등과 같은 환경이 있는 것이고, 더 중요하게는 미생물마다 좋아하는 먹이가 있다.

이러한 미생물의 성질을 잘 활용하는 데에 발효의 기술이 있다. 미생물이 좋아하는 조건을 최대한 갖춰 주면 된다. 조건을 갖춰 줘도 자라지 않는 경우가 있는데, 그럴 때는 해당 미생물이 전혀 존재하지 않는 경우이므로, 그때는 접종해야 한다.

곰팡이가 만드는 발효 음식

곰팡이에 의해 발효된 식품에는 콩을 발효시킨 템페(tempeh), 땅콩 깻묵을 발효시킨 온쫌(oncom), 쌀을 발효시킨 앙각(angkak) 등이 있다. 발효식품에서 곰팡이의 중요한 기능은 효소에 의한 분해작용과 합성반응이다. 즉, 곰팡이가 식재료에 발육하게 되면 단백질, 전분, 지방 등과 같은 고분자물질을 가수분해하는 효소인 프로테아제(protease), 아밀라제(amylase), 리파아제(lipase) 등을 생성할 뿐 아니라, 식품 구성 성분으로부터 새로운 화합물을 합성할 수도 있다. 이러한 화학반응의 결과로 식재료가 원래 지닌 맛, 향기, 색, 텍스처 등이 변하고, 기호도가 높은 발효 음식이 된다.

세균 발효 음식들-김치 등 다양

세균이 작용하여 만든 발효 음식은 다양하다. 김치와 쓰케모노(つ

곰팡이. 37℃ 영양배지에서 배양된 4종류의 국균

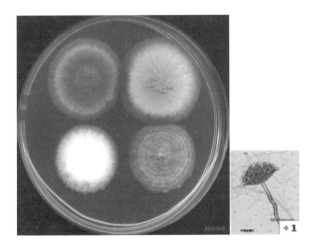

왼쪽부터 시계 방향으로 ① 실험실 모델 생명체 균주인 니둘란스 국균(A. nidulans), ② 분생포자의 녹색 색소가 돌연변이 된 니둘란스, ③ 발효에 사용되는 황국균, ④ 유전체 정보가 해독된 황국균

출처: WIKIMEDIA

けもの, 漬物), 사우어크라우트(sauerkraut, 주로 독일에서 먹는 절인 발효 양배추) 같은 채소 발효식품과 젓갈, 식해와 같은 어류 발효식품이 있고, 쌀 발효식품이나 일본의 낫토[納豆, natto], 한국의 청국장과 같은 곡류 발효식품, 그리고 치즈와 요구르트와 같은 우유 발효식품 등이 있다.

한국의 김치, 서양의 사우어크라우트, 일본의 쓰케모노 같은 채소 발효 음식은 소금 절임으로 시작된다. 채소나 과일의 소금 절임 발효는 저장에 필수적이다. 소금 절임은 발효 과정을 조정하고 식물조직의 연화나 변질을 방지한다. 발효가 시작되기 전 소금을 2.5~6% 범위의 농도로 넣게 되면 바람직하지 않은 부패성 세균은 그 발육이 억제되고 젖산을 생성하는 세균만 자라게 된다. 이러한 조건에서 유산균(젖산균)이 채소에 나온 즙액에 먼저 발육하여 유기산과 탄산가스를 생성한다. 이렇게 되면 pH가 떨어지고 부패성 미생물은 억제되고 혐기성 상태가 되어 호기성 미생물의 발육을 억제한다. 다른 유산균의 활동이 우점해 맛있는 채소 발효 음식이 만들어진다.

다음으로 어류 발효식품은 생선에 약 20%의 소금을 넣고 그대로 발효시키면 가수분해가 진행되어 액체 상태인 생선 소스(fish sauce)나 죽과 같이 된 생선 페이스트(fish paste)가 만들어진다. 채소보다 높은 소금 농도로 인해 소금에 강한 내염성 미생물만 살아남는다. 어류 발효 중 단백질의 분해는 어류 조직 내 효소의 자기분해와 미생물의 분해작용으로 이루어진다. 어류 미생물 연구에 따르면, 주로 내염성의 바실루스속(Bacillus) 세균이 우세하다.

곡류나 다른 전분질 원료를 이용하여 세균에 의한 발효 음식은 여러 나라에 있다. 쌀 발효식품은 인도의 이들리(idli), 도사(dosa), 아팜(appam)과 필리핀의 푸토(puto) 등이 있다. 이들은 대개 아침 식사용으로 먹는다. 이들리는 쌀과 녹두를 섞은 후 하룻밤 두고 자연 발효시킨 다음 증기 찜을 해서 만든 부드러운 스펀지 모양의 빵이다. 보통 빵을 만들 때는 효모를 사용하지만, 이들리 발효에서는 주로 세균이 작용하여 산과 가스를 생성한다. 이 발효로 향기, 맛, 텍스처가 좋아진다. 아프리카의 여러 나라에서는 20여 종 이상의 옥수수 발효식품이 존재한다.

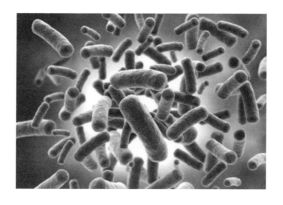

세균을 작용한 발효 음식은 김치, 쓰케모노, 사우어크라우트 등 다양하다.

출처: WIKIMEDIA

그리고 콩에 세균을 발육시켜 만든 발효 음식이 일본의 낫토와 태국의 투아나오(thua-nao), 인도네시아의 다게(dagé) 등이다.

효모 발효 음식-술과 빵

미생물 중에서 효모는 당분으로부터 알코올과 탄산가스를 생성하는데, 알코올 성분을 이용한 것이 우리가 잘 아는 술이고, 효모의 알코올 발효에서 나오는 탄산가스를 활용한 것이 바로 부푼 빵이다. 밀가루 반죽에 효모를 접종하면 본래 있던 당분과 밀가루 중의 당화 효소에 의하여 생성된 당분이 효모에 의해 발효가 되는 것이다. 우리나라의 증편은 쌀가루 반죽에 탁주를 넣어 발효시킨 다음 수증기 찜을 한 효모 발효로 볼 수 있다.

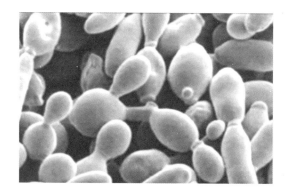

효모는 당을 먹고 알코올과 CO_2를 뱉어낸다.

출처: WIKIMEDIA

인류 역사에서 빵은 주식으로, 술은 기호음료로서 중요한 역할을 해 왔다. 빵과 술은 오랜 역사를 통하여 거듭 발전을 해 왔고, 또 널리 보급된 대표적인 발효 음식이다.

곰팡이와 효모 합작의 발효 음식들

곰팡이와 효모 발효식품으로는 사케·약주·탁주 등이 있다. 곡물 원료(쌀·옥수수·수수·고구마·카사바)에 미생물을 접종하여 25~35℃에서 2~3일간 배양하면 단맛, 신맛과 알코올 향기가 나는 발효 음식이 만들어진다. 이때 발효 기간을 더 연장해 주면 알코올과 즙액이 많이 생기므로 액체를 분리한 다음 수 개월간 숙성을 거치게 되면 알코올음료가 된다. 이때 접종원을 중국에서는 곡자, 일본에서는 코지(koji), 한국에서는 누룩으로 부른다. 이것을 만들려면 분쇄한 곡물

가루를 2~3cm 두께의 원판형으로 만들어 보관하면 자연적으로 미생물이 접종 발육하게 된다.

쌀을 비롯한 전분질 원료에 곰팡이와 효모를 자연 접종시켜 만든 발효 음식이나 알코올음료는 나라마다 다양한 이름으로 불린다. 이 중에서 순수 배양한 미생물을 무균적으로 접종 배양한 제품은 미생물적으로 품질 관리가 잘되어 세계적으로 널리 보급되었다. 그리고 증류 과정을 거쳐 알코올 농도(도수)를 높이면 증류주가 된다. 우리나라의 소주를 비롯하여 중국의 고량주[배갈, 白干儿], 소련의 보드카, 유럽의 진이 대표적인 증류주이다.

곰팡이, 효모, 세균의 삼중주 음식-장류

곰팡이, 효모, 세균 등의 세 가지 미생물이 작용하여 제조된 발효 식품이 콩 발효식품 혹은 장류이다. 장류의 원료로는 콩이 주로 사용되는데, 먼저 곰팡이의 작용으로 단백질과 전분을 가수분해하여 저분자물질로 나눈 다음 효모와 세균의 작용으로 여러 가지 향미 성분을 만들어내는 두 단계 발효 과정으로 이루어진다. 장류는 원료의 조성이나 제조 방법에 따라 제품 특성이 달라지는데, 편의상 soy sauce(간장)와 soy paste(된장)로 나눌 수 있다. 그래서 우리의 간장과 된장은 곰팡이와 효모, 세균이 관여하는 복합 발효라는 표현을 쓴다.

원재료별로 본 발효 음식

세상에는 다양한 발효 음식이 존재한다. 세상에는 어머니의 숫자만큼 음식이 존재한다고 말하듯이 민족 수만큼의 발효 음식이 존재한다. 이 많은 발효 음식들을 어떻게 분류할 것인가? 여러 가지 방법이 있겠지만, 발효 음식의 원재료가 무엇인지로 비교해 볼 수 있다. 자신이 살고 있는 지역에서 주로 생산되는 콩이나 채소 그리고 곡물 그리고 생선 등을 활용해 자신만의 방식으로 발효 음식을 만들어 먹는 것이 가장 자연스러운 현상이기 때문이다. 따라서 여기서는 식품의 원재료별로 나누어 세계 각 지역의 다양한 발효 음식들을 만나보자.

2. 채소 발효 음식

채소는 주로 생으로 먹거나 조리해 먹는다. 하지만 채소가 나지 않는 계절에도 채소를 오래 두고 먹기 위해 발효시켜서 먹기 시작하였다. 채소를 발효시킨 대표적인 음식이 바로 우리 민족이 즐겨 먹는 김치이다. 이러한 채소 발효식품이나 초절임 식품들은 아시아 지역이나, 유럽, 그리고 지중해 등 세계 여러 곳에서 만들어 먹었다.

채소 발효 음식에서 가장 중요한 것은 소금이다. 채소의 발효와 부패를 결정하는 요소는 소금에 달렸다. 소금은 채소를 부패시키는 미생물의 활동을 막고 유산균과 같은 좋은 세균의 성장을 돕는다. 소금에 절이는 방법은 어렵지 않고 간단하다. 물에 소금을 녹이면 되는데, 김치처럼 소금에 절여 수분이 빠져나오게 할 수도 있고, 오이지처럼 소금물을 그 위에 부어 발효시키는 방법도 있다.

그런데 소금의 양을 적당하게 조절하는 게 중요하다. 소금을 적게 넣으면 부패가 일어날 수 있고, 많이 넣을수록 발효 속도가 늦어지고 산이 많이 나와 신맛이 강해진다. 소금을 지나치게 많이 넣으면 미생물이 사멸돼 작용을 못하게 된다. 그러니 소금 농도를 잘 맞추는 것이 중요하다.

유럽, 사우어크라우트와 올리브 절임

유럽에서는 사우어크라우트(sauerkraut)가 대표적인 채소류 발효 제품이다. 사우어크라우트를 최초로 유럽에 소개한 민족은 유목민인 타타르족(Tatar)으로 알려져 있다. 이 음식은 최초로 중국에서 만들었고, 이를 본 타타르족이 이 음식을 유럽으로 가져왔을 것으로 추측한다. 사우어크라우트는 유럽 나라마다 상당한 차이가 있으며, 과일을 넣거나 향신료 혹은 양파·오이·비트 등을 같이 넣거나 참나무 잎, 벚나무 잎을 넣기도 하였다.

사우어크라우트는 독일어이고, 불어로는 슈쿠르트(choucroute)라고 한다. 유럽 대부분 지역에서 먹고 있지만, 지역마다 특징이 있다. 독일인들은 사우어크라우트를 주식처럼 먹는데 '크라우트'라고 하면 약간 얕잡아 보는 의미로 독일인을 가리킨다. 과거 우리 민족을 '김치'라고 불렀듯이 말이다. 미국에서는 펜실베이니아주에 정착한 독일 이민자들을 '사우어크라우트 양키'라고 부른다. 이외에도 세르비아나 보스니아, 헤르체고비나에서는 통 속에 양배추를 통째로 넣고 발효시켜 먹는 전통이 있다.

양배추를 발효시켜 사우어크라우트를 만드는 미생물은 한 종류가 아니다. 여러 미생물이 관여하여 이루어진다. 이 미생물이 바로 락토바실러스속(*Lactobacillus*) 유산균이다. 이 세균들은 환경만 잘 조절해 주면 잘 자라서 비교적 만들기 쉬운 음식이다. 그리고 독일 사람들은 사우어크라우트와 비슷한 순무로 만든 자우어뤼벤(sauerrüben)을 즐겨 먹는다. 강한 향을 가진 무의 일종으로, 우리의 강화도 순무와 비슷하다. 이 순무로 발효식품을 담가 먹는 것이다. 동유럽 사람들은 사탕무로 사우어크라우트를 만들어 먹는다.

지중해 지역에서는 올리브 발효 음식을 전통적으로 만들어 먹었다. 그 기원은 확실하지 않으나, 4세기 후반 요르단 계곡에 그려져 있는 암각화에서 올리브 절임 그림이 있다고 한다. 올리브 저장 방법의 기원은 확실하지는 않으나, 로마 시대까지 거슬러 올라간다. 초기 올리브는 모두 발효되지는 않았으나, 쓴맛(oleuropein)을 제거하기 위하여 가공 처리했을 것으로 추측한다. 스페인에서는 녹색 올리브를 발효시켰고, 달걀로 소금물 농도를 조절하여 사용하였다고 전해진다. 우리나라에서는 장 담글 때 많이 사용하는 방법이다. 이때 허브, 레몬, 마늘 등을 사용하기도 한다. 스페인에서는 아직도 손님을 접대할 때 친절의 의미로 올리브를 제공한다.

프랑스에서도 버섯 초절임을 전통적으로 만들어 왔다. 농장주들이 여러 사람의 도움을 받아 통에 가득 만든다. 그리고 오이피클도 유럽에서는 많이 만들어 먹는다. 오이피클은 대부분 식초를 사용하지만. 소금물로 만들어도 좋다. 오이피클은 우리의 마늘 소금 절임이나 혼합 채소 절임 등 우리의 장아찌와 비슷한 채소 발효식품이라고 할 수 있다.

중국, 저(菹)

6세기경 중국의 가사협이 지은 《제민요술》에는 소금·식초 등에 채소류를 절여 만드는 40여 종의 채소 절임, 즉 '저(菹)'의 조리법이 나온다. 이들 채소류는 양배추, 당아욱, 겨자 잎 등이 포함되어 있다. 또 참외·배 등도 초절임에 이용되었고, 송대(960~1279)에도 만들어 먹었다. 이들 채소 절임법은 지금까지 이어지고 있다.

일본

누카도코(ぬか床)라고 불리는 일본의 쌀겨 절임 식품도 있다. 흡수력이 좋은 왕겨를 소금과 물·해초·된장 등과 섞어 발효시킨 음식이다. 영양가가 있는 국물에 넣은 채소는 며칠 만에 피클이 되고 계속 숙성된다. 된장에 뿌리채소나 통마늘을 넣어 발효시킨 된장장아찌와 타마리(たまり)도 있다. 된장은 여러 채소를 절일 수 있는 아주 좋은 배양 식품이다. 그리고 일본은 여러 종류의 채소를 소금에 절여 만드는 쓰케모노가 유명하다.

아시아 및 기타 지역

말레이시아에서는 오이·생강·고추·죽순 등을 초절임하기도 하고, 미숙과인 망고·파파야·라임 등을 절임하기도 한다. 아시아 서쪽 지역에서는 포도 잎을 초 및 소금에 절임하기도 한다. 이집트에서도 당

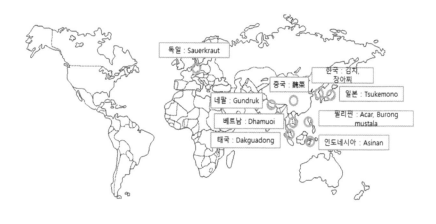

근·오이·콜리플라워·순무 등을 이용하여 절임한다.

　히말라야의 발효식품은 '군드럭(gundruk)'이라고 부르는 강한 맛이 나는 절임 음식으로, 녹색 채소만으로 발효 음식을 만든다. 소금을 포함해 어떤 재료도 넣지 않고 만든다. 녹색 채소를 말려서 국수 밀대로 내리쳐 으깨어 그 즙을 모두 병에 담고 꾹꾹 눌러주어 병뚜껑을 담고 2~3주 정도 따뜻한 장소에 보관해서 만든다. 그리고 발효 무로 만드는 '신키(sinki)' 그리고 '고양(goyang)' 등이 네팔에서 중요한 채소 발효식품이다. 이들은 김치나 독일의 사우어크라우트와는 달리 말려서 산성화하여 만든다. 이동할 때 휴대할 수 있어 좋다.

　위 지도는 '세계의 채소류 발효 음식 분포도'이다. 즉, 쌀 문화권 중심인 민족은 젖산 발효를 이용한 채소류 발효 음식이 발달하였다.

아시아의 식생활에서 젖산 발효의 가장 큰 기능은 채소와 어패류를 위생적이고 안전한 상태로 장기간 저장하는 것이었음을 알 수 있다. 또 아시아의 젖산 발효 채소는 비타민과 무기질의 중요한 공급원이었다.

3. 콩류 발효 음식

콩과 식물은 주로 채식하는 사람들에게 중요한 단백질 공급원이다. 동아시아 지역에서는 콩을 밭에서 나는 쇠고기라고 부른다. 그러나 콩에 들어 있는 단백질은 소화가 잘되지 않는다. 그런데 이 콩을 발효시켜 먹으면 소화 흡수가 잘되고 몸에 유익한 영양소도 생긴다. 이런 사실을 알았던 옛사람들은 콩을 발효시켜 먹기 시작하였는데, 대표적인 식품이 바로 아시아권에서 많이 먹는 장류이다.

콩은 기원전 11세기 혹은 그 이전에 이미 중국 동북부 지역인 만주에서는 야생 콩이 있었고 이곳이 콩의 원산지로 추정된다. 이 콩을 발효시켜 장류를 만든 것은 고대 이 지역에 살았던 우리 민족이었을 것으로 추정한다. 그러나 중국에서는 자신들이 장을 최초로 만들었다고 주장한다. 중국에서는 시(chi, shi), 장(jiang, chiang)과 같은 대표적인 단백질 발효식품이 있었다. 시(chi)는 메주를 뜻하기도 하지만, 장(Jiang)은 동물성 단백질을 발효시킨 육장이나 콩 같은 식물성 단백질로 만들어진다. 시(chi)는 두시(douchi)로도 알려져 있다.

일본은 백제의 영향을 받아서 장을 만들었다고 보인다. 미소(みそ, 味噌)는 한국의 말장(末醬)에서 유래한 것으로 본다. 서기 7세기에 두시(douchi), 미소(miso), 지앙(醬, jiang) 등이 나타난다. 그 후 두시는 낫토(hama-natto, daitokuji-natto) 등으로 발전한다.

동양의 수많은 콩 발효 제품은 중국의 전통 식품인 두시 혹은 타우시(tau-shi) 등에서 유래하여 각지로 전파된 것으로 보기도 한다. 그러나 특이하게도 한국의 된장은 이들과 다르게 소금물에 메주를 넣어 간장을 분리하고 남은 덩어리를 된장으로 사용한다는 것이 다르다. 중국의 장과는 제조 방법부터 다르다. 만주 지역에 살았던 한국의 고대인이 만주 지역에서 콩을 이용하여 장을 처음 만들었을 것이다. 그러나 중국의 시(chi, shi)를 메주로 본다고 가정하면 한·중 간 식문화의 교류가 있었을 것으로 보인다.

일본의 된장, 미소

일본 사람들이 미소를 많이 먹게 된 것은 가마쿠라 시대(1192~1333)라고 한다. 물론 그 이전 문헌에도 기록이 나온다. 주로 불교의 영향이 컸으며, 일본인이 주로 먹는 쌀·채소·해산물로 이루어진 된장국인 미소를 많이 먹는다. 일본 사람들은 된장을 먹으면 건강하고 오래 산다고 생각한다. 보통 대두와 소금물 그리고 누룩을 써서 된장을 담그는데, 혹은 누룩곰팡이(Aspergillus oryzae)가 자라는 쌀로 만든 누룩(koji)을 이용해 만들기도 한다. 전통적으로는 삶은 콩에 누룩과 소금을 넣고 1년 정도 숙성해서 만들지만, 밀을 첨가해 담기도 한다.

야자 잎으로 둘러싸게 성형한 템페. 콩의 사이사이에 하얀 곰팡이 균사로 가득하다.

출처: WIKIMEDIA

인도네시아, 템페

템페(tempeh)는 대두를 발효시킨 인도네시아 음식이다. 현재 미국에서도 인기가 있으며, 건강식품으로 알려져 있다. 템페는 인도네시아에서 주로 먹지만, 중국 이민자에 의해 전파된 중국이 그 기원이다. 템페는 발효 온도가 매우 중요하다. 곡물 분쇄기에 대두를 갈고 삶은 다음 습기를 없앤 대두를 식초 등을 넣고 곰팡이 포자를 뿌려두고 24시간 동안 29~32℃로 온도를 맞추어 발효시킨다. 템페는 보통 생으로 먹는 식품이 아니고, 살짝 튀겨 먹거나 채소를 넣어 먹기도 하고, 샌드위치로 만들어 먹기도 한다.

아프리카 콩 발효 음식

콩 발효 제품에서 느끼는 감칠맛은 세계 여러 나라에서 그 맛을 감지할 수 있다. 두류 제품으로는 아프리카에서 생산되는 다와다와 (dawadawa) 혹은 이루(iru), 숨바라(sumbara) 등은 야생 구주콩(locust bean)으로 만들며, 아프리카 사람들의 중요한 조미원과 단백질 공급원이 되고 있다.

아래 지도는 '세계의 콩류 음식 분포도'이다. 이에 따르면, 쌀 문화권, 특히 동아시아를 중심으로 된장·청국장·간장이 주종인 두장 문화가 발달하였음을 알 수 있다. 이를 '두장 문화권'이라고 한다. 특히, 한국은 대두만을 발효하여 간장·된장을 만들지만, 일본과 중국

세계의 콩류 발효 음식 분포도

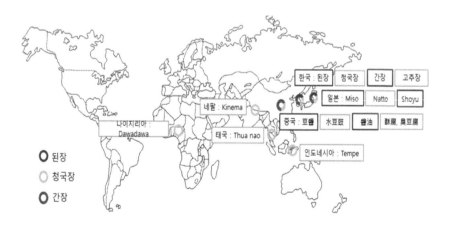

은 대두와 전분질 원료(쌀·밀·보리 등)를 적절한 비율로 혼합하여 발효시키는 것이 특징이다. 동남아시아는 고온다습한 기후 때문에 두장 문화가 발달하지 못하였으나, 일부 지역에서 낫토류의 두장이 이용되고 있음을 볼 수 있다. 서아프리카 일부 지역에서는 아프리카에서 자생하는 콩과식물인 구주콩 등을 이용한 두장을 만든다.

4. 곡물 발효 음식, 발효 빵과 떡

가장 오래된 곡류 발효 제품으로는 빵이 있다. 빵의 역사는 청동기 시대로 거슬러 올라가며, 신에게 제공하는 음식으로 고대 근동 수메르 문명의 쐐기문자로, 또 메소포타미아나 이집트 역사 기록으로 나타난다. 부풀린 빵이 나온 것은 확실한 기록은 없으나, 1만 년 전으로 추정되며, 아마도 충분한 곡물이 생산된 이후로 보인다. 로마 시대에는 이미 빵이 중요한 주식이 되었다. 기원 79년 베수비오 화산이 폭발하면서 묻혀버린 로마에서 가장 번성했던 도시 폼페이 지역에는 빵 만드는 유적이 그대로 남아있다. 이후 밀이 생산되는 모든 지역에서 빵이 제조되었고, 효모에 의한 발효 기술이 도입되었다.

서양에서 빵은 생명의 양식이자 일용할 양식이다. 브레드(bread)나 도우(dough)는 빵을 뜻한다. 우리에게 밥이 밥 이상의 그 무엇이듯이 서양인들에게도 빵은 단순한 음식이 아니다. 프랑스 대혁명 때도 성난 군중은 '빵을 달라'고 외쳤다. 세계 여러 곳에서 빵을 주식으로 하고 있다. 빵은 매우 다양하다. 빵이라고 해서 다 구워 만들지는 않으며, 쪄서 만드는 빵도 있고 기름에 튀긴 빵도 있다.

빵이 부풀어 오르는 것은 효모 때문이다. 빵을 만들 때 가장 많이 넣는 효모는 맥주효모균(Saccharomyces cerevisiae)이다. 맥주를 만들 때 이 효모를 넣는다. 빵과 맥주를 만드는 기술은 중앙아시아의 비슷한 초승달 지역에서 거의 비슷한 시기에 발전하였다고 한다. 빵을 만들 때 맥주를 넣으면 되고, 맥주를 넣을 때 빵을 넣으면 발효가 시작된다. 탄수화물을 넣은 효모는 대신에 알코올과 이산화탄소를 만들어낸다. 빵을 만들 때 중요한 물질은 바로 이 이산화탄소이다. 이산화탄소가 빵을 부풀어 오르게 하는 것이다. 그래서 좀 더 부드럽고 가벼운 빵을 만들 수 있다. 이때 나오는 알코올 성분은 빵을 굽는 동안 증발해 버린다.

지금은 상업용 효모(yeast)를 사용하기도 하지만, 19세기 중반까지만 해도 순수한 효모를 추출하지 못했다. 효모라는 단어는 중세 영어에서도 사용되었다. 효모는 도우를 부풀게 하거나, 반죽이나 맥주에 거품이 생기게 하는 등의 형태로 눈에 띄게 되었다. 상업적으로 각 효모의 특성에 맞는 십여 가지의 순도 높은 효모를 배양해 판매하지만, 자연에 존재하는 효모는 한 종으로 이루어진 순수 집단이 아니다. 자연 상태일 때 효모는 언제나 다른 미생물과 함께 있으며, 종 다양성을 자랑한다.

공장에서 효모를 배양하여 팔기 전까지는 자신이 사용할 효모를 직접 배양했다. 가장 간단한 방법이 용기를 씻지 않고 계속해서 사용하는 방법이다. 반죽을 조금씩 남겨 새로운 반죽을 만들 때 넣는 것도 효모를 배양하는 방법이다. 다음에 쓰려고 남겨 두는 반죽을 사워도우(sour dough) 또는 자연 효소(natural leaven)라고 부른다.

인류는 빵 만드는 기술을 발전시키기 위해 노력해 왔다. 모든 발효 식품이 그렇듯이 생명의 힘을 느낄 수 있다. 일단 사워도우를 만들고 보관하는 방법과 빵 만드는 방법이 있다. 유대인들이 안식일에 먹는 전통 빵인 할라(challah)는 끈을 꼬아 놓은 꽈배기처럼 생긴 빵으로 계란이 들어가 부드럽다. 아프가니스탄에서는 전 세계 다른 나라와 마찬가지로 전통적인 발효 음식이 있다. 아프가니스탄 빵은 중동 아시아에서 나는 검은 커민(nigella sativa) 씨앗을 넣은 얇은 빵이다. 에티오피아에서 주식으로 먹는 스펀지 빵인 인제라(injera)도 사워도우로 만든 빵인데, 에티오피아 식당에서는 인제라가 가득 놓인 접시에 음식이 담겨 나온다. 이 인제라를 반으로 쪼개 함께 나온 음식을 그 안에 넣어 먹으면 된다. 인제라는 미리 만들어 두었다가 먹는다.

인도에서는 잘레비(jalebi)라는 곡류를 이용한 비스킷 같은 발효 제품이 있고, 또한 도사(dosa)나 이들리(idli) 등은 기원후 1100년 기록에 나온다. 도사는 팬케이크와 비슷한 것으로, 쌀과 콩을 섞어 발효하여 만들며, 도클라(dhokla)는 밀과 벵갈콩(bengal gram, 병아리콩)을 주원료로 발효하여 만든다. 그 외에도 스리랑카, 말레이시아, 싱가포르 등지에서도 곡류를 이용한 발효 제품이 식용되고 있다.

다음 지도는 세계의 곡류 발효 음식 중에서도 주로 '젖산 발효 빵의 분포도'이다. 밀 문화권에서는 이스트 발효에 의한 빵이 가장 일반적

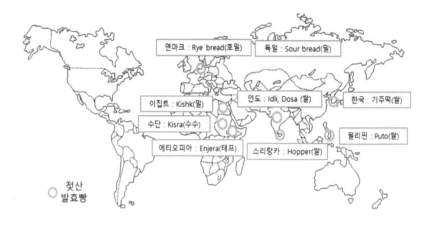

이며 주식으로 활용되나, 아시아와 아프리카 일부 지역에서는 쌀·수수 등을 젖산 발효하여 빵을 만든다. 젖산 발효 빵은 아프리카와 아시아 일부 지역에서 중요한 주식으로 이용되고 있다. 곡류에 두류를 섞어 만들어 영양질을 높이기도 한다.

5. 곡물 발효식품, 죽과 음료

빵은 세계인의 중요한 주식이지만, 모든 문명권에서 빵을 만들어 먹은 것은 아니다. 빵은 밀이나 호밀 같은 재료로 만들며, 곡물을 빻고 반죽하고 오랜 시간 열에 구워야 하며, 빵을 굽는 오븐도 누구나 갖기는 어려웠다. 그래서 빵은 과거 대부분 상류사회의 전유물이었다. 대신에 아프리카에서는 수수·옥수수·기장 등을 이용하여 발효하였고, 이들을 오기(ogi), 코코(koko), 아카스(akase) 등으로 불리며 중요한 발효식품으로 신 반죽을 이용한다. 일본에서는 곡식을 발효시켜 죽처럼 만들어 먹는 감주도 있다. 또 곡물을 발효시키면 맥주처럼 알코올이 생기는 음료뿐 아니라, 영양분이 풍부한 산성 음료도 만들 수 있다. 미국의 인디언인 체로키족(Cherokee)은 옥수수를 발효시켜 만든 거노헤너(Gvnohenv)를 마신다.

체로키족의 옥수수 발효 음식, 거노헤너

체로키족은 미국 1838년 테네시주에서 오클라호마에 있는 인디언 거주지로 이주해 온 인디언의 한 종족이다. 이들은 이후 유럽 이주민들의 생활 방식을 받아들여 유럽 사회와 유사한 공동체를 형성하게 된다. 이 체로키족의 발효 음식이 있는데, 그중 하나가 거노헤너이다. 옥수수를 빻아 물을 넣고 자주 저어주면서 삶은 후에 따뜻한 장소에 놓아두고 발효시켜 먹는다. 이 걸쭉하고 우윳빛 나는 음료는 1주일 정도 발효시키면 달콤한 옥수수의 시큼한 냄새가 난다. 몇 주 정도 더 발효시키면 치즈처럼 아주 시큼한 냄새가 난다. 거노헤너는 고대인들의 지혜와 역사를 알려주는 풍부한 맛을 지니고 있다. 그리고 거노헤너와 거기서 걸러낸 옥수수를 오븐에 구워 만든 옥수수빵이 있다.

중국의 발효 죽, 칸지

중국식 죽인 칸지(congee)는 다양한 허브와 통곡식을 스테인리스
스틸 보온병에 넣고 뜨거운 물을 부어 외부 공기가 들어가지 않게 뚜
껑을 닫은 뒤 하룻밤 동안 놔두면 다음 날 아침 먹기 좋은 죽이 된다.
또 여러 곡물을 갈아 볶아서 물을 넣고 익혀 죽을 만들어 발효시켜
먹기도 한다. 오래전 조상들은 곡식을 물에 충분히 불려서 발효시켜
사용했다는 것이고, 이는 곡식 바깥층의 피트산(phytic acid)을 중화
시켜 무기질 흡수를 도와줄 수 있게 된다.

아프리카의 오기

아프리카 사람들은 주식으로 걸쭉하고 전분이 많이 든 곡식을 빻
아 만든 죽을 먹는다. 아프리카인 열량 공급원의 77%를 차지하는 식
품은 곡물이고, 단백질 공급원 역할도 한다. 아프리카는 곡식 대부분
을 발효시켜 먹는데, 영유아들의 유아식이자 어른들의 주요 영양 공
급원으로 귀한 음식이다.

기장으로 만든 죽을 서아프리카에서는 오기(ogi), 동아프리카에서
는 우지(ugi)라고 부른다. 분쇄기 등을 이용해 기장을 거칠게 간 다음
물을 넣어 불리는데, 시간은 24시간부터 1주일까지 다양하다. 불리
는 시간이 길어질수록 신맛이 강해진다. 발효시킨 기장을 저어가면
서 끓이면 된다.

일본의 감주

일본의 감주(아마사케, あまさけ)는 쌀을 곰팡이가 발효시켜 만드는

발효 음료이다. 된장을 만드는 황국균(*Aspergillus oryzae*)이 다당류인 녹말을 단당류인 당으로 만들어준다. 설탕이나 당분을 넣지 않아도 단맛이 난다. 전통적으로 감주는 쌀로 만드는데, 쌀을 삶은 다음 누룩을 넣어 잘 저어주고 따뜻한 보온 기구에 넣어 따뜻한 곳에 둔다. 보관 온도가 60℃ 정도이면 8~12시간이 32℃ 정도라면 20~24시간 정도가 걸리고, 단맛이 나면 다 된 것이다. 감주는 뜨겁게 마시든 차갑게 마시든 모두 맛있으며, 육두구나 엄주를 넣어 풍미가 살아난다. 감주는 냉장고에 넣고 몇 주 정도 보관 가능하다.

러시아의 크바스

러시아인들이 즐기는 크바스(kvas)는 딱딱해진 빵을 다시 발효시켜서 먹는 음료이다. 톨스토이 소설《안나 카레니나 *Anna Karenina*》에도 등장한다. 귀족들은 와인을 마시지만, 소작인들은 크바스를 마신다는 것이다. 지금은 도시나 시골을 막론하고 많이 마시는 음료이다. 크바스는 유산균이 풍부하고 약간의 알코올 성분이 있으며, 끈끈하고 걸쭉한 느낌의 우윳빛 음료이다. 딱딱해진 빵을 구워 습기를 없앤 후 항아리에 박하 레몬즙을 끓인 물을 넣고 잘 저은 후 뚜껑을 덮고 8시간 이상 놓아둔다. 건더기를 거른 후 즙을 짜낸다. 즙에 설탕, 꿀, 소금, 사워도우나 효모를 넣고 잘 섞은 후 뚜껑을 닫고 2~3일 발효시켜 만든다.

러시아의 콤부차

콤부차(kombucha)는 레주벨락이나 크바스처럼 신맛이 나는 강장

음료로, 러시아에서 오랫동안 사랑받아 온 차이다. 달콤한 검은색 음료인 콤부차는 홍차버섯이라고 불리는 콤부차 초모(醋母, mother)로 발효시켜 만든다. 콤부차 초모는 중국이 원산지로 추정된다. 물과 설탕, 홍차 그리고 숙성시킨 콤부차와 콤부차 초모로 만든다. 숙성 시간은 7~10일 정도 걸린다.

아래 지도는 '곡류 발효 음식 중 죽과 음료의 분포도'이다. 아프리카, 아시아에서는 발효를 이용하여 전분의 저장 기간을 늘리고, 미생물의 오염을 막으며, 맛을 증진한다. 즉, 죽·국수·수프·음료 등을 만드는 데 사용한다. 곡류를 젖산 발효시켜 만드는 죽은 아시아 지역에서는 일반적이지 않으나, 아프리카에서 매우 중요한 주식으로 활용

세계의 곡류 발효(죽과 음료) 음식 분포도

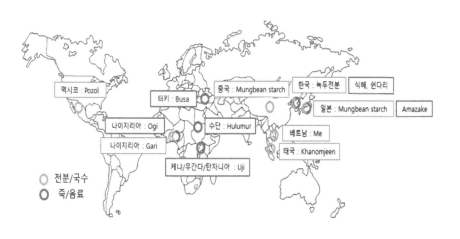

된다. 아시아 대부분의 국가가 젖산 발효시킨 녹두 전분을 생산하며, 녹두 전분으로 만든 국수는 아시아 일부 지역에서 중요한 주식으로 이용되고 있다.

6. 동물 젖 발효 음식

오래전부터 사람들은 동물의 젖을 먹어 왔다. 그러나 동물의 젖은 상온에서 오랫동안 신선한 상태를 유지하기 힘들다. 수천 년 전부터 가축을 기르기 시작한 사람들은 동물 젖을 발효시키면 오래 보관해두고 먹을 수 있다는 사실을 알았다. 동물의 젖은 발효한 후에도 먹을 수 있고, 맛도 더 좋아진다는 사실을 알게 되었다. 발효시킨 유제품은 냉장고 없이도 오래 보관해두고 먹을 수 있었다. 고대로부터 우유나 우유 가공 제품은 종교의식 등 신성한 제물로 이용되었다. 또 대개 더운 지역에서 우유를 오래 두고 갈무리하는 방법으로 자연스럽게 개발된 가공 음료라고 할 수 있다.

현대의 소비자들은 치즈나 요구르트, 사워크림(sour cream), 버터밀크 같은 유제품을 좋아한다. 맛도 좋고 풍미, 질감이 좋은 건강식품이기 때문이다. 게다가 유당 불내증(不耐症)으로 우유를 먹지 못하는 사람은 요구르트 같은 발효시킨 우유를 먹어도 좋다. 발효유에 있는 유산균이 우유 속의 유당을 쉽게 소화시켜 주기 때문이다.

젖 짜는 소를 숭배하는 광경이 기원전 9000년에 암각화로 리비아

사막에 나와 있을 정도로 우유의 이용은 오래되었다. 메소포타미아에서도 기원전 3000년에 글과 그림, 건물 등에 낙농에 관한 모습이 나온다. 그 외 중동, 바빌로니아 등지에서도 유가공 관련 조각들이 발견되어 우유는 인류의 오랜 역사와 함께한 주요 식재료였음을 보여준다.

우유 발효 제품은 서기 200년 로마 시대로 거슬러 올라가며, 지금도 서아시아, 북아프리카 등지에서는 전통 식품으로 여러 형태의 요구르트, 치즈 등을 만들고 있으며, 사워밀크(sour milk) 등도 아프리카에서 만들어 먹고 있다. 수단에서는 많은 발효유 제품이 알려져 있으며, 로브(rob)라고 불리고 있다. 이 제품은 소의 젖으로 만들지만, 염소나 양의 젖을 이용하기도 한다. 그라리스(Grariss)는 낙타 젖을 가죽 주머니에 넣어 만들기도 하며, 남자들만 먹는다.

그 외 중동 아프리카 등지의 여러 나라에서 다양한 종류의 발효유 제품과 치즈를 만들었고, 부재료로 고추·후추·캐러웨이(caraway) 등을 첨가하기도 한다. 힌두교에서는 소를 신성시하여 우유와 유제품은 종교적으로, 문화적으로 큰 의미를 갖는다. 특히 인도 지역에는 다히(dahi)로 알려진 오랜 역사의 발효유는 기원전 6천 년에서 기원전 4천 년으로 거슬러 올라간다. 이 외에도 버터밀크, 기(ghee, 인도에서 상용하는 식용 버터) 등이 알려져 있다. 중동, 인도, 네팔, 티베트 등지에서 이미 오래전부터 우유나 유제품이 알려져 있으며, 젖을 얻는 동물도 젖소뿐만 아니라, 양·염소·낙타·버펄로, 야크 등에 이르고, 먹는 방법도 다양하다. 특히, 힌두교·불교 등에서는 종교적으로 우유를 신성시하여 출생, 결혼, 장례식 등에 신성한 제물로 이용하였다.

중국에서는 6세기에 발효유 제조 방법이 기록되었으나, 전통적으로 중국, 몽골, 한국, 일본 등지에서는 우유를 먹지 않았다. 유가공 제품은 그 이후 그리스(B.C. 1500), 로마(B.C. 750), 영국(B.C. 1800)에 널리 보급되어 서양 음식의 기본 식재료가 되었다. 영국 최초의 치즈 공장은 서기 1380년에 세워졌고, 체더치즈(Cheddar cheese)는 체더 마을에서 1558~1603년에 만들었다. 미국에서는 1851년에 최초의 치즈 공장이 뉴욕주에 생겼고, 그 후 몇 개의 공장이 더 생겨났다.

요구르트

'요구르트'로 잘 알려진 유산균 발효유 명칭은 영어로는 요거트(yogurt, yoghurt, yoghourt)이며, 터키에서 처음 만든 것으로 알려져 있다. 어원도 터키어 'yoğurt'(요우르트)에서 유래했다고 한다. 요구르트는 잘 알려진 유제품이다. 요구르트를 만드는 유산균인 불가리쿠스(bulgaricus)나 아시도필루스(acidophilus) 같은 미생물의 이름은 아마도 들어봤을 것이다. 요구르트를 만들려면 발효를 일으키는 배양균이 필요하다. 배양균을 사거나 유산균이 살아있는 시판 요구르트를 사서 이용하면 된다. 일단 요구르트를 만들었으면 다음에 또 만들기 위해 발효시킨 요구르트를 조금씩 보관해야 한다. 조금만 주의하면 최초 배양균을 영원히 간직할 수도 있다. 뉴욕의 한 요구르트는 한 사람의 창업자가 100년 전 동부 유럽에서 가져온 원종으로 만들고 있다고 한다.

라바네

라바네(labane)는 중동 전역에서 즐겨 먹는 프레시 치즈로, '라브네(Labneh)'라고도 한다. 요구르트로 만드는 간단한 요리법의 진한 치즈이다. 라바네는 레바논의 요구르트 치즈인데, 무명천에 요구르트를 거르면 된다. 천 밑으로 유장이 빠지고 몇 시간 두면 천 위의 요구르트가 단단해져 치즈가 된다. 여기에 허브를 첨가해 스프레드를 만들 수 있다. 레바논에는 키스크(kishk)가 있는데, 이는 요구르트에 불구르(bulgur, 밀을 반쯤 삶아 말린 후 빻은 것)를 섞어 먹는 발효식품이다.

라이타, 차치키

라이타(raita)는 인도에서 자주 먹는 발효 음식이고, 차치키(tsatsiki)는 그리스 음식이다. 재료가 조금 다르기는 하지만, 두 요리 모두 요구르트에 오이와 소금, 마늘을 섞어서 만든다. 이 양념들은 시간이 지날수록 맛이 더 우러나고 깊어지므로 하루나 몇 시간 전에 미리 만들어 두는 것이 좋다.

치즈

치즈는 가장 대표적인 우유 발효식품으로, 다양한 종류가 존재한다. 치즈 종류는 무려 수천 가지가 넘는다. 전통적으로 치즈는 지역에 따라 다른 형태로 만들어져 왔다. 치즈는 젖을 생산하는 동물의 종류와 상태, 먹이에 따라 독특한 특성을 보인다. 또 그 지역의 기온이나 분포하는 미생물의 종류나 주위 환경, 숙성 기간에 따라서도 제각기 다른 치즈가 된다. 오랫동안 숙성시킨 치즈에는 맛과 질감에 영향을 주는 다양한 미생물이 서식한다.

일반적으로 만드는 방법에 따라 단단한 체더치즈, 말랑말랑한 카망베르(camembert) 치즈, 곰팡이가 피어 있는 블루치즈(blue cheese, bleu)나 벨비타(velveeta) 치즈 등 다양하다. 그러나 최근에는 지역에 따라 다른 치즈를 생산하던 전통도 지구촌의 단일화에 밀려 사라지고 있다. 그러나 집에서 치즈를 만들어 보면 모두 독특하고 맛이 있다고 한다. 필요한 재료도 치즈 천으로 쓰는 무명천뿐이라고까지 한다. 예를 들어 파머치즈(farmer cheese)는 우유를 약한 불에 잘 저어 주면서 가열하다가 식초를 넣어서 응고시키고 치즈 천에 걸러주면 된다. 레닛치즈(rennet cheese)는 레닛으로 응고시킨 치즈를 말한다. 레닛은 응유(凝乳) 효소가 들어 있는 송아지의 제4위 내막 물질을 말하는데, 레닛으로 응고시키면 식초나 산을 사용하는 방식과는 다르게 우유를 응고시키므로 치즈가 더 부드럽다.

다음 지도는 '세계의 우유 발효 음식 분포도'이다. 발효유와 발효 치즈 등 동물의 젖을 발효한 음식은 목축 문화권이나 밀 문화권을 중심으로 발달하였다. 아시아에서는 서남아시아와 중앙아시아를 중심으로 발달하였으며, 동남아시아 일부 국가에서 매우 제한적으로 이용되고 있다. 동아시아에서는 전통적으로 동물의 젖을 이용한 발효 음식이 발달하지 않았다.

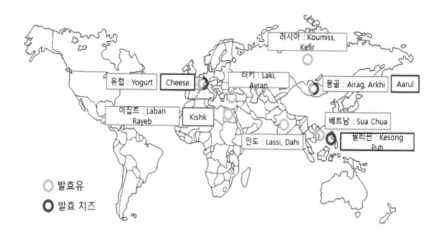

7. 어패류 발효 음식

어패류 발효는 바다생선, 민물생선, 패류, 갑각류 등 수산물을 모두 이용한다. 생선 발효는 소금 생산과 밀접한 관계가 있으며, 쌀 재배와도 연관되고 어류 생산 시기와도 관계가 있다. 아시아에서는 중국 역사에 어류 발효가 나오지 않는 것으로 보아, 타이와 라오스 등과 인도차이나반도에서 기원한 것으로 추정한다. 메콩강 유역이 최초로 어류 발효와 관계가 있다고 하며, 중국 한나라(B.C. 200~AD 200)로 전파되어 양쯔강 변으로 전파된 것으로 보인다. 생선 발효는 주로 젖산 발효로 이루어지며, 라오스, 캄보디아 북부, 북동 타일랜드 등지에서도 생산되고 있다. 우리나라를 포함한 동남아 등지에는 전통적으로 다양한 어류 발효 제품이 있으며, 음식 문화와 밀접한 관련이 있다.

어패류 발효에는 채소나 밥을 첨가할 수 있고, 밥이 들어간 것을 나레즈시(naresushi)라고 한다. 반면, 소금과 어패류를 섞어 발효한 것을 어장(fish sauce)이라고 한다. 나레즈시는 지금도 메콩강, 캄보디아, 타일랜드 등지의 전통 음식이다. 이곳 사람들이 밥을 주식으로 할 때 감칠맛을 주는 조미료로 이용하고 있다.

어패류 발효 음식은 생선 일부가 형태를 유지하는 것과 완전히 분해되어 액체형으로 사용되는 것이 있다. 우리나라와 동남아 국가에서는 형태를 유지하는 젓갈 형태가 정착하였고, 태국·인도네시아 등 동남아 등지에서는 액체 상태의 어장이 일반적이다. 페이스트 형태의 젓갈형은 나라마다 다른 이름으로 불리는데, 일반적으로 일본에서는 시오카라[しおから, shiokara, 鹽辛]라고 하나, 미얀마에서는 응아삐(ngapi), 캄보디아에서는 프라혹(prahok) 등이며, 우리나라에서는 젓갈로 불린다. 일본에서 인기 있는 젓갈은 오징어젓갈[イカの塩辛]이다.

어장은 고대 그리스에서도 있었으며, 노르웨이에서는 지금도 염절인 후 발효한 어패류로 인기 있는 젓갈은 오징어젓갈이다. 현재도 동남아시아에서는 어류 발효 제품이 식생활에서 상당한 비중을 차지하고 있으나, 세계 다른 지역에서는 별로 인기 있는 음식은 아니다.

다음 지도는 '세계 어패류 발효 음식 분포도'이다. 어패류 발효 음식(어장)은 쌀 문화권을 중심으로 발달하였으며, 기타 지역에서는 매

세계의 어패류 발효 음식 분포도 ||||||||||||||||||||||||||||||||||||||||||||||||||||||||||||||||||||||||||||||||||||||||||||||||||||||||||||||||

우 제한적으로 나타난다. 어장 문화는 특히 고온 다습한 기후 조건
을 갖추고 있는 동남아시아를 중심으로 크게 발달하였다. 식해는 어
패류에 곡물, 소금을 섞어 젖산 발효를 통해 보존 기간을 늘린 발효
음식으로, 일반적인 젓갈(20~25%)에 비해 소금 함량이 낮다(6~8%).
쌀·수수·기장·밀 등을 이용하며, 주로 소금이 귀한 지역에서 발달하
였다. 동아시아 지역은 두장 문화권이면서 다양한 식해와 함께 젓갈,
액젓을 이용하는 어장문화권에 속한다.

8. 고기 발효 음식

대표적인 고기 발효 음식으로는 소시지가 있다. 소시지는 B.C. 1500년경 바빌로니아 사람이 제조했다고 한다. 고대 중국에서도 비슷한 고기 발효 음식을 만들었다. 또 동남부 유럽 특히, 로마 시대에 여러 종류의 염지 발효한 발효육 제품이 시작되었다고 본다. 소시지의 기록으로는 호메로스의 《오디세이아 Odysseia》에 기원전 9세기쯤 제조하기 시작했다는 기록이 나온다.

살라미(salami) 소시지는 키프로스(Cyprus, 사이프러스) 해안 지역에 있는 살라미스(Salamis)에서 기원했다고도 한다. 이후 육가공 기술과 발효 방법은 유럽 전역으로 전파되었고, 유럽의 이민자들에 의해서 북아메리카와 오스트레일리아 등지로 기술이 전수되었다. 이 지역에서는 그 이후 베이컨, 햄 등이 속속 개발되었으며, 독일의 살라미, 페퍼로니(훈제) 건조 이탈리아식 살라미 그리고 에스파냐식 초리조(chorizo) 등이 만들어졌다. 가열 발효한 육제품으로는 모르타델로(Mortadello), 코흐살라미(Kochsalami) 그리고 튜링거(Thuringer) 등이 나오게 되고. 발효 훈제 소시지는 150년 전 독일에서 생산된 기록이 있으며 중동, 프랑스, 헝가리, 발칸반도 등지에서는 건조한 향신료를 조미료로 사용한 소시지가 제조되고 있다.

아시아에서는 발효, 훈증, 건조 등의 기법을 이용한 육류 제품이 드물게 보인다. 타이에 있는 남(nham, 발효한 우육, 돈육 소시지), 나앙(naang, 발효한 돈육, 우육), 그리고 중국에는 라창(腊肠, lap cheong) 등이 있다.

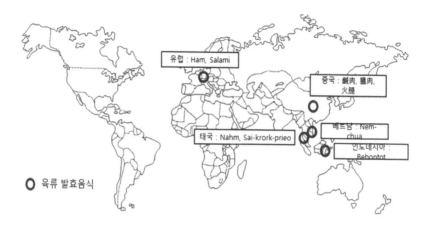

위 지도는 '세계의 고기 발효 음식 분포도'이다. 햄, 살라미 등 육류 발효 음식은 유럽에서는 일반적인 발효 저장 식품이다. 아시아에서는 발효, 훈증, 건조 등의 기법을 이용한 육류 제품이 제한적으로 나타나며, 동아시아에서는 중국을 위주로 찾아볼 수 있다.

9. 알코올음료

발효식품 중에서 가장 큰 부분을 차지하고 있는 것은 바로 알코올음료 즉, 술이다. 발효시킨 알코올음료는 인류가 있는 곳이면 어디든지 존재한다. 이렇게 고대 부족민들이 알코올음료를 만들어 먹은 이유는 아마도 이들이 행하던 공동 의례 때문이었을 것이다. 접신을 위해서도 공동체의 소속감을 위해서도 알코올음료가 필요했던 것으로 보인다. 발효 자체를 경건하고 신성한 의식으로 보았고, 술을 만드는 효모의 활동을 중시하였다.

술은 사회 집단 간 교류와 신성시되는 신에게 경배하는 매체로 이용되어 왔다. 포도주나 맥주, 벌꿀 술, 사과주 등을 만드는 일은 알코올 발효 의식을 되살리는 일이었다. 이처럼 고대 인류가 신성하게 생각해 온 알코올음료 제조법은 크게 곡물을 넣지 않은 발효 음료 제조법과 곡물로 만드는 발효 음료 제조법 등 두 가지로 나눈다.

비곡물 발효 음료, 포도주

최초의 알코올 발효는 포도주인데, 야생 포도를 이용하다가 처음으로 재배하기 시작한 곳은 청동기 시대 동부 지중해 해안 지역이라고 본다. 초기 포도주 발효는 자연에 의존하였고, 중동 지역을 중심으로 넓게 퍼져 나갔으며, 다양한 품종의 포도가 이용되었다.

이집트에서는 토기에서 포도씨가 기원전 3150년에 발견되었고, 이에 기원전 3000년에 포도주가 생산되었다고 본다. 이후 포도주는 중요한 교역 품목이 되었으며, 그리스 경제에 큰 영향을 미쳤다. 포도주는 종교적 의미뿐만 아니라 여러 치료 목적으로도 사용되었다. 중동과 지중해 연안에서 시작된 포도주 산업은 그 이후 남부 프랑스로 전파되었고, 로마를 거쳐 그리스에서도 일반화되었다.

인도에서도 알코올음료를 베다(인도 브라만교 사상의 성전이며, 가장 오래된 경전)가 이루어진 기원전 1100년 이전에 널리 먹고 있었다. 이는 인종에 따라 《라마야나 Rāmāyana》(인도 고대 서사시, 기원전 3세기경)에도 거론되고 있다. 베다 시대에는 치료와 음료의 신인 소마(Soma)를 경배하고, 치료 목적으로 인더스강 주위에서 포도주를 만들었다. 기원전 2세기에는 페르시아에서 중국으로 포도가 전해지면서 포도주 제조 기술이 전파되었고, 북인도와 중국에서도 포도주를 생산하게 되었다.

곡물 발효 음료, 맥주

맥주는 메소포타미아에서 발효 기술이 나타났고, 학설에 따라서는 이집트에서도 비슷한 발효가 이루어졌다고 한다. 5세기에 로마제국이 멸망한 후 북유럽에서는 소규모 지역 발효 업체가 생겨 맥주를 제조하기도 하였다.

곡물 발효 음료, 청주와 사케

아시아에서는 맥아 이용보다는 곰팡이나 효모를 이용한 알코올 발효가 일반적이었고, 주로 곡류를 원료로 하였다. 한국에서는 삼국시대에 이미 곡류를 이용한 발효 음료 기술이 정착되었다고 보인다. 일본에서는 백제인이 알코올 발효 기술을 전파했다는 기록이 있다는 것은 잘 알려진 사실이다.

곡류를 이용한 알코올 발효는 맥아 이용뿐만 아니라, 밀·쌀·옥수수·수수·기장 등이 이용되고 있다. 그 외 세계 각국에는 여러 원료를 이용하여 고유한 알코올성 음료가 다양하게 전해내려 오고 있다.

위 지도는 '알코올음료 발효 분포도'이다. 쌀 문화권에 속하는 아시아에서는 과일을 이용한 과실주보다 곡류를 원료로 한 곡주가 발달하였으며, 특히 쌀을 주원료로 한다. 맥아와 효모를 이용하여 곡류주를 만드는 유럽과 달리 아시아에서는 누룩을 이용한 곡류주 제조가 일반화되어 있다.

10. 나라별로 본 유명한 발효 음식

한국 사람들은 발효 음식으로 김치와 된장, 간장, 고추장과 젓갈을 먹는다. 이외에도 생선을 토막 친 다음 소금, 무 등을 넣고 버무려 삭힌 생선 식해, 과실이나 곡류 등을 발효시켜 음식에 산미를 더해주는 식초, 채소 등을 발효시킨 장아찌, 그리고 발효차 등이 있다. 탁주, 약주, 청주 등 곡류를 원료로 당화시켜 발효시킨 술 또는 포도, 사과 등 당분이 있는 것을 그대로 발효시켜 만든 술도 즐긴다. 우리와 마찬가지로 대부분 나라에는 저마다 고유한 발효식품들이 있다. 그만큼 이 세상에 인류의 역사와 함께 한 음식이 발효식품이기 때문이다. 앞서 발효 음식을 만드는 미생물의 종류에 따른 발효 음식과 발효 음식을 만드는 식재료별로 세계인들의 발효 음식을 살펴보았다. 여기서는 간단하게라도 나라별로 즐기는 발효 음식들을 살펴보고자 한다.

먼저 우리와 지리적으로 가까운 중국에는 우리나라의 된장, 간장과 비슷한 두시라는 것이 있다. 역시 콩 음식이 많이 발달하였는데 루푸(rufu, 乳腐, 쑤푸)라고 하며, 콩 발효식품으로 조직과 풍미가 치즈와 비슷하여 '중국치즈'라고 한다. 더우반장[豆瓣醬, Doubanjiang]은 발효시킨 메주콩에 고추를 넣고 갖은양념을 하여 맵고 구수하고 진한 맛이 특징이다. 세계적으로 유명한 중국의 굴소스(oyster sauce)는 중국 요리에 많이 쓰이는 소스 중 하나로, 생굴을 소금물에 담가 발효시킨 후 맑은 물을 떠내고 간장 상태로 만든다. 우리가 중국 요릿집에서 흔히 만나는 피단(皮蛋), 송화단(松花蛋)은 달걀이나 오리알을 발효시킨 것이다. 중국의 차 중에서도 유명한 것은 발효차로서, 우롱차(烏龍茶, 오룡차)는 오룡종의 차나무에서 만든 청차로, 녹차와 홍차의 중간 정도의 발효로 만들어진 대표적인 발효차이다.

몽골에는 말의 나라답게 마유주(馬乳酒, horse milk wine)라고 하는 말의 젖으로 만든 알코올 도수가 낮은 발효주로, 젖내와 신맛이 난다. 그리고 아룰(aarul)이라고 하는 떡 모양으로 성형하여 천 일간 건조한 숙성하지 않은 생치즈가 있다.

일본에는 우리나라와 비슷한 발효식품이 많다. 우리의 생청국장과 비슷한 낫토(natto)가 있는데, 이는 삶은 콩을 발효시켜 만든 일본 전통 음식이다. 우리의 된장과 가장 비슷한 달짝지근한 맛의 미소(味噌)가 있다. 미소는 세계적으로 잘 알려진 일본 된장이다. 미소는 삼국시대에 우리나라에서 일본으로 전해진 것이라고 알려져 있다. 또 쇼유(しょうゆ)라고 부르는 우리의 양조간장과 비슷한 일본식 간장이 있다. 그리고 나레즈시(熱鮨, なれずし)라고 하는 소금을 뿌린 어육을 쌀밥에 버무려 자연 발효시킨 것으로, 초밥의 시초이다. 우리의 장아찌와 비슷한 쓰케모노(漬物, つけもの, japanese pickle)는 채소 절임 식품으로, 우메보시(매실장아찌), 다쿠안(たくあん, 沢庵, 단무지) 등이 있다. 그리고 시오카라(shiokara)라고 하는 일본식 젓갈이 있다.

동남아시아는 비슷한 발효 음식이 많지만, 그래도 나라별로 독특한 발효 음식들이 존재한다. 먼저 음식으로 유명한 음식으로 유명한 태국에는 우리 청국장과 비슷한 투아나오(thua-nao)가 있다. 남플라(nam pla)라고 하는 우리 젓갈과 비슷한 멸칫과에 속하는 안초비나 고등엇과의 생선에 소금을 넣어 발효시킨 맑고 투명한 액젓이 있다. 새우나 보리새우를 으깨어 발효시킨 새우젓인 가피(kapi)도 있다. 그리고 팍덩(pak-dorng)이라고 하는 채소를 2~3일 또는 1~2주간 발효시킨 것으로, 재료에 따라 배추절임·평지절임·순무절임·양배추절임 등이 있다.

필리핀에는 푸토(puto)라고 하는 찹쌀을 발효시켜 만든 찐빵이 있으며, 타푸이(tapuy)라고 하는 쌀 양조주로 최초의 독 밑에 모인 액체를 퍼내어 마시고 다음에는 대나무 삼태기로 여과하여 마신다. 아차라(atchara)라고 하는 과실 산 발효식품으로 미숙과(未熟果) 파파야 절임이 있다. 인도네시아에는 템페(tempeh)라고 하는 대표적인 콩 발효식품으로 곰팡이에 의해 단단하게 만들어지는 특징이 있다. 생으로 먹지 않고, 간장을 발라 굽거나 얇게 썰어서 기름에 튀기든가 수프에 넣어서 먹는다. 그리고 온쫌(oncom/ontjom)은 땅콩이나 대두박 발효식품으로 적색과 회색이 있고, 과일과 같은 향기가 나며 얇게 썰어 튀기거나 볶거나 수프에 넣어 먹는다.

쌀국수로 유명한 베트남에는 녁남(nuoc nam, 피시 소스)이라고 하는 우리의 어간장(생선 간장)과 비슷한 바다 생선을 몇 달 동안 소금에 삭혀서 만든 어장이 있다. 베트남의 거의 모든 요리에 들어간다.

인도에는 이들리(Idli)라고 하는 쌀가루를 이용해 만든 찐빵과 도사(dosa)라고 하는 남인도의 스낵으로 하루 정도 발효시킨 쌀가루를 반죽해 기름에 두른 철판에 얇게 구운 것이 있다. 그리고 라씨(lassi)라고 하는 걸쭉한 인도식 요구르트가 있다. 난(nan)은 정제한 하얀 밀가루(마이다, maida)를 발효시켜 구운 빵이다. 스자체(sujache)는 우리와 비슷한 청국장류로 삶은 콩을 바나나 잎으로 싸서 발효시킨 후 건조한다. 아차르(achar)는 피클의 일종으로, 고추·라임·망고 등의 채소나 과일을 소금에 절여 발효한 음식으로 시거나 매운 맛이다. 네팔에도 키네마(kinema)라고 하는 동부 산악지대에 사는 기라토족이 즐겨 먹는 청국장류가 있다.

터키에는 라키(laki)라고 하는 아니스(향신료) 향이 나는 토속주가 있으며, 물을 타면 우윳빛으로 변해서 '사자의 젖'이라고도 불린다. 그리고 양젖을 발효시켜 물과 소금을 섞어 만든 신맛이 강한 음료인 아이란(ayran)이 있다.

러시아에는 케피르(Kefir, 케피어)라고 하는 캅카스(Kavkaz) 지방의 전통 발효유와 말의 젖으로 만든 발효유로 케피르와 비슷하나 요구르트 격인 알코올 성분이 많은 쿠미스(koumiss)가 있다.

다음으로 발효 음식이 풍부한 유럽으로 넘어가 보자.

프랑스에는 헝가리에서 유래한 크루아상(croissant)이 있는데, 이는 켜켜이 층을 낸 초승달 모양의 페이스트리로, 밀가루·이스트·소금 등으로 반죽하고 사이사이에 지방층을 형성하여 발효시킨 것이다. 또한, 유럽 전역에서 널리 만들어져 애용되는 식재료인 프랑스의 치즈 종류는 400여 종 이상으로, 지방마다 매우 다양하고 대표적으로 카망베르와 브리치즈(brie cheese)가 유명하다. 프랑스는 잘 알려져 있듯 포도주로 유명한데, 프랑스의 포도주 산지는 크게 보르도(Bordeaux), 부르고뉴(Bourgogne), 론(Rhone), 루아르(Loire), 알자스(Alsace), 샹파뉴(Champagne) 등으로 볼 수 있는데, 지역에 따라 맛, 향기, 색 등이 다르다.

이탈리아에는 마늘 양념을 하여 발효, 건조한 이탈리아의 소시지인 살라미(salami)와 이스트를 넣고 반죽하여 올리브오일을 발라 발효시킨 후 얇고 넓게 성형해 구운 치아바타(ciabatta) 빵이 유명하다. 그리고 발사믹식초가 있는데 이는 '향기가 좋다'는 의미로, 이름 그대

로 향이 좋고 깊은 맛을 지닌 최고급 포도식초이다

그리스에는 포도주의 포도 껍질을 다시 압축해 향료를 첨가하는 소주와 같은 전통적인 술인 우조(oujo)가 있다. 향기가 진한 술로 유명하다. 그리스의 대표적인 치즈로 양의 젖이나 우유로 만들어 신선한 상태로 먹게 만든 페타(feta)가 있다. 그리고 트라하나스(trahanas)라고 하는 밀가루를 발효시키거나 양젖을 발효시켜 끓여 건조하여 비스킷 모양으로 저장하여 뜨거운 물이나 육즙을 넣어 수프의 형태로 먹는 저장성이 높은 발효식품이 있다.

투우의 나라인 스페인에는 세계적으로 유명한 하몽(Jamón, Jamon)이 있는데, 이는 전통적으로 공기가 맑고 수분이 적절하며 바람이 찬 스페인 산악 지방에서 생산되는 대표적인 저장 육류 제품이다. 돼지 뒷다리를 소금에 절여 6개월가량 발효시켜 만든 훈제하지 않은 생햄을 말한다.

독일에는 사우어크라우트(sauerkraut)가 있는데, 주로 기름기 많은 고기 요리와 함께 먹는 독일식 김치이다. 독일의 대표적인 술로 보리와 호프, 물만 사용하여 제조하는 순수한 맥주가 유명하다.

영국에는 서머싯주 남서부 체더 마을의 이름을 따서 만든 수분 함량이 낮은 천연치즈로 크림색의 온화한 산미가 있고 독특한 단맛과 향을 내는 체더치즈(cheddar cheese)가 있다. 또한, 육류, 생선 요리에 사용하는 간장색의 소스로 시고 짠맛이 나는 우스터소스(Worcester sauce)가 유명하다. 채소와 향신료를 삶은 국물에 소금·설탕·빙초산 등과 조미료를 첨가하는 소스로, 1850년경부터 영국의 우스터시(市)에서 판매되었기 때문에 이러한 이름이 붙었다.

네덜란드에는 수분 함량이 낮은 하드(hard) 치즈로, 담황색 또는 버터 빛깔을 띠며 부드러운 맛이 특징인 하우다치즈(Gouda cheese, 고다치즈)가 유명하다.

스위스에는 흔히 '스위스 치즈'라고 불리는 에멘탈(Emmental) 지방에서 유래한 에멘탈 치즈가 유명하다.

불가리아는 요구르트의 나라답게 소나 산양의 젖을 초벌구이 항아리에서 저온 발효시켜 만든 것이 특징으로, 코카스 지방에서 오래전부터 제조하고 있는 발효유인 요구르트가 유명하다. 또한, 버터를 만들 때 나오는 부산물로서 지방 함량은 약 0.5%로 레시틴을 많이 함유하고 있으며, 신맛이 나는 음료인 버터밀크(butter milk)가 유명하다.

마지막으로 자국 전통 음식이 거의 없는 미국에서는 발효주인 맥주와 와인이 유명하며, 브릭(brick)이라고 하는 젖산균으로 숙성한 벽돌 모양의 독창적인 방법으로 만들어낸 자극적인 맛이 나는 최초의 미국 치즈가 있다. 그리고 우리의 고추장과 비슷한 핫소스(hot sauce)가 있다. 톡 쏘는 향과 매운맛이 나는 소스로, 타바스코 소스(Tabasco sauce)가 대표적이다. 명칭은 멕시코의 타바스코주에서 유래하였으며, 타바스코고추(*Capsicum frutescens*)를 참나무통에 보관하여 소금과 식초를 넣고 3년 이상 발효시켜 만든다.

발효가 만드는
세상

발효는 미생물이 만드는 세계이다. 미생물의 작용으로 발효 네트워크가 만들어진다. 그리고 네트워크가 모여 세상을 만든다. 그러니까 발효는 사람들이 좋아하는 음식을 만들 뿐 아니라 공동체(네트워크)를 만든다. 가정을 만들고, 마을을 만들고, 종가를 만들고, 또 민족을 구성한다. 현재 이 시대를 살아가는 우리들의 음식 공동체로는 장 만들기 공동체를 비롯해 김장 공동체, 식초 공동체 등이 있다.

생각해 보면 발효 음식은 공동체를 중심으로 이어 내려온 문화이다. 혼자서 장을 빚고 김치를 만들기보다 가정 내 구성원이, 종가에서, 마을에서, 그리고 사찰에서, 왕실에서 함께 모여 발효 음식을 만든다. 이러한 공동체적 문화가 발효 문화이다. 발효 문화는 면면히

세대를 이어 내려오고 있다.

9장에서는 바로 이러한 발효 공동체를 찾아보려 한다. 발효 공동체는 가정, 마을, 사찰, 종가, 왕실 등으로 규정한다. 이에 앞서 발효 음식을 만드는 중요한 무형문화재와 식품명인(食品名人)들을 찾아보았다. 그리고 한국 사회의 다양한 발효 음식 문화 공동체─종가, 장수 마을, 사찰, 왕실, 북한─를 찾아 소개해 보고자 한다.

1. 발효 음식 무형문화재와 식품명인

국가무형문화재는 연극·음악·무용 및 공예 기술 등 무형의 문화적 소산으로서 역사적·예술적 또는 학술적 가치가 큰 무형문화재 가운데 그 중요성을 인정하여 국가에서 지정한 문화재이다. 현재 발효 음식 분야의 국가무형문화재는 민속주(전통주) 부문에 경주 교동법주, 면천두견주, 문배주 등이 지정되어 있다. 그리고 지방 무형문화재로는 전통주로서 서울 삼해주, 서울 송절주, 강원 옥로주, 서울 향온주, 한산 소곡주, 중원 청명주, 아산 연엽주, 계룡 백일주, 달성 하향주, 청원 신선주, 안동 소주, 김천 과하주, 전주 이강주, 진도 홍주, 김제 송순주, 정읍 죽력고(竹瀝膏), 제주 오메기술·고소리술, 금산 인삼백주, 청양 구기자주, 대전 송순주, 대덕 국화주 등이 있다.

전통식품명인과 수산식품명인
전통식품명인 제도는 '식품산업진흥법'에 따라 그해 식품의 제조·

가공·조리 분야에 계속해 20년 이상 종사하거나 전통 식품의 제조·가공·조리 방법을 원형대로 보존하고 있으며, 이를 그대로 실현하는 등 자격 요건을 갖춘 자를 대상으로 지정하는 제도이다. 시도지사가 사실 조사 등을 거쳐 농림축산식품부 장관 또는 해양수산부 장관에게 지정을 추천하면, 식품산업진흥심의회 심의를 거쳐 지정하게 된다. '식품명인'은 국가가 지정하는 해당 식품 분야 명인으로서 명예를 얻게 되고, 명인이 제조하는 해당 제품은 '식품산업진흥법' 제14조 제2항에 따라 '식품명인' 표시를 할 수 있게 되어 명인 제품 소비 촉진에도 기여하게 된다. 전통식품명인은 2020년 현재 제80호까지 지정되어 있다. 대부분 발효식품을 윗대로부터 전수하여 평생 만들어 온 분들로서 '명인' 칭호를 준다.

농림축산식품부 지정 전통식품명인의 발효 음식 분야

- **술:** 송화백일주, 금산인삼주, 계룡백일주, 안동 소주, 문배주, 전주 이강주, 옥로주, 구기자주, 계명주, 민속주왕주, 김천 과하주, 한산 소곡주, 안동 소주, 추성주, 옥선주, 솔송주, 감홍로주, 죽력고, 산성막걸리, 병영소주, 오메기술, 삼해소주, 설련주, 연잎주, 제주 고소리술
- **김치:** 포기김치, 배추통김치, 백김치, 해물섞박지,
- **장류:** 진장, 순창고추장, 어육장, 동국장, 천리장, 소두장, 즙장, 된장
- **식초:** 감식초, 흑초, 보리식초
- **기타:** 매실농축액, 노티 떡, 식혜

---

79 농촌진흥청·국립농업과학원(2014~2016). 지역별 종가·명가 내림 음식 조사 발굴 사업.

해양수산부 지정 수산식품명인의 발효 수산품 분야

• **젓갈 및 식해** – 숭어 어란, 새우젓, 어리굴젓, 참게장

2. 종가의 내림 발효 음식

과거로부터 면면히 이어지는 전통 발효 음식을 현대에도 만난다는 것은 흥분할 만하다. 지금도 이어지고 있는 발효 음식을 만날 수 있는 곳은 종가이다. 수백 년 세월을 종부들이 이어 내려온 내림 음식에는 단연 발효 음식이 대부분이다. 우리나라 음식 문화는 시어머니에서 며느리로, 어머니에서 딸로 전수(내림)되어 오고 있다. 그중 종가 음식은 예부터 조선시대 권력층의 대표적인 음식 문화로 전승되고 있다.

2014~2016년에 농촌진흥청의 종가 내림 음식 연구[79]에 세부 책임자로 참여하여 서울·경기 지역과 충청 지역 종가의 내림 음식을 조사 발굴한 적이 있다. 조사 시에 중요한 것이 종가의 기준이었다. 일단 종가의 기준은 종손과 종부는 종택에 거주해야 하며, 종택이 없으면 같은 마을 내에 종택을 건립하여 종가 음식을 전승하는 지역적 기반을 확보해야 한다. 이를 중심으로 살펴보았을 때 종가 선정 기준은 '내림 음식을 보유하고 종부(종녀) 등을 통해서 내림 음식이 전수되고

---

80 농촌진흥청(2010). 《내림에서 나눔으로, 종가와 종가 음식》. 농촌진흥청.

81 국립농업과학원. 농촌갤러리(https://famersgallery.modoo.at/).

있는 가문 위주로 선정'하는 것을 우선으로 하였다. 그다음으로 내림 음식의 기준을 다음과 같이 정하였다. ① 종부를 통해 2세대 이상 전승된 음식, ② 한국의 식재료를 중심으로 한 음식─ 해외 식재료(100년 미만), 조리법을 활용한 퓨전 음식 등은 제외, ③ 가문의 이야기가 담긴 음식, ④ 지역 특산품을 이용해서 조리한 음식, ⑤ 일반적이지만 해당 가문에서 특별한 명칭(사투리)으로 부르는 음식, ⑥ 고조리서에 기록된 음식과 비교 가능한 음식(조리법) 등이었다.

이러한 엄격한 기준으로 종가의 내림 음식을 선정해 조사하였다. 우리가 막연히 종가 혹은 종가 내림 음식이라고 생각하지만, 이러한 기준에 부합할 때 종가 내림 음식이라고 규정할 수 있다.

현재 조사 발굴된 많은 종가 중 음식으로 이름을 알리고 대중과 만나고 있는 종가는 농촌진흥청이 주관하고 있다. 농촌진흥청은 2010년《내림에서 나눔으로, 종가와 종가 음식》이라는 책[80]을 출간하였다. 여기서는 음식 맛 좋은 종가 15개 가문을 소개하고 있다. 또 '종가 음식 관광 프로그램 운영 시범 사업'의 결과물로 '종가 맛집' 9개소를 열었다. 이에 관한 정보는 농촌진흥청 국립농업과학원 농촌갤러리[81]에서 얻을 수 있다.

여기서는 국가무형문화재인 종가 술인 경주 교동법주와 한국 200여 불천위제례(不遷位祭禮) 종가의 내림 음식 특히, 내림 발효 음식을 보여줄 수 있는 종가를 소개한다. 무작위로 가장 많은 내림 발효 음식을 가지고 있다고 보이는 강릉 창녕 조씨 조옥현 종가와 종가 장류 음식을 가지고 있는 대표적인 두 종가인 보은 선씨 종가와 노산 파평 윤씨 종가를 소개한다.

종가 술, 경주 교동법주(校洞法酒, 국가무형문화재 제86-3호)

경북 경주시 교동에 있는, 12대에 걸친 만석꾼의 부를 이어 왔다는 경주 최씨 가문에서 대대로 빚어 온 전통 있는 술이다. 조선 숙종때 사옹원(司饔院, 궁중 음식을 관리하던 곳)에서 참봉으로 일한 최국선(崔國璿)이 고향에 내려와 빚기 시작한 술로 알려져 있다. 교동법주는 분류상 민속주의 약주에 속하며, 찹쌀로 빚은 청주라 불리기도 한다. 알코올 도수는 16~18도이다.

1986년 국가 지정 중요무형문화재 제86-3호(향토 술 담기)로 지정되었고, 최씨 가문 며느리인 배영신 씨가 기능보유자로 인정받아 제조 비법을 전수해 왔다. 이후 2006년 3월에는 그의 아들 최경 씨가 2대째 기능보유자로 인정받아 350년이 넘는 명맥을 잇고 있다.

교동법주의 주원료는 찹쌀과 물, 밀누룩으로 9월에서 이듬해 3~4월 사이에 만든다. 우선 찹쌀로 죽을 쑨 뒤 여기에 누룩을 넣어 밑술을 만든다. 이후 밑술에 찹쌀 고두밥과 물을 혼합해 덧술을 한 뒤 독을 바꿔 가며 제2차 발효 과정을 거치게 된다. 그리고 무려 100여 일을 숙성시켜야 비로소 교동법주가 완성된다. 이렇게 완성된 법주는 밝고 투명한 미황색을 띠며 곡주 특유의 향기와 감미를 내는데, 이는 술을 빚을 때 사용하는 경주 최씨 고택 내의 샘물(100년 넘은 구기자나무 뿌리가 드리워진 집안 우물물)이 비법으로 전해지고 있다.

한편, 교동법주와 잘 어울리는 특별한 안주로는 사연지가 있다. '싸서 넣은 김치'라는 뜻의 '사연지'는 경주 최씨 가문에서 10대째 내려오는 고유 김치이다. 이는 실고추에 버무린 갖은양념 속을 배춧잎으로 싼 것으로, 담백하고 시원한 맛이 있다.

강릉 창녕 조씨 조옥현 종가의 다양한 내림발효 음식

강릉 서지골(지금의 난곡동)에 자리한 창녕 조씨 조옥현 종가는 조선 말기에 지은 전형적인 양반 가옥이다. 주변에는 드넓은 들판에 둘러싸여 있다. 강릉 창녕 조씨(曺氏)의 시조는 신라 진평왕의 장녀인 선덕여왕과 혼인한 창성부원군 조계룡(曺繼龍)이다. 조선 중기에 그 후손 중 일부가 임진왜란을 피해 강릉에 머물면서 지금의 집성촌을 형성하게 되었다고 전해진다. 현재 이 종가는 강릉시가 지정한 전통 한식점 1호인 '서지초가뜰'을 운영하고 있다. 모내기 때 일꾼들에게 냈던 못밥과 농한기에 이웃들과 화합의 장으로서 나눠 먹었던 '질상' 등을 복원해 선보이고 있다.

동해안에 인접한 강릉 지역은 해산물이 풍부하다. 강릉 창녕 조씨 종가는 이런 지역적 환경과 연관되어 풍부한 먹거리를 접할 수 있었다. 그래서 여러 해산물을 이용한 통배추김치, 쪼고리김치, 다양한 젓갈류 등의 음식이 대를 이어 전해지고 있다. 또한, 국물을 자작하게 끓여 찐 호박잎과 함께 밥상에 내는 뽁작장과 홍조식물인 참지누아리로 담근 장아찌도 이 종가만의 독특한 내림 음식이다.[82] 이러한 종가 내림 음식들은 대부분 발효 음식이다. '종가 내림 발효 음식'을 표로 정리하면 다음과 같다.

---

82 세계김치연구소(2015). 《한국 종가의 내림 발효 음식: 종부의 손맛을 기록하다》. 쿠켄.
　 세계김치연구소(2014). 《한국 종가의 내림 발효 음식 백과》.

표 4 : 종가 내림 발효 음식

구분	종류	내용
김치류	배추김치	김장은 입동을 전후해 한꺼번에 담그는 김치류를 총칭하는 명칭으로, 강릉 창녕 조씨 종가는 바닷물에 절인 배추에 명태 살을 듬뿍 넣고 명태 육수에 불린 고춧가루를 넣고 버무려 담근다.
	쪼고리김치	강릉 창녕 조씨 종가의 쪼고리김치는 말린 무를 고춧가루 양념에 버무린 형태로, 일반적인 무말랭이김치를 의미한다. 쪼고리김치는 말린 무를 다진 마늘과 멸치액젓, 고춧가루 등과 함께 버무려 담근 무말랭이김치이다. 쪼고리는 무말랭이를 뜻하는 강원도 방언이다.
해물김치	서거리지	김장 첫날에는 배추로 통김치를 담그고, 다음 날에 명태 아가미를 넣어 깍두기를 담근다. 서거리지는 서거리를 절인 무·마늘·생강·파 등과 함께 고춧가루에 버무려 담그는 일종의 생선 김치이다. 예부터 해산물이 풍부했던 강릉 지역의 특징적인 김치로, 독특한 향과 맛이 입맛을 돋우는 음식이다. 이 종가의 내림 음식인 '서거리지'를 '서거리깍두기'라고도 하는데, 강원도 일대에서는 '명태아가미깍두기', '명태서더리깍두기', '아가미깍두기' 등으로도 부른다.
	오징어지	강릉 창녕 조씨 종가에서는 김장 전에 명태와 함께 오징어를 장만하여 손질해 두었다가, 입동 전에 김장하면서 오징어지도 함께 담가 20일 정도 숙성한 후 먹는다. 강릉 창녕 조씨 종가의 오징어지에는 어른에 대한 공경의 자세가 고스란히 담겨 있다. 이가 약해져 생무를 드시기 어려운 어르신들을 위해 시루에 찐 무를 이용했고, 오징어도 다진 것과 간 것을 함께 넣어 좀 더 쉽게 섭취할 수 있게 배려했다.
젓갈류	명란곤지젓, 창난젓	명태가 제철인 11월, 12월 즉 동지 이전에 명태의 명란, 창난, 곤지 등을 분리하여 각각 젓갈로 담가 두었다가, 명란은 보름 정도 숙성해서 먹고, 창난은 이듬해 설에 꺼내 먹는다. 반찬으로 인기가 좋은 젓갈은 재료의 쫄깃한 식감과 양념의 감칠맛이 어우러져 입맛을 돋운다. 특히, 명란젓은 피막(皮膜) 속에 꽉 들어찬 작은 알들이 터지면서 독특한 향과 식감을 즐길 수 있어 다양한 음식에 활용된다. 잘 익은 명란젓을 참기름에 무쳐 먹기도 하고 달걀과 함께 찌개에 넣거나 볕에 말려서 구워 먹기도 한다. 창난젓은 무생채에 버무려 반찬으로 먹는다.
	부새우젓	부새우젓은 강릉 경포호수에서 잡히는 조그마한 새우로, 담근 새우젓의 일종이다. 호수에 둥둥 떠다니는 새우라 하여 이름 붙은 부새우는 민물 생선인 잉어나 붕어 등의 먹이가 된다. 몸길이는 1cm 남짓으로 곤쟁이라고도 한다.

구분	종류	내용
식해류	포식해, 소식해	포식해는 명태포의 살을 발라 절인 무와 마늘, 소금, 식혜, 고춧가루, 엿기름가루 등과 함께 하룻밤 재운 후 고두밥에 섞어 숙성시키는 강릉 창녕 조씨 종가의 내림 음식이다. 소식해는 고춧가루를 넣지 않고 담백하게 만든다. 보통의 식해와 달리 엿기름가루와 음료인 식혜를 이용해 단맛이 나면서도 개운함을 더한 것이 특징이다. 포식해와 소식해는 일반적인 어식해의 조리법을 계승하면서도 그 원리를 좀 더 창의적으로 활용했다. 누룩 대신 우리나라 전통 당화(糖化) 방법대로 엿기름가루를 사용해 식해를 발효시키는데, 물 대신 식혜 국물을 한 컵 붓는 것이 독특한 점이다. 식혜는 밥알을 엿기름으로 삭혀 단맛을 낸 음료수이기 때문에 물을 사용하는 것보다 부패 방지가 잘 되고 단맛은 한층 강화된다.
장류	간장, 된장	강릉 창녕 조씨 종가는 고추장과 된장, 간장, 막장 등을 직접 담그는데, '장은 달을 걸쳐서 하면 안 된다'는 풍습이 있어 같은 달 내에 장을 담그고 분리하는 일을 마쳐야 했다. 그래서 강릉 창녕 조씨 종가에서는 간장이 잘 우러날 수 있는 외기 조건을 고려해 3월 초순인 삼짇날에 장을 담가 3월 그믐날에 된장과 간장을 분리한다. 예전에는 간장을 거르고 남은 메주, 즉 된장은 사람이 먹지 않고 여물과 함께 섞어 소먹이로 주었다고 한다.
	고추장	고추장을 두 종류로 담근다. 조청, 찹쌀, 고춧가루 등을 넣고 새빨갛게 만드는 약고추장과 메줏가루와 고춧가루에 조청을 조금 넣어 만든 막고추장이다. 약고추장은 쌈이나 어른 상에 낼 때 사용하고, 막고추장은 조청을 조금만 넣고 만들었기에 달지 않아 찌개용으로 사용한다.
	뽁작장	뽁작장은 감자와 양파 등 제철 채소에 된장과 막장, 고추장을 넣고 물을 부어 끓인 독특한 형태로, 강릉 지역의 특색을 고스란히 담고 있다. 창녕 조씨 종가의 막장은 장을 거르면서 나온 메주를 항아리에 꾹꾹 눌러 담고 그 위에 소금을 넣고 뚜껑을 덮어 장독에 보관한 후 이듬해 3월에 먹는다.
	막장	강원도와 충북, 전남 지역에서 주로 담그는 막장은 메줏가루에 고추씨와 소금, 물을 섞어 보름 정도 숙성시킨다. 강원도에서는 이 같은 막장을 매우 중요하게 생각해 가정에서 빼놓지 않고 담근다.
장아찌류	무장아찌, 고춧잎장아찌, 고추장아찌	장아찌는 무나 오이, 마늘 등의 채소를 간장과 고추장, 된장 또는 식초 등에 담가 오래 두고 먹을 수 있게 만든 대표적인 저장 음식이다. 강릉 창녕 조씨 종가에서는 제철에 난 무와 고춧잎, 고추는 물론 홍조류의 하나인 참지누아리를 이용한 독특한 장아찌까지 다양한 종류의 장아찌를 담가 먹는다. 강릉 창녕 조씨 종가에서는 봄에는 무를 이용한 장아찌를, 여름에는 고춧잎·마늘잎·마늘 등을 채취하여 장아찌를 담그고, 가을에는 고추로 장아찌를 담가 먹는다. 장아찌는 보통 6~7개월 정도의 숙성 기간을 거친 후 먹는다.
	참지누아리 장아찌	이 종가에서는 참지누아리를 '지누아리'라고 부르는데, 이를 이용하여 장아찌를 담그는 내림법이 지금까지 전해진다. 예전에는 봇짐장수들이 말린 참지누아리를 종가로 가져오면 쌀과 바꿔 샀으나, 지금은 교통편이 좋아져 강릉시장으로 차로 이동하여 직접 산다. 지누아리 장아찌 즉, 참지누아리 장아찌는 약고추장에 참지누아리를 넣어 만든다. 참지누아리에 고추장 맛이 배어들어야 하기에 5~6개월 정도 숙성시켜 어른 상에 반찬으로 낸다. 참지누아리는 짙은 홍색을 띠는 바닷말의 한 종류로, 부드럽고 점액질이 많다. 동해안의 바닷가 바위에 붙어 살며, 강원도 근근 지역에서는 즐겨 이용하는 식재료이다. 톳과 비슷한 형태로 4~6월경에 채취한다.

3. 종갓집의 장 담그기

　우리나라 종가는 고택을 그대로 유지하며 전통과 문화를 계승하려고 노력하고 있으며, 장류 전승 환경도 우수하다. 주거 형태가 아파트가 많아지고 마당이나 옥상 등 장독대를 놓을 공간이 없어지면서 장 담그기 문화가 급속도로 사라졌다는 점에 비추어 볼 때 내림 음식을 전승하고 있는 종가의 사례에서 장 담그기 전승 상황을 유추할 수 있다.

　여기서는 종가마다 집안 특유의 장류를 계승하고 있는 종가 사례를 골라 소개한다. 이러한 종가 음식의 기본은 장류이다. 고택을 그대로 보존하며 여전히 장을 담가 각 종가의 내림 음식을 재현하고 있다.

보성 선씨 종가(충북 보은)의 장류

　충북 보은군 장안면 개안길 10-2 아당골에는 선씨 종가[83]가 있다. 이 댁은 종부 김정옥(21대) 씨가 가문의 씨간장, 대추고추장, 대추된장, 대추간장을 전승하고 있다.

　"2006년에 충북 보은에 있는 보성 선씨(宣氏) 종가에서 350년 묵은 간장 1L가 500만 원에 팔렸다고 해서 화제가 된 적이 있다. 대기업 회장이 간장을 사 갔다고 한다. 그 내용인즉 그 간장은 바로 전통에 값이 매겨진 것이었다. 그 종가에는 두 종류의 간장독이 있는데, 하나는 대물림하는 '씨간장 독'이고, 다른 하나는 해마다 담그는 '햇간

---

83 아당골 선씨 종가(http://blog.daum.net/sammanpyung).

장 독'이다. 씨간장 독에 담긴 간장은 350여 년 동안 며느리들이 담가서 대물림하는 것이었다. 그 씨간장은 집안에 의미 있는 행사를 할 때만 쓰고, 줄어든 만큼 햇간장을 보충해둔 것이다. 자연히 씨간장 독에는 350여 년 전부터 해마다 만든 간장이 모두 조금씩 들어 있었다. 그렇게 어우러져서 오래도록 깊이 발효된 맛을 내는 간장이 되었고, 또 그런 맛을 내는 씨가 되는 간장이므로 '씨간장'이라 불렀다. 그 반대로 햇간장에 소량의 씨간장을 부어서 만든 것을 '덧간장'이라고 한다. 500만 원에 팔린 간장은 바로 덧간장이었다."[84]

종부 김정옥 씨는 350년간 내려온 씨간장으로 유명세를 타며 장류 판매 사업을 하고 있다. 아름다운 고택(선병옥 가택)에선 숙박은 물론 고추장 담그기 체험도 제공한다. 김정옥 종부는 시할머니에게서 장 담그기를 배웠다고 한다. 그는 한 인터뷰를 통해 "선대 할머니들과 같이 만든 것이다. 대물림되어 온 씨간장에 내가 만든 햇간장을 부으면 그것이 다시 씨간장이 된다. 이 간장이 팔릴 수 있다는 건 상상도 못했다. 옆집에서 달라면 그냥 퍼주던 것이었다."라며 "옛날과 똑같이 100% 수작업으로 한다."라고 말했다. 안채 후원에 있는 장독대는 담뿐 아니라 대문에 빗장까지 달아두고, 씨간장 독에는 솔가지와 말린 고추, 숯 등을 매단 금줄을 둘러 액막이했다. 2년장 청장, 5년장

84 연합뉴스·세계일보·SBS뉴스(2006. 10. 16.). 보도 자료. "350년가량 된 간장 1리터에 500만 원에 팔려"
    배영동(2008). 종가의 체통과 맛을 잇는 내림 음식. 전통의 맥을 잇는 종가 문화. 한국국학진흥원.
    pp.202-203.
    문화재청(2006). 보은 선병국 가옥.

진장, 7년장 수(壽)장이라 하며, 장을 활용한 내림 음식은 홍어찜, 생더덕도토리전병, 꼬리찜 등이 있다.

오래도록 묵어서 숙성된 간장은 '씨간장'으로서 종가에서 계속 이어 가야 할 간장이고, 그 씨간장 소량을 햇간장에 부어서 만든 간장이 '덧간장'이다. 씨간장이야말로 상대적으로 더 전통적인 간장이고, 덧간장은 햇간장에 씨간장을 덧씌워서 전통적인 맛을 내는 간장이다. 음식으로 전승되는 전통이란 바로 이런 것이다. 씨간장 독에 담긴 간장은 모두 350여 년 묵은 것이 아니라, 매우 최근에 만든 간장까지 함께 어우러져서 묵은 맛을 내는 간장이다. 350년 묵은 전통은 이처럼 해마다 조금씩 달라지고 새로워진 것까지 함께 한 덩어리가 되어 있는 것이다.

논산 파평 윤씨 종가(충남 논산)의 교동전독간장

교동전독간장은 충남 논산시 노성면 교촌리 306번지 명재고택 종녀인 윤경남 종녀가 담고 있는 간장이다. 논산 파평 윤씨 종가에서는 거의 모든 음식에 씨간장인 '교동전독간장'을 쓴다. 전독의 '독'은 항아리, '전(傳)'은 대대로 전해 내려온다는 뜻으로 일종의 씨간장이다. 파평 윤씨 종가를 교동댁이라고도 불러 '교동전독간장'이라 불리게 되었다.

교동전독간장은 햇장을 담가 묵은 간장에 부어 만든다. 270여 년 동안 이어졌으며, 장을 귀하게 여겨 장 담그는 날에는 사흘 전부터 목욕을 하고 집 안을 깨끗이 하는 문화가 남아 있다. 장독대에는 종부 허락 없이는 들어갈 수 없다. 오래 숙성시키는 교동전독간장은 짠맛이 덜하고 향이 깊다. 일반 가정보다 메주가 네 배 이상 들어가 간장 양을 적게 빼는데, 간장 항아리를 열어보면 메주만 보일 정도라고 한다. 숙성 기간도 6개월 정도로 길어 깊은 맛과 향이 나며 염도가 낮아, 어느 음식에나 쓸 수 있다.

윤경남 종녀는 어머니에게 배운 대로 모든 음식에 소금 대신 교동전독간장으로 간을 하고 있다. 윤경남 종녀가 가장 정성을 다하는 공정은 메주 만들기다. 일반 가정보다 메주를 많이 써서 메주 만들기만 20여 일간 할 정도다. 메주는 마루에 볏짚을 깔고 일주일간 말리고, 짚으로 동여매 처마 밑에 40일 정도 매달아 둔다. 일반 가정과 달리 논산 파평 윤씨 종가에서는 장 숙성 기간에 장항아리 뚜껑을 열지 않는다. 또 보통 장을 담근 지 40일이면 장 가르기를 하지만, 교동전독간장은 6개월 정도 지난 후 추석 무렵에 가른다. 장을 가른 후 햇간장 항아리마다 간을 보면서 씨간장을 넣는다. 장김치, 노성게장, 떡

파평 윤씨 교동전독간장(좌), 파평 윤씨 명재고택 장독대(우) ||||||||||||||||||||||||||||||||||||

전골 등이 대표적인 내림 음식이다. 윤경남 종녀는 어린 시절 배가 아프거나 탈이 나면 어머니가 간장을 떠서 먹였다고 한다. 종갓집인 명재고택은 한옥 스테이는 물론 다양한 문화체험을 할 수 있다.

4. 장수 마을의 발효 음식─구례, 곡성, 순천, 담양

사람들은 오래 그리고 건강하게 살고 싶어 한다. 최근 의학의 발달로 수명이 길어지면서 100세인(centenarians)을 만나기가 어렵지 않게 되었다. 그래서 특히 100세인들에 대한 연구가 많이 이루어지고 있다. 도대체 이들이 무엇 때문에 그렇게 건강하고 오래 사는가? 많은 연구 결과가 나오고 있지만, 이러한 원인에는 그들의 먹거리가 빠지지 않는다. 실제로 많은 사람이 그들이 무엇을 먹고 그렇게 건강하게 오래 살고 있는가를 알고 싶어 한다.

다행히도 이러한 물음에 대한 답이 있다. 아직도 많은 것이 더 연구되어야 하겠지만, 일단 나온 답은 이렇다. 장수인들이 특히 많은 마을이 있으며, 이 마을들은 현재 '장수 마을'로 불린다. 이러한 장수 마을을 살펴보면, 산수가 좋아 좋은 장을 생산하고 있으며, 또한 장수 노인들은 장을 즐겨 먹는다는 점이다.

발효 음식이 건강에 좋다는 설명은 잘 알려져 있다. 그렇다면 장수인들은 발효 음식을 얼마나 어떻게 먹고 있을까? 세계적으로 코카서스의 장수촌에서는 요구르트를 많이 먹으며, 지중해 연안에서는 올리브와 채소, 과일, 포도주를 많이 섭취하는 등이 장수의 중요한 한

원인으로 볼 수 있다.

우리나라는 어떨까? 이 답을 오래전 본인이 음식 문화연구자로 참석한 장수 지역 건강영양조사 연구를 통해서 이야기해 보고자 한다. 이 연구는 우리나라의 대표적인 장수 지역 벨트를 형성하고 있는 구례, 곡성, 담양, 순창 지역의 행정구역 단위인 '면'을 중심으로 비교적 80세 이상의 장수 노인이 많은 면을 선정하여 장수 대상자 총 534명의 13%인 70명을 심층 면접 대상으로 정하고 이루어졌다.[85][86] 조사 방법은 응답자가 자유로이 화제를 진행하게 하는 심층 면접(in-depth interview)을 통하여 개별 사례를 조사하여 장수인들의 음식 문화 특성을 파악하고자 하였다. 개인 생애사(life history) 속 음식 이야기라는 큰 주제를 중심으로 즐겨 먹었던 음식과 조리 비법, 전통 음식의 발전을 위한 견해 등 개인의 삶을 통한 음식 이야기를 자유롭게 이야기하는 형태로 이루어졌다.

김치, 된장, 간장, 고추장 식단[87]

장수 마을의 장수 노인들은 거의 매끼 된장국과 김치류, 젓갈류 등의 발효 음식을 중심으로 하는 한국 전통 음식을 섭취하고 있었다. 우리 조상들은 식품의 장기간 보존을 위한 기능적인 방법으로 발효

---

85 박상철(2009), 〈장수 지역의 장수 요인 분석과 고령 친화 산업 발전 방안 개발〉, 보건복지부.

86 김미숙 외(2013), 〈호남 건강 장수 지역의 우수 한식 발굴 및 한식 세계화를 위한 문화상품화 방안 연구〉, 농림축산식품부.

87 정혜경·김미혜(2012), 〈전남 구례와 곡성·장수 지역의 80세 이상 고령인의 음식 문화 특성 연구〉, 《한국식생활문화학회지》, 27(2).

에 의존하였다. 만약 발효라는 과정을 발견하지 못하고 한철에 생산된 잉여 식품들을 모두 부패하도록 방치하였다면 생존이 위협받았을 것이다. 음식을 안정적으로 공급하는 데 기여한 것이 바로 발효 과정을 통한 보존식(밑반찬)의 확보였다.

조사 대상자의 메뉴에서 된장국과 된장찌개 그리고 김치류가 가장 즐겨 먹는 음식이었다. 즉, 발효 음식을 중심으로 하는 한국 전통 음식을 즐겨 먹었다. 발효 음식은 제철, 자신이 살고 있는 지역에서 생산된 식재료(로컬 푸드로, 반경 16km 기준)로 숙성 기간을 거쳐 만드는 슬로푸드이다. 우리나라 발효 음식의 가장 대표적인 것은 김치이다. 김치는 우리 식탁에 필수적이며 독특한 발효 음식이다. 또한 된장, 간장 및 고추장 역시 대표적인 발효 음식이다. 대상자들은 거의 매끼니 식사에서 김치류를 섭취하는 것으로 나타났다.

장류는 단백질 함량이 비교적 높은 식품으로, 곡류를 주식으로 해 온 채식 위주의 한국인에게 단백질을 공급해 온 중요한 식품이다. 된장은 콩을 원료로 하는 저장성 발효식품이기에 콩에서 유래한 활성 물질들, 불포화 지방산, 이소플라반(isoflavan), 트립신(trypsin) 억제 인자, 식이섬유소, 비타민 E 등 암을 예방할 수 있는 활성 물질이 존재한다. 그리고 고추장도 비교적 즐겨 먹는 음식으로 나타났다.

장이 채식에 좋은 이유, 비타민 B₁₂

조사 당시 서울대학교 노화연구소의 박상철 교수는 장이 몸에 좋은 발효식품이라는 점은 잘 알지만, 특히 우리나라의 된장에는 비타민 B_{12}가 많다는 점을 밝혔다. 원래 비타민 B_{12}는 동물성 식품에 많이 들어 있는 영양소로, 우리나라와 같이 채식 위주의 식사를 하는 사람들에게는 부족한 영양소로 지적되어 왔다. 그런데 우리나라 100세인들의 혈액 속에 이 비타민 B_{12}가 낮지 않다는 점이다. 의문이 아닐 수 없었다. 그런데 한 외국인 여성 과학자가 "서구 100세인 이상 고령인에게는 30%가 비타민 B_{12} 부족을 겪고 있는데, 어째서 고기를 거의 안 먹는 한국 100세인들은 정상이냐?"라고 질문했는데, 이를 지적한 바를 추적해 보니 바로 우리나라의 된장·청국장·김치 등과 같은 발효 음식에 이 비타민 B_{12}가 많다는 점이다.

그러나 콩이나 두부·배추에는 들어 있지 않다가 발효 과정을 거치면서 된장·청국장·김치 등에 비타민 B_{12}가 생성된 것으로 파악된다. 된장은 식물성 식품인데도 발효 과정 중에 비타민 B_{12}가 형성된다는 점이고, 이를 먹은 한국인들은 채식 위주의 식사를 함에도 문제가 없었다는 사실이다. 놀라운 사실이 아닐 수 없다. 그래서 밥·된장찌개·김치는 장수 식단이라고 결론 내리고 있다.

5. 사찰의 발효 음식

사찰 음식의 역사는 발효 음식의 역사라고 할 수 있다. 그만큼 사찰에서의 발효 음식은 중요하다. 사계절의 변화가 뚜렷한 우리나라는 겨울이면 식재료를 구하기가 어렵다. 특히, 큰 눈이 오면 외부와 고립될 수밖에 없는 산중 사찰에서는 긴 겨울을 나기 위해 음식을 저장해 두고 먹는 일은 생명줄과도 같았다. 그러다 보니 오래 두고 먹을 수 있는 대표적인 저장 식품이 발달할 수밖에 없었다. 대표적인 사찰의 발효 음식으로는 장류, 각종 장아찌, 초절임, 소금 절임, 장절임 등의 절임류와 미리 말려두었다가 쓸 수 있는 튀각류와 부각류, 그리고 김치 등이 있다.

이러한 발효 저장 식품은 영양소 파괴를 줄이면서, 채소에 부족한 영양을 보충해 주기도 하였다. 최근 건강한 식생활을 추구하는 외국인들에게 채식과 프로바이오틱스가 큰 관심사로 떠오르면서 한국의 대표적 채식인 '사찰 음식'에 대한 관심이 커지고 있다.

다양한 사찰 김치

김치는 한국 채식 문화의 다양성을 담고 있으며, 사찰 음식은 심신 수행을 위해 가장 엄격한 단계인 비건(vegan: 채소, 과일, 해초 따위의 식물성 음식 외에는 아무것도 먹지 않는 철저하고 완전한 채식주의자) 음식을 고수하고 있다는 점에서 이 두 가지를 하나로 모은 것이 바로 '사찰 김치'이다.

사찰에서는 계절과 지역, 재료에 따라 다양한 김치를 담근다. 고유한 방법으로 사찰마다 독특한 맛이 특징이다. 김치에 마늘·파·양파·부추 등의 오신채(五辛菜)와 젓갈류를 넣지 않고, 간은 조선간장과 소금으로 한다. 달콤한 맛을 내거나 풍미를 더하기 위해 배·감 등의 과일을 넣기도 한다. 사찰 김치는 젓갈이나 어육류를 사용하지 않을 뿐 아니라, 마늘·파·부추 등과 같이 향이 강한 식재료를 넣지 않는다. 식물성 식재료의 다양한 배합과 조리·가공을 통해 담백하고 깔끔한 맛을 내는 특징이 있다.

　사찰 김치 종류는 배추김치, 백김치, 갓김치, 오이김치, 총각무김치, 열무김치, 깍두기, 깻잎김치 등이 있다. 사찰에서 재료의 참맛을 살려 담그는 김치로는 전국적으로 약 50종이 알려져 있으며, 자극적인 양념을 쓰지 않아 담백하고 깔끔한 맛이 난다고 한다. 알려진 대표적인 사찰 김치로는 해인사의 상추김치, 범어사의 씀바귀김치, 통도사의 가죽김치, 불국사의 연근김치, 송광사의 죽순김치, 신흥사의 취나물김치, 여수 향일암의 파래김치 등이 있다.

사찰의 김장문화

　우리나라 최초의 김장의 역사를 보여주는 돌 항아리는 바로 사찰에 전해진다. 속리산 법주사에 묻혀 있는 돌 항아리[石瓮]가 신라 33대 왕인 성덕왕 19년(720년)에 설치되어 김칫독으로 사용되어 온 것[88]이다. 그동안 사찰에서 약 1,500여 년 동안 이어 온 김장 역사를 이 돌 항아리가 증언하고 있는 셈이다. 이후 고려에서는 불교의 영향으로 살생을 삼가서 육식은 쇠퇴하고, 누룩·국수·소금·차 등의 제조를 했다고 전해진다.

　우리나라 김장문화가 유네스코 인류무형문화유산으로 등재되면서 세계적인 관심이 커지고 있다. 사찰에서도 고유의 독특한 김장문화

88　충청북도 유형문화재 제70호

속리산 법주사의 김칫독 석옹(石瓮, 돌 항아리) ||||||||||||||||||||||||||||||||||||||||||||||||||||||||||||||||||||

가 구전으로 전해져 오고 있고, 자료는 거의 없는 실정이다.

전국 전통 사찰을 대상으로 김장문화 실태를 알아보고, 계절별 김치 종류 및 양념류를 조사하여, 사찰의 독특한 김장문화의 보존과 계승을 위한 기초 자료로 제공한 연구[89]로, 현존하는 사찰 김장문화를 살펴보자. 이 연구에서는 2014년 11월부터 2015년 2월까지 전국의 80개 사찰을 대상으로 설문 조사했다. 조사 대상 중 도심 사찰은 전체의 28.7%, 산중 사찰은 71.3%이다. 비구 사찰이 76.3%, 비구니 사찰이 23.8%이다.

조사 대상 모든 사찰에서 직접 김장을 하고 있었다. 최근 김장문화

89 안희복·이심열(2015). 〈사찰의 김장문화 실태조사〉. 동아시아식생활학회 학술발표대회 논문집. pp.130-
130.

가 일반 가정에서 핵가족화, 간편화가 이루어지면서 김장문화가 점차 감소하는 추세이나, 많은 스님이 공동생활을 하는 대부분의 사찰에서는 공동체 김장문화가 잘 전수되고 있었다. 흥미로운 점은 일반인이 스님 대신 김장을 주관하거나, 김장 보관을 땅속 장독대 대신 김치냉장고를 사용하는 등 이전과 달라진 점이 눈에 띄었다. 최근 현대화, 간편화 추세에 있는 우리나라 식생활이 사찰에도 반영되어 있음을 보여주는 예라고 할 수 있다.

조사 대상 사찰에서는 일반 가정에서 김장할 때 주로 사용하는 파·마늘 등 오신채와 젓갈과 같은 동물성 식품의 사용이 제한되고 있어서 불교 김장이 잘 유지되고 있었다. 대체용으로 버섯류·다시마·들깨·조선간장·된장 등의 천연 조미료를 사용하고 있었다. 또 이 조사에서는 김장 김치를 소외된 이웃에게 나누어주는 행사를 통한 불교의 나눔 정신도 잘 지켜지고 있었다. 이러한 독특한 사찰의 김장, 김치 문화는 자랑스러운 문화유산으로서 홍보하고 보존 계승돼야 한다.

사찰의 장 담그기 문화

"오신채와 육식을 절제한 사찰 음식의 기본은 장이다. 장은 사찰 음식의 가장 중요한 양념이자 식재료이기에 장 담그는 날은 중요한 날이다."라고 스님들은 이야기한다. 그래서 사찰에서 장 담그기(메주를 항아리에 넣어 소금물 붓는 과정)는 중요한 행사이다. 장 담그기를 하면 대개 첫날 메주 세척 및 소금물 내리기, 항아리 소독하기(볏짚 태우기) 등에 이어 둘째 날 장 담그기를 하며 대중들이 날을 받아 참여하기도 한다.

이에 그치지 않고 사찰에서 만든 된장과 식초, 전통차, 그리고 직접 농사로 수확한 과일 등을 장터에 내다 팔기도 한다. 이를 승시(僧市) 한다고 한다. 승시는 스님들이 필요한 생활 물품을 구하고 사찰에서 생산한 다양한 물품을 내다 팔던 곳으로, 승시는 세간과 출세간, 물질과 정신이 함께 만나는 자리라고 하였다. 이렇게 사찰의 장 담그기는 중요하며, 이를 일반 대중과 나누는 것도 중시하였다.

사찰의 장류 문화가 발전한 원류는 중국이다. 중국 당나라 말 선종이 독립한 이후 중국 선불교의 자립적 생활 방식과 그 음식 문화는 주변국인 한국과 일본에 큰 영향을 미쳤다고 한다. 선종의 본격적 수입은 단순히 종교 사상만 받아들인 것이 아니라, 선불교 종단의 음식 문화까지 받아들인 것이다. 특히, 매일의 일상에서 빼놓을 수 없는 장류 문화는 장고와 같은 사찰 건축물과 사찰 음식 문화에도 지대한 영향을 미쳤다.

사찰 음식과 관련하여 풍부한 문헌을 가진 중국이나 1697년에 쓰인 일본의 불교 음식서, 《화한정진요리초 和漢精進料理抄》나, 그림 설명을 곁들인 식재료를 자르는 크기와 음식 끓이기를 언급하고 있는 다양한 문헌은 일본 불교 음식 연구의 밑천이 되고 있으나, 아쉽게도 우리는 실물 음식과 관련해서는 의지할 문헌이 보이지 않는다고 한다.

통일신라시대 실상사의 장고(醬庫)

전북 남원시 산내면 소재 지리산 자락의 실상사(사적 제309호)에서 통일신라시대 선종 사찰 고원(庫院)[90] 시설인 장고(醬庫)[91]가 확인되었다.[92] 실상사 북쪽 담장 외곽 구역에 자리한 장고는 정면 1칸 이상, 측면 3칸 규모의 통일신라시대 건물지이다. 장고의 내부에서는 대형 항아리를 묻기 위한 수혈(竪穴, 구덩이) 38기가 확인되었는데, 폭 5.4m의 중심 칸에 4열씩 열을 맞추었다. 수혈 내부에서 확인된 항아리는 28기이며, 항아리 내부의 잔존 시료는 분석을 의뢰한 상태이다. 항아리는 밑이 둥근 것과 평평한 것 등 여러 종류로, 입자가 고운 모래땅에 구덩이를 파고 점토를 바른 후 묻었다.

고원 시설에 관한 문헌 기록으로는 남송 시대 중국 선종 사찰의 현황을 수록한 〈오산십찰도 五山十刹圖〉(13세기 중반)의 '장(醬)'과 고려 시대 '천보산회암사수조기'(14세기 초)의 '장고(醬庫)'가 전한다고 한다. 그런데 이번에 실상사에서 확인된 장고는 이 기록들보다 앞서는 것으로 보여 주목된다. 이번에 확인된 실상사 장고는 선종 사찰 고원 시설의 하나이다.

이렇게 우리 불교 음식 문화에서 장이 차지하는 위치가 중요하지만, 그동안 이를 뒷받침하는 문헌이나 유물이 부족하였는데, 이 실상사 장고는 이러한 사찰 장 문화가 얼마나 융성하였는지를 밝히는 중요한 유물이다. 통일신라기 남원 실상사의 거대한 장고와 장독들은 선종 음식 문화에서 장류가 두드러진 음식으로, 각 사찰의 명성 중

90 음식을 조리하는 주방, 창고 등의 부속시설. 주로 가람의 동쪽에 있었을 것으로 추정됨.
91 장과 독을 관리·보관하던 공간
92 문화재청 보도자료(2015. 10. 27.)

일부를 구성하는 요소이다. 앞으로 이에 대한 연구가 더 활발할 것으로 기대한다.

사찰에서 빚는 술, 완주 송화백일주

인류의 역사에서 종교적인 색채가 가장 강했던 음료가 하나 있다. 중세 이후 유럽의 수도원에서 미사를 올리는 용도로 빚어졌으며, 일본 신사에서는 제사 및 봉납용으로, 우리나라에서는 사찰에서 곡차 문화로 이어져 온 음료, 바로 술이다. 특히, 프랑스 샹파뉴 지역을 원조로 하는 샴페인, 그중에서도 1668년 피에르 페리뇽(Pierre Perignon)이라는 수도사의 이름을 딴 돔 페리뇽(Dom Pérignon)은 고급 스파클링 와인의 대명사이기도 하다.

그렇다면 전통적인 종교 기관이라는 의미에서 프랑스의 수도원과 같았던 한국의 사찰에서는 어떤 술을 빚었을까? 대한민국에서 승려가 빚는 술로는 물이 풍부하고 좋다는 전북 완주 모악산(母岳山, 793m) 자락의 수왕사(水王寺)에서 시작한 송화백일주(松花百日酒)가 있다.

유럽의 수도원에서 본격적으로 와인을 만든 것은 로마가 붕괴하면서라고 전해진다. 수도원이 광활한 포도밭을 관리하고, 미사에 쓰일 와인도 직접 제조한 것이다. 수도원의 수도승은 당시 최고의 와인 기술자가 되기도 한다. 우리나라의 사찰에서는 다양한 이야기가 전해지는데, 그중 하나가 고산지대에 자리한 사찰의 경우 승려들의 건강 문제였다. 높은 산에 있다 보니 기압차나 온도차 등으로 냉병이나 혈액 순환 장애, 두통 등이 발병했다. 이를 예방하기 위해 소나무 꽃을 이용하여 곡차(穀茶)를 빚어 마셨다고 전해진다.

곡차라는 이름이 본격적으로 등장한 것은 조선 중기의 유명 승려인 진묵대사(震默大師)의 기록이라고 전해진다. 호탕한 성격으로도 잘 알려진 진묵대사가 수왕사에 머물면서 곡차라 하면 마시고, 술이라 하면 마시지 않는다는 기록이 수왕사 사지에 있다. 이 뜻은 술을 차와 같이 음미하며 천천히 마신다면 차가 될 것이나, 취하기 위해 마시기만 한다면 그것은 술이 된다고 풀이된다. 사찰에서는 술이 금기였지만, 닫힌 기를 돌리는 약이었던 동시에 차와 같은 역할도 한 것이다.

현재 송화백일주를 만드는 사람은 농림축산식품부 식품명인 조영

귀 씨이다. 벽암 스님으로도 불리는 그는 불교에 귀의한 종교인으로, 현재 전북 완주군 소재 수왕사(水王寺)의 주지 스님이다. 12살에 용화 선원 전강 스님에게 출가해서 성하(性下)라는 이름을 받고 17살에 수 왕사에 들어가게 되었는데, 이때부터 본격적으로 송화백일주를 만들게 된다. 앞서 언급한 진묵대사의 열반 기일제에 송화백일주가 쓰이게 된다. 1994년도에는 식품명인 1호로 지정, 2013년도에는 전북 무형문화재 6-4호로 지정된다. 늦봄에 채취하는 송화, 늦가을에 채취하는 솔잎을 증류한 후에 1~3년간 숙성시킨다.

송화백일주는 이름 그대로 송화를 넣은 술에 100일 이상 숙성하는 술이다. 송화는 늦봄에 채취하며, 솔잎은 수분이 빠진 가을에 채취한다. 특히, 송화는 포대로 10자루 정도의 솔잎과 송절을 채취해야 겨우 한 봉지 정도의 송화만 나올 정도로 귀한 재료이다. 이렇게 힘들게 채취한 솔잎과 송절을 물에 풀면 송홧가루가 뜨게 되고, 그것을 채취하여 말리는 과정을 거친다. 여기에 송화와 솔잎, 산수유, 오미자를 넣어 송화죽을 끓여 1차 발효하고, 이후 찹쌀과 멥쌀을 넣어 주며 최종 네 차례의 발효를 통해 청주가 완성된다. 이렇게 완성된 청주를 증류한 후에 다시 한번 송화·솔잎·산수유·오미자 등을 넣고 1~3년 숙성시키면 송화백일주라는 증류주가 완성된다. 색은 송홧가루가 주는 황금색, 향은 솔잎이 주는 청아함, 목 넘김은 알코올 도수 38도라는 묵직함이 살아있는 느낌이다.

6. 왕실의 발효 음식

　조선 왕실의 식생활에서도 발효 음식은 각별하였다. 한국 음식의 기본은 바로 발효 음식에서 나오기 때문이다. 왕실에서는 장고를 두어 장을 보관하고 이를 엄격히 관리하였으며, 채소나 김장을 관리하는 관아인 침장고(沈藏庫)를 두었다. 그리고 발효 음식인 식해는 왕실 제사에도 오르는 귀중한 찬물이었다. 왕실의 발효 음식에 대해 살펴보자.

왕실의 장

　왕실에서는 크게 간장을 청장·중장·진장으로 분류해 사용했다. 장은 달이지 않고 해마다 담가 한 해씩 어린 장을 묵은장 쪽으로 보태는 방법, 즉 덧장법으로 사용했다. 청장은 일년장으로 맑고 담백해 국의 간을 맞추거나 나물을 무칠 때, 중장은 일반적인 음식에 두루 쓰이고, 진장은 검은 콩 메주로 만들었다. 이 중 진장은 계속 해를 묵혀 맛이 짙고 달며 조청같이 걸쭉한 농도인데, 육포·조림·장김치·약식 등을 만들 때 쓴다.

　왕실에서는 메주를 직접 띄우지 않고 자하문 근처 사찰에서 만들어 가져갔다. 이 메주를 '절메주'라 불렀고, 봄에 검정콩을 삶아서 햇풀에 띄운 것이며, 보통 메주의 4배 정도로 컸다고 한다. 된장은 궁녀들이 개별적으로 해 먹는 찬에서나 썼으며, 왕족들의 찬에는 별로 쓰지 않은 듯하다. 고종과 순종 때는 일 년에 한두 번이나 절미된장조치로 찾을 정도였다고 전한다.

《원행을묘정리의궤 園幸乙卯整理儀軌》(1795년)에는 혜경궁 홍씨의 수라에 미나리나 파, 생선회를 찍어 먹는 용도로 장 종지에 고초장 (苦椒醬)이 놓였다.

하사품으로 쓰인 왕실의 장

왕실에서 장은 왕족들의 일상 음식에서 가장 많이 쓰이지만, 잔치나 제사에도 많이 쓰이며, 가뭄·풍수해·화재 시에 백성들을 구휼하기 위해, 신하가 상을 당했거나 공을 세우거나, 주변에 어려운 사람에게 하사하는 품목의 우선순위에 들었다.

실록에 보면 세종·정조 때는 굶주린 백성에게 1명당 나누어진 식량은 성인은 쌀 4홉, 콩 3홉, 장 1홉을, 어린 사람에게는 절반이었다. 태종 때는 호군이나 노인에게 장 1독을 하사했다. 세종·단종·세조·성종·명종 때에도 신하들의 식구가 어려운 지경에 처했을 때 쌀과 함께 장을 내린 기록이 여러 차례 나온다.

궁중의 장을 관리하던 관청은 쌀·밀가루·술·장·기름·꿀·채소·과일을 담당하는 내자시(內資寺)와 사도시(司䆃寺)이다. 장을 담그는 일이나 관리하는 일은 대전·중궁전·세자전마다 따로 살림을 하니 소속된 궁녀들이 맡아서 했을 것이다. 창덕궁 〈동궐도〉 장고를 자세히 살펴보면 옆에 자그마한 기와집과 염고가 보이는데, 거처하며 장고 관리를 전담하게 한 증거로 볼 수 있다.

순종비 윤 황후를 직접 모시던 지밀나인 김명길 상궁이 구한말의 궁궐 풍속을 구술한 책 《낙선재 주변 樂善齋 周邊》에는 장고에 관한 이야기가 나온다.

이에 따르면, 낙선재 뒤에 있는 장고에는 '장고마마'로 불리던 이완길 상궁이 있었는데, 교실보다 큰 면적에 바닥을 높이고 주위에 벽돌담을 둘렀으며, 한편으로 출입문이 있고 큰 빗장을 두르고 자물쇠를 채워놓았다. 장독은 배가 부른 항아리가 아닌 아가리가 넓은 전이 붙고 1미터도 더 되는 홀쭉한 말뚝 모양의 번들거리지 않는 회색빛 항아리였다. 장고마마는 장독대 옆 기와집에서 살며 나이 어린 궁녀인 생각시 두세 명을 데리고 아침 일찍 몸을 단정하게 한 후 독을 반들거리게 닦으며 들여다보고, 비어 있는 장을 어린 장으로 항상 가득차게 하는 일을 했다.

고추장을 좋아한 영조

조선 21대 국왕 영조(英祖)의 고추장에 대한 사랑은 조선시대의 국가 기록물이었던 《승정원일기 承政院日記》에 20회나 기록될 정도였다. 특히, 영조는 궁 밖에서 들여온 순창 고추장을 너무 좋아하여 《승정원일기》 1754년(영조 30) 11월 20일, 1761년(영조 37) 8월 2일 기사에 영조는 순창사람 조언신(趙彦臣, 1682-1731)과 조종부(趙宗溥) 집안의 고추장을 즐겨 먹었다는 기록이 남아 있는데, 8월 2일 기사에는 "나는 지금도 그 맛을 잊을 수 없다[予迨今未忘也]."라고 하였다.

고추장을 가장 좋아했던 영조는 70대 중반에 입맛이 떨어지는 것을 걱정하며 오랜만에 맛있는 음식을 먹고 난 후 송이·생전복·고추장 및 새끼 꿩 등 네 가지가 별미라 했다. 고추장 없이는 밥을 못 먹을 지경이었고, 궁에서 담근 것보다는 신하 조종부의 집에서 담근 것만 찾았다고 한다. 순창 조씨 가문의 고추장이 지금은 순창 고추장 지역의 진상품처럼 알려졌지만, 18세기 숙종 때 나온 《소문사설 謏聞事說》에는 순창 고추장 만드는 법이 소개될 만큼 널리 알려졌다.

장으로 만드는 찬류

메주는 콩 삶은 것을 쌀가루와 섞어 띄운 후 고춧가루·엿기름·찹쌀로 죽을 만들어 단간장을 섞고, 전복·대하·홍합을 넣고 같이 담그는 법이니 지금과는 다르다. 순종을 모셨던 마지막 상궁 한희순에게서 전수한 상추쌈 차림에서는 갖가지 장으로 만든 반찬들로 차린다. 채소에 밥을 넣고 싸 먹기 위해 절미된장조치, 생선 감정, 약고추장, 장똑똑이, 보리새우볶음, 참기름이 찬으로 준비된다. 쌈 채소는 상추·쑥갓·가는 파이며, 한련화 잎도 쌈 재료였다고 한다. 절미된장조치는 쇠고기와 표고를 넣어 조린 쌈장이며, 병어 감정은 생선 살을 고추장에 끓인 것이다. 옛날에는 진상품 생선인 웅어를 썼다고 한다. 약고추장은 고추장에 쇠고기볶음과 꿀·참기름을 넣고 윤이 나게 볶은 것이며, 장똑똑이는 채 썬 쇠고기를 간장에 조린 것이다. 쌈을 싸서 먹을 때는 잎을 뒤집어 손바닥에 놓고 밥을 얹은 후 마련한 찬을 조금씩 얹고 참기름 한 방울을 떨어뜨려 싸 먹는다. 채소를 많이 먹으면 몸이 차지는 것을 걱정해 쌈을 다 먹고 난 후 몸을 따뜻하게 하는 계피차를 내놓는 것도 약식동원을 알 수 있는 왕실 음식의 색다름이다.

경복궁의 장고와 〈동궐도〉(창덕궁과 창경궁)에 보이는 장고

조선시대 왕실에서는 장을 따로 보관하는 장고(醬庫)를 두었다. 전통적으로 우리나라의 장은 식생활에서 중요한 위치를 차지해 왔다.

경복궁에는 함화당·집경당 동서쪽으로 두 곳의 장고가 있었는데, 2005년에 함화당 서쪽의 장고를 복원하였다. 2001년 발굴, 2005년 복원했으며, 2011년 공개했다. 그런데 이 장독들은 기존의 왕실에서 쓰던 장독이 아니라, 전국의 옹기들을 선별해 조성한 것이라 아쉽기는 하다.

장고란 우리나라 음식의 기본이 되는 된장·고추장·간장·젓갈·술 등을 담가 보관하던 곳이다. 〈북궐도 北闕圖〉에 따르면, 서쪽 장고의 경우 예성문을 출입문으로 하여 담을 두르고, 내부에는 크고 작은 장독을 계단식 장독대에 담근 연도별로 배열하였다. 큰 독에는 간장류,

경복궁 장고

작은 독에는 된장류를 담갔으며, 항아리에는 젓갈류를 주로 보관하였다.

궁궐에서는 장고를 관리하는 상궁을 따로 두어 일명 '장고마마'라고 하였다. 장고마마는 엄격하기 그지없었는데, 그도 그럴 것이 우리 조상들은 장맛이 변하면 나라에 큰 변고가 있을 것이라고 할 정도로 중요하게 여겼기 때문이다. 따라서 매년 길일을 골라 장을 담갔으며, 장맛이 좋게 되기를 염원하는 마음에서 제를 지내거나 고추를 새끼에 엮어 금줄을 치는 등의 의식을 행하기도 했다. 또 평상시에는 항상 문을 잠가 용무가 없을 때는 함부로 드나들지 못하게 하였다.

그리고 조선시대의 장고를 그림으로 만날 수 있는데 이는 바로 〈동궐도 東闕圖〉(1826~1830년경)이다. 〈동궐도〉는 조선시대 본궁인 경복궁의 동쪽에 자리한 창덕궁과 창경궁을 함께 그린 그림으로, 지금까지 밝혀진 우리나라의 궁궐도 중에서 규모, 내용, 수준 등 모든 면에서 가장 뛰어난 대표적인 궁궐도라고 할 수 있다. 제작 시기는 1824~1827년이라는 주장이 가장 유력하나, 확실하지 않다. 5절 6면의 16개 화첩으로 구성되어 있으며, 완전히 폈을 때의 크기는 세로 273cm, 가로 584cm의 초대형 그림이다. 비단에 먹과 채색을 써서 창덕궁과 창경궁의 여러 건축물과 수목, 조경 시설물 등을 자세하게 묘사한 작품으로, 조경사적 측면과 아울러 건축 및 회화사적으로 대단히 우수하고 중요한 자료이다.

이 〈동궐도〉에는 여러 곳에서 장고가 보인다. 다음 그림과 같이 조선 후기 창덕궁과 창경궁의 모습을 볼 수 있는 〈동궐도〉에는 궁중의 식생활에 관여했던 공간인 주원(廚院), 소주방(燒廚房), 외주방(外廚

〈동궐도〉 속 장고

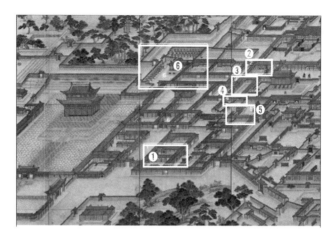

(❶ 주원 ❷ 내주방 ❸ 외주방 ❹ 수라간 ❺ 소주방 ❻ 장고)

출처: 〈동궐도〉, 문화재청.

房), 내주방(內廚房), 수라간(水刺間), 생물방(生物房), 장고(醬庫) 등을 볼 수 있다.

주원은 사옹원(司饔院)으로, 왕의 식사와 대궐 안의 음식물 공급에 관한 일을 관장한다. 사옹원의 '옹(饔)'은 '음식물을 잘 익힌다'는 뜻으로, 궁중에서 이루어지는 왕가의 식생활에 필요한 식재료를 받아 조리 가공하여 일상의 식사 및 연회식, 제사식 등을 마련하여 올리는 업무를 담당하였다.

그리고 〈동궐도〉에서 창경궁의 서쪽 영역에는 통명전이 있고, 통명전의 서쪽 바로 옆에는 장을 담근 수없이 많은 항아리가 놓인 장고가 있었다. 동궐도에서는 영춘헌과 집복헌 뒤편으로 올라가는 길 건물 뒤편에 장독들을 보관하는 장고가 있었다. 창경궁에는 많은 왕실 가족이 살았기 때문에 통명전 서쪽 편 언덕과 함께 두 곳의 장고를 두고 있다.

왕실의 김치

왕실의 제사와 연향 및 각 전에서 필요한 채소 공급은 왕실에 침장고(沈藏庫)라는 기관을 두어 관리했다. 조선 태조 때 처음 생겼는데 각종 채소를 재배하고 소를 키우는 일을 담당했는데, 1466년(세조 12)에 사포서(司圃署)로 고친 후 김장 채소를 담당했다.

그러면 왕실에서는 어떤 김치를 먹었을까? 궁중 일상식이 기록된 의궤인 《원행을묘정리의궤》(1795년)에는 윤 2월 9일부터 16일 사이 올라간 김치류가 다음과 같이 나온다. 침채(沈菜)와 담침채(淡沈菜)로 나누어져 있다. 침채는 수근(水芹, 미나리), 교침채(交沈菜, 섞박지), 청근침채(菁根沈菜, 무김치), 청과(靑瓜), 백채(白菜)이다. 그리고 담침채는 백채, 청근, 수근, 치저(雉菹, 꿩김치), 산개(산갓), 해저(醢菹, 젓국지), 석화잡저(石花雜菹, 굴송송이)가 수라상에 올라갔다. 이 당시 김치 재료는 지금의 통배추가 아니라, 주로 미나리·무·비결구배추·산갓·오이 등이었다.

이후 구한말 시기의 수라상에 올린 궁중 김치는 한희순 상궁에 따르면, 깍두기인 송송이, 싱겁게 담근 국물김치인 담침채, 무와 배추에 작게 썰어 해물 조기젓을 넣어 섞어 담근 교침채 등 세 가지라고 하였다.

연회에 사용된 김치 담그기

왕실 잔치인 진찬(進饌)이나 진연(進宴)에서도 김치는 상차림에 올라갔다. 1848년과 1877년의 잔치에는 김치 종류 중 배추로 담그는 숭침채(菘沈菜)가 있었고, 1887년, 1892년, 1901년, 1902년 잔치에는 무·파·고추·소금 등이 들어간 청근침채가 올라갔다. 또 1901년 잔치에 오른 장침채(醬沈菜, 장김치)는 간장 국물에 담그는 김치로서, 그 재료는 배추·무·파·오이·고추·마늘·생강·간장·소금·잣·꿀·고춧가루 등이다. 특히, 궁중 김치로 단연 장김치만 한 것이 없다고 했다. 장김치는 맛을 내는 데 가장 중요한 것은 장맛이며, 궁중에서는 10년 이상 묵힌 장을 이용하기에 그 맛이 조청과 같이 달고 일품이라 했고, 폐하(순종)께서 즐기신다는 기록도 있다. 이후 일제강점기인 1924년 11월의 〈조선일보〉에는 다음과 같은 글이 실렸다.

> "… 배추 약 1만 통, 무 약 2,500관 중에서 덕수궁 애기씨 것과 광화당 마님, 그 외에 종친 세 분과 배추 약 5백 통, 무 약 2백 관가량을 연례로 하사하시고 그 나머지로 궁내의 김장을 하게 된다. 궁내의 평년 김장은 지름김치로 섞박지 7, 깍두기 4, 보쌈김치 2, 동치미 5, 장김치 2로 합하여 17개의 항아리를 하고, 겨울 김치로 통김치 48, 깍두기 15, 섞박지 42, 무깍두기 2, 동치미 18, 보찜김치 2, 무김치 22, 원앙김치 1, 짠김치 4, 만두김치 2 합하여 156독가량을 하게 된다."

이 증언으로 일제강점기 왕실 김장의 분량을 짐작할 수 있다. 이 또한 일찍 먹는 지레김치와 본 김치를 나누어서 하였다고 전한다. 지레김치는 싱겁게 하고 젓갈이나 해물이 많이 들어간 김치로 볼 수 있다. 본 김치는 조금 짜게 하여 설날이 지나서 먹는다. 그리고 김치 종류 중 만두를 해 먹기 위해 만두용 김치를 담그는 것도 특별하다. 그런데 원앙김치는 알려지지 않은 김치이다.

왕실의 김장 풍경

구한말에서부터 일제강점기에 궁에 살았던 상궁의 전언에 따르면, 궁의 김장은 입동 3~4일 전후에 시작했으며, 궁 안에 기거하는 사람들까지도 모두 먹어야 하니, 많은 양의 김치를 담그는 일이 보통이 아니었다고 한다. 다듬는 데 하루, 절이는 데 하루씩 걸려 완전히 끝내려면 열흘이 걸렸다고 전한다.

김장은 소주방 궁녀들만 할 수가 없어 침방이나 수방 궁녀들까지 모두 동원되어야만 했다. 가장 많이 담그는 궁중 배추김치는 젓국지로 통배추, 무채에 배·갓·미나리·대파·마늘·생강 등의 양념과 낙지·청각·굴 등 해물이 많이 들어갔다. 젓갈은 새우젓을 쓰고 조기젓은 살은 저며 넣고 나머지는 맑게 젓국을 달여서 썼다. 국물은 넉넉히 넣는데, 양지머리를 끓인 육수와 조기 맑은 젓국을 더해 부었다. 고추는 많이 넣지 않아 지나치게 빨갛거나 맵게 하지 않았고, 무는 큼직하게 썰어 배추김치와 함께 넣어 익혔다고 하였다.[93]

동치미는 배를 많이 넣어 아주 달고 시원하게 담갔는데, 불면증에 시달리던 고종은 배동치미를 국물로 한 냉면을 밤참으로 즐겼다는

---

93 김명길(1997). 《낙선재 주변 樂善齋 周邊》. 중앙일보사.

이야기가 전해진다.

왕실 제사에도 오른 식해

왕실의 제사에도 발효 음식으로 식해가 중요한 제물로 올라갔다. 어해(魚醢)는 원래 생선 젓갈 또는 생선젓 액을 의미한다. 조선시대에는 숭어 식해를 주로 어해라고 하였다. 조선시대에 제물로 다른 생선보다 숭어 식해를 고집한 이유는 왕이 살아 있는 동안 숭어를 물고기의 왕으로 삼고 가장 즐겨 먹었기 때문이다. 그래서 빼어날 수(秀) 자를 써서 숭어[秀魚]라 했다. 언제부터 숭어를 즐겨 먹었는지는 분명하지 않지만, 각 도에서는 제물로 쓰기 위한 진공 외에 수라상에 올리는 밥반찬을 위해 매달 초하루에 숭어를 진공하였다. 수라상에 오를 정도로 귀하게 여긴 까닭에 국가 제향에서 신께 올리는 어해는 곧 숭어가 재료인 숭어 식해가 되었다.

식해는 국가적으로 행한 종묘 제례나 사직단 제례, 영녕전 제례 등 조선시대 중요한 제례에 반드시 올렸다. 대사(大祀)나 중사(中祀) 때 두(豆)에 담아 제물로 올렸다.[94] 조선시대 왕의 영정을 그린 왕실 의궤인《영정모사도감의궤 影幀摹寫都監儀軌》[95]에는 제수(祭需)로 올렸던 식해를 담는 그릇 모양이 상세히 묘사돼 있다. 식해 그릇까지 나

---

94 《만기요람 萬機要覽》,《태상지 太常誌》.
95 1735년(영조 11) 영희전 제2실에 봉안되어 있던 세조의 초상 모사를 기록한 의궤(天), 1748년(영조 24)에 숙종의 어진 모사를 기록한 의궤(地), 1901년(광무 5) 태조를 비롯한 칠조(七朝)의 영정 모사를 기록한 의궤(人)를 천(天)·지(地)·인(人)으로 묶은 것이다.

출처: 《영정모사도감의궤》, 국립고궁박물관.

올 정도로 식해는 중요한 제수였음을 알 수 있다.

7. 북한의 발효 음식

먹거리 사정이 좋지 않은 북한에는 어떤 발효 음식을 즐겨 먹을까? 발효 음식은 아무래도 따뜻한 남한이 북한보다 더 발달한 것으로 보인다. 특히, 호남 지역의 맛은 젓갈이 풍부한 김치 특유의 맛은 대부분 발효의 맛이라고 볼 수 있다. 북한은 선선한 날씨로 발효 음식이 발달하지 않았다고 볼 수 있으나, 오히려 심심한 맛의 김치나 식해 같은 발효 음식이 발달하였다. 북한의 자극적이지 않고 심심하지만 톡 쏘는 맛의 김치를 좋아하는 이들이 많아 앞으로의 인기 김치가 될 가능성이 충분하다. 현재 북한에서는 발효 음식을 어떻게 보고 있을까 하는 궁금증이 생겼다. 지인의 도움으로 이를 해결해 주는 발표 자료를 볼 수 있었고, 이를 간단히 소개하고자 한다.

2019년 8월 체코 프라하에서는 국제고려학회 주최의 세계 학술대회가 열렸다. 여러 분야에서 발표가 있었지만, 민속—식문화 분야에서 북한의 공명성(조선사회과학원)이 〈우리 인민의 식생활 발전에서 민족 발효 음식이 논 역할에 대하여〉를 발표한 것이다. 공명성 교수는 북한의 대표적인 학자라고 한다. 내용은 상당히 흥미로웠다. 북한도 발효 음식을 중요하게 생각하고 있었고, 이를 '민족 발효 음식'으로 규정하고 있었다. 그리고 이 논문에서 우리와 마찬가지로 북한에서의 중요한 민족 발효 음식은 김치·장·젓갈·식초 등으로, 이들 음식이 역사와 민족성을 갖춘 음식으로 강조하고 있다. 발효 음식을 과학적으로 설명하기도 하였지만, 무엇보다 인민의 지혜와 노력이 만든 음식이라는 것으로 인문학적 해석을 중시하였다. 다음과 같은 발효 음식에 대한 정의가 이를 잘 보여준다.

"발효 음식은 우리 인민이 자기의 창조적 지혜와 노력으로 우리나라의 자연 지리적 조건의 특성에 맞게 개발한 것으로 하여 우리 민족의 일상 식생활에서의 영양학적 균형을 보장하는 데 적극 이바지하였으며, 그것은 나아가서 우리 민족 고유의 식생활 풍습을 이룩하는데서 매우 큰 역할을 하였다. 발효 음식은 한마디로 말하여 음식 재료를 발효시켜 만든 음식을 말한다. 다시 말하여 발효 음식은 미생물 또는 그것이 분해하는 효소의 작용에 의하여 낟알이나 과일, 남새,

물고기 등 여러 가지 음식 재료를 띄우거나 삭혀서 일정 기간 저장하여 맛을 들인 음식이라고 말할 수 있다."라고 하였다.

발효 음식의 특징을 과학적으로 살펴본 것으로는 다음과 같은 내용도 있다.

"우선 미생물을 리용한 발효 가공법으로 만들어진다는 것이며, 또한 다른 음식에 비해 제조 기일이 상당히 오래고 위생학적 요구가 높으며, 본래의 음식 재료 맛과는 전혀 다른 맛을 낸다는 것이며, 이와 함께 본래의 음식 재료에 없던 여러 가지 새로운 영양물질이 생겨난다는 것이다."

남한보다는 북한에서 더 발달한 발효 음식인 식해에 관해서도 중요하게 언급하고 있었다. 그런데 식해를 과거 표현대로 '식혜'라고 하고 있었고, 김치의 한 종류로 보고 있어 흥미로웠다.

"물고기를 가지고 만든 독특한 김치인 식혜도 장과 같이 주요한 단백질 원천의 하나로 되어 왔다. 식혜는 우리 인민이 물고기로 담근 특색 있는 동물성 가공 음식으로서 물고기를 젖산 발효시켜 만든 것이다. 우리 인민은 세 면이 바다로 둘러싸인 우리나라의 자연 지리적 조건에 맞게 매우 이른 시기부터 여러 가지 물고기로 음식을 만들어 식생활에 리용하여 오던 과정에 물고기를 젖산 발효시켜 만든 물고기김치 즉, 식혜를 창조하였다."라고 하여 물고기김치라고 하고 있는 것을 볼 수 있었다. 또 물고기 식혜의 주재료를 언급하는 데에서 다양한 식해가 제조되고 있음을 알 수 있다.

"식혜의 주재료로는 가재미·도루메기·명태·대구·칼치(갈치)·오징어·조기·낙지·문어 등 기름기가 적은 물고기가 많이 쓰였다. 이 가운데서도 가재미·도루메기(도루묵)를 제일로 쳤으며, 다음으로 명태·오징어·칼치 등을 일러주었다. 이 밖에 물고기의 아가미·알 등의 부산물과 특이하게는 황해도 연안 식혜와 같이 조개로 만든 것도 있었다."라고 하였다.

결론적으로 "우리 선조들이 창조한 민족 발효 음식은 우리 인민이 식생활을 좀 더 다양하고 합리적으로 조직하는 데서 커다란 역할을 하였으며, 특히 장·김치·젓갈 등은 우리나라 부식물에서 주가 되는 부식물의 하나로 발전하였다."라고 하였다.

북한의 발효 음식은 하나의 정신적인 민족음식으로서의 가치를 중시함을 알 수 있다. 아마 앞으로도 북한 음식 문화 연구에서 이들 발효 음식이 특히 중요하게 연구될 것이다. 통일이 되어 함께 연구한다면 더 많은 발효 음식이 발굴되고 발효를 여러 관점에서 볼 수 있을 것으로 기대한다. 부족하나마 사회과학원의 북한 학자가 세계 학술 대회에서 발표한 내용을 일부 소개하는 것으로 대신한다.

‑   1장. 장인(匠人); 현대문명이 잃어버린 생각하는 손   ‑

‑   2장. 장의 장인들   ‑

‑   3장. 김치와 장아찌 장인   ‑

‑   4장. 젓갈과 식해 장인   ‑

‑   5장. 전통 발효식초 장인들   ‑

‑   6장. 술을 빚는 장인들   ‑

제 3 부

발효
음식의
장인들

발효 음식에 관해 쓰면서 계속되는 의문은 결국 이러한 발효 음식을 누가 만드느냐 하는 것이고, 이는 지속 가능할 것인가의 문제였다. 발효 음식의 지속 가능성에서 가장 중요한 것은 발효 음식을 만드는 사람이다. 현재 발효 음식을 만드는 분들을 만나 발효 음식에 관한 이야기를 들어 보았다.

한국에서는 이러한 전통문화의 전승과 관련하여 각 분야의 기능 보유자를 위한 제도들이 있다. 예를 들어 문화체육관광부의 국가무형문화재 그리고 지방 무형문화재 제도가 이미 있으나, 이 가운데 발효 음식과 관련해서는 대부분 전통주 보유자들이 지정되어 있다. 그리고 농림축산식품부의 전통 음식 보존과 계승을 위한 전통식품명인 제도가 있으며, 해양수산부의 수산식품명인 제도가 있다. 또 신지식인이나 민간 영역에서 지정해 주는 '한식 대가' 등 다양한 제도가 운영되고 있다. 이분들은 발효 음식의 각 영역에서 오랜 세월 노력해 온 분들이다.

그래서 사실 인터뷰어 선정부터 어려웠고, 인터뷰를 진행하는 것은 더더욱 지난한 일이었다. 특히, 선정에 객관적인 기준을 부여하는 데 어려움이 따랐음을 밝힌다. 5개 분야별로 한두 분 정도 만나서, 그분들의 삶과 발효 음식에 관한 생각을 들어보는 인터뷰 시간을 가졌고, 이를 정리해서 남긴다.

필자에게는 한국 발효 음식의 실체에 접근해 보는 시간이었다. 한 분 한 분 그분들의 열정에 머리 숙여 감사드릴 수밖에 없던 시간이었다. 그리고 무엇보다 이 땅에서 발효 음식을 사랑하고 이를 공부하는 모든 분이 다 대상이고 주인공이었다고 생각한다.

1장

장인(匠人); 현대문명이 잃어버린 생각하는 손

그럼, 장인은 누구인가? 사실 장인이란 막연한 개념이다. 사전적 정의에 따르면, "손으로 물건을 만드는 일을 직업으로 하는 사람" 혹은 "예술가의 창작 활동이 심혈을 기울여 물건을 만드는 것과 같다는 뜻으로, 예술가를 두루 이르는 말"로 나와 있다. 영어로는 'master craftsman', 'master artisan'이라고 한다. 쉽게 설명하면 발효 음식 분야에 오래 종사하면서 끊임없는 노력을 통해 발효 음식을 만들어 내는 사람이라고 할 수 있을 것이다.

리처드 세넷[96]은 《장인 *The Craftsman*》[97]이라는 책에서 장인을 설명하면서 장인에 대한 새로운 패러다임을 제시하였다. 그에 따르면,

지난날 인간은 장인 의식을 통해 삶의 의미는 물론 자부심을 느끼며 일과 어우러져 살았으나, 오늘날 장인 의식을 떠받드는 사회적 현상이 실종됨에 따라 장인도 사라져 갔다는 것이다. 21세기에 맞는 새로운 장인은 무엇인가를 고민하면서 상고 시대 도공부터 디지털 시대 컴퓨터 전문가까지 시간과 공간을 넘나드는 장인 분석을 통해 실종되어 버린 장인의 가치를 재정립하고 있다. 별다른 보상이 없더라도 일 자체에서 보람을 느끼면서 세심하고 까다롭게 일하는 장인에 대해 생각한다. 그런데 이 책의 부제는 '현대문명이 잃어버린 생각하는 손'이다. 생각하는 손은 달리 '손맛'이라고 해도 무방할 것이다.

우리는 대부분 장인이라고 하면 단순히 일하는 사람을 말한다. 그러나 그게 아니다. 장인은 마스터 목공이나 마스터 연주자처럼 숙달된 기능을 해야 한다. 마스터가 되기 위해서 장인은 '1만 시간'가량의 실습을 해야 한다. 또 장인은 플라톤이 말한 '아레테'에 해당한다고 보았다. 아레테는 모든 일의 이면에 자리하는 최고의 품질 목표, 그 최고의 경지를 말한다고 한다.

그러나 장인에 관한 좀 더 자세한 설명은 이 책에서 말한 대로 'craftsman'일 것이다. craft를 실기(實技)라고 하면서 기술(technique),

---

96 뉴욕대학교와 영국 런던정치경제대학교 사회학과 교수이다. 유럽 지식인 사회에서도 주목받는 몇 안 되는 미국인 학자 가운데 한 명으로, 노동 및 도시화 연구의 최고 권위자다. 사회학뿐 아니라 건축, 디자인·음악·예술·문학·역사·정치·경제 이론까지 두루 막힘이 없는 그는 우아하고 생생한 글쓰기로 유명하다. 2006년에 헤겔상을 수상했으며, 2010년에는 스피노자상을 수상하였다.

97 리처드 세넷(2010). 《장인; 현대문명이 잃어버린 생각하는 손》. 김홍식(역). 21세기북스.

기능(skill), 일(work)이라는 세 가지 용어의 관계로 해석하고 있다. 그러니까 발효 음식의 장인이란 궁극적으로 기술을 갖추고 기능하는 끊임없이 일을 하는 사람이 아닐까 싶다.

자. 이제 우리나라 발효 음식의 장인들을 찾아 떠나보자.

2장

장의
장인들

우리나라 발효 음식 중에 대표적인 것이 바로 장류이다. 장은 현재 전통식품명인이 가장 많은 분야이다. 농림축산식품부에서 지정하고 있는 전통식품명인부터 살펴보자. '전통식품명인'은 〈식품산업진흥법〉(2007년 12월 7일 제정한 법률)에 따라 당해 식품의 제조·가공·조리 분야에서 20년 이상 종사하거나 전통 식품의 제조·가공·조리 방법을 원형대로 보존하고 있으며, 이를 그대로 실현하는 등 자격 요건을 갖춘 자를 대상으로 시도지사가 사실 조사 등을 거쳐 농림축산식품부 장관 또는 해양수산부 장관에게 지정을 추천하면, 식품산업진흥심의회 심의를 거쳐 지정하게 된다.

2020년 12월 현재 장류 식품명인은 2008년 기순도 명인을 시작으로 2019년 조종현 명인까지 총 13명(사망에 따른 지정 해제 명인 제외)이니, 총 13종의 장이 지정된 셈이다. 식품명인들은 협회를 조직해 활동하며, 명인마다 고유 브랜드가 있다. 또 다양한 기관에서 장인들로 구성한 체험 프로그램, 여행 프로그램, 행사 등을 기획하고 추진해왔다.[98]

표 5 : 농림축산식품부의 장류 분야 전통식품명인(2021. 03. 03. 기준)

지정 번호	성명	보유 기능	지정일	소재지
제35호	기순도	식품(진장)	2008. 08. 05	전남 담양
제37호	권기옥	식품(어육장)	2010. 01. 04	경기 용인
제40호	한안자	식품(동국장)	2010. 12. 28	전남 해남
제45호	성명례	식품(대맥장)	2012. 10. 09	경북 청송
제50호	윤왕순	식품(천리장)	2013. 12. 03	전북 완주
제51호	최명희	식품(소두장)	2013. 12. 03	경북 안동
제62호	서분례	장류(청국장)	2015. 09. 23	경기 안성
제64호	강순옥	식품(순창고추장)	2015. 09. 23	전북 순창
제65호	백정자	식품(즙장)	2015. 09. 23	전남 강진
제67호	정승환	식품(죽염된장)	2015. 09. 23	경남 하동
제75호	양정옥	식품(제주막장)	2016. 12. 08	제주 서귀포
제78호	조정숙	식품(된장)	2018. 11. 30	충북 청주
제36-가호	조종현	장류(순창고추장)	2019. 12. 05	전북 순창

* 지정 해제(사망): 제31호 김병룡(숙황장, 2012. 12.), 제36호 문옥례(순창고추장, 2010.1.)

---

98 대한민국식품명인 정보: 농림축산식품부(https://www.mafra.go.kr) 참조

그리고 현재 우리나라에서 장은 식품 회사에서도 만들어 판매하고 있다. 식품 회사에서는 대부분 양조간장, 혼합간장. 진간장으로 판매하고 있다. 이외에도 한식간장 이름으로 나오는 전통 장을 판매하는 전통 장류 제조업체가 전국에 약 200여 개에 달한다고 한다. 대부분의 업체들이 우리 전통 장을 만들고 지키는 데에 자신의 모든 것을 쏟아 넣으신 분들이라 생각된다.

이외에도 많은 분이 우리 전통 장에 애정을 가지고 만들고 있다. 그동안 여러분의 장을 먹고 시식해 볼 기회가 있었다. 2019년 슬로푸드문화원의 '우리 간장 콘테스트'에 참여하여 수십 종의 우리 전통 장을 맛보고 평가하는 기회를 가졌다. 우리 장이 다양하게 만들어지고 있는 것도 놀라웠고, 장마다 각각 다른 맛을 뽐내는 것도 나에게는 색다른 경험이었다. 그뿐만이 아니다. 일일이 열거할 수 없는 많은 장의 장인들을 만날 수 있었던 것을 홍복으로 생각한다.

1. 생선과 고기로 담근 최고의 장, 어육장을 담그다

2019년 4월 3일 토요일, 남양주시 수동면의 한 한옥에서 담근 어육장에 대한 추억도 잊을 수 없다. 요리 명장이자 오랫동안 요리 학원을 운영한 윤옥희 원장은 이미 수십 년 전부터 우리 장에 깊은 관심을 가지고 소규모로 장 담그기 교육을 하고 있었다. 윤 원장은 우리 전통 장을 담그면서 장의 성분이 궁금하여 국책 연구 기관인 한국

식품연구원에 장 분석까지 의뢰하는 등 그동안 우리 장을 깊이 연구하고 계셨다. 해마다 일반적인 우리 전통 장 담그기 수업을 하고 있었지만, 필자가 참여한 것은 특별한 장인 '어육장 담그기'였다. 그날은 7회 차 어육장 담그기였으니 무려 7년 차에 걸쳐 어육장을 담그고 있었다.

그날 느낀 감동을 SNS에 올렸다. 무엇보다 생생했던 장 담그기 체험이었기에 여기에 그대로 옮겨 본다.

"오늘은 내 생애에 정말 뜻 깊은 날이었다. 한국 요리와 문화연구소 윤옥희 원장님 지도하에 남양주 수동면 수동리 아름다운 한옥에서 어육장을 담갔다. 이제 땅속에서 1년을 곰삭아 내년 2021년 4월에 만날 것이다. 어육장은 소고기·꿩·닭·숭이·민어·도미·가자미·전복·홍합·

새우·파·달걀·다시마·마늘 그리고 중요한 메주와 송화 소금이 들어간 그야말로 최고의 장 담기였다.

지금에서야 꽤 알려지고 유명한 어육장은 사실 《증보산림경제》, 《규합총서》, 《조선요리제법》 등에 그 제조법이 나오는데, 윤옥희 원장님은 7년에 걸쳐 7회의 어육장 담기를 통해 가장 적합한 과학적인 제조법을 완성했다고 한다. 그 집념에 놀라움과 진심 어린 존경을 표한다. 작년에 담가 두 주전에 꺼낸 어육장은 맑아서 놀라웠고, 그 감칠맛이 깊고 깊어 뭐라 말하기 어려웠다.

두장 문화인 우리와 달리 육장, 어장은 중국 원조 장 문화로, 중국에서 1,500년 전에 나온 《제민요술》이나 1,000년 전 《거가필용》에도 나오지만, 우리와는 격이 다르다. 우리가 발달시킨 어육장은 상상을 초월하는 대단한 장이라는 것을 오늘 비로소 현장에서 보고서야 느꼈다.

손수 가꾼 정원과 텃밭에서 나온 두릅·싱아·명이·개망초 등으로 만든 나물과 고들빼기장아찌, 7년 된 묵은지 수육 찜, 그리고 능이버섯을 넣은 닭백숙으로 먹은 점심은 천상의 맛이라 해야 할까? 이 페이스북을 통해서라도 이분이 그동안 우리 장에 기울인 노력과 정성을 알리고 싶어 두서없이 써 보았다. 이런 분들이 계셔서 우리는 행복하다.”

이런 분들이 계셔서 우리 장이 재현되고 지켜지는 것이 아닐까? 계속 지속할 수 있기를 바라본다.

2. 천주교 수사가 담그는 간장과 된장

우리나라에는 현재 전통 장을 담그는 분들이 많다. 천주교 수사님으로, 현재 장을 담그고 계시는 분이었다. 비가 많이 내리던 2020년 7월의 어느 날, 홍천의 작은형제회 물굽이 공동체로 찾아가 만났다.

수사는 어원상의 의미로는 '형제'를 가리키지만, 천주교회에서는 수도공동체의 일원으로 생활하는 남자 수도승을 가리키는 호칭이다. 신자로서 예수 그리스도의 가르침을 더욱 철저히 따르기 위하여 가정과 친척과 고향을 떠나 특정한 수도회에 소속돼 일생을 살아가기로 서약한 수도자들이다.

한승만(한 베드로) 수사님은 2000년에 종신하셨다고 하며 현재 안식년 중이었다. 한승만 수사님은 원래 10년 전 서울 제기동의 '빈민 노숙자를 위한 식당'(2005~2009. 1.)에서 주방장을 하였다. 이렇게 음식 봉사를 통해 음식을 만들면서 우리 전통 장의 중요성을 인식하게 되었다고 한다. 작은형제회(프란체스코 수도회)에서는 3년마다 이동하면서 일하는 것을 원칙으로 한다. 따라서 그동안 진주·산청·서울을 옮겨 다니면서 일을 하였다.

장과의 인연은 2015년 서울 평창동의 한 된장 학교에서 8주간 된장 담기 교육을 받으면서 시작되었다. 이곳에서 배운 레시피에 따라 2015년 메주 두 말로 된장을 담갔지만, 실패하였다. 그러다가 2016~2017년 이순규 된장 학교(뜰안에된장) 장 담그기를 배운 후 다시 장 담그기에 도전하였다고 한다.

장독을 둘러보고 있는 한승만 수사(왼쪽)와 필자 ||||||||||||||||||||||||||||||||||||||||||||||||||||||||||||||||

* 출처: 헬스레터 출판 DB

2018년도 정월, 지금의 장독대를 마련(3,600만 원 정도)하여 장 담그기를 시작하였다. 2018년도 정월에 담근 장으로는 항아리 30개(36만 원 전통 옹기, 8말 반의 콩)에 메주(직접 빚지는 않고 '뜰안에된장' 농장의 메주)를 넣고 장을 담가서 24개월 숙성시킨 후 2020년 1월에 장을 수확하였다. 수확한 된장은 각 수도원에 나누어 드렸더니 다들 맛과 냄새가 좋았다고 평가해 주었다. 이에 힘입어 앞으로 이를 확대하여 된장 학교 설립을 예정하고 있다. 현재는 관구에서 장 담그기가 허락되면 입구 쪽에 마련한 부지에 제대로 된 시설을 갖추고 장 교육 학교를 개소할 예정이라고 하였다.

한 수사님과의 인터뷰에서 굳이 된장 학교를 열려는 이유를 물었다. "이는 종교적인 이유보다는 교육과 체험이 목표이다. 현재 우리나라 장은 산 분해 간장이 주를 이루고 있어 문제다. 이를 바로잡기 위하여 된장 학교를 열고자 한다. 후손들에게 간장과 된장을 제대로 알리는 것이 목표다." 그런데 이 힘든 일을 왜 굳이 하느냐는 질문에는 "주보성인('수호성인'의 전 용어)이신 사도 성 프란체스코의 실천을 중시하는 삶에서 종교적인 그 의미를 찾는다. 그리고 중요한 정신은 정직하게 하는 것이다."라고 하였다.

　수사님께 가장 중요한 것은 원칙에 따른 엄격한 장 담그기였다. 우선 된장, 간장만 담근다(1년에 100말 정도를 목표로 함). 한 수사님은 다음과 같은 엄격한 원칙이 있었다. 반드시 1년에 한 번씩 장독을 바꾸어 주어야 하며, 1,250℃에서 구운 장독(옹기)을 반드시 사용하여야 한다. 옹기는 빚고 나서 불에 구워 나왔을 때 크기가 30% 정도 작아진 것이 정상이다. 최근의 수은을 사용한 옹기는 750℃에서 구운 것으로, 독성이 있다. 특히, 장독대 바닥은 매우 중요하며, 기준을 지켜야 제대로 된 장을 만들 수 있다. 바닥은 35cm(마사토 모래 10cm – 참숯 10cm – 마사토 모래 10cm – 마지막은 반드시 쇄석 5cm) 두께로 해야 한다고 하였다.

　된장은 좋은 국산 콩, 천일염(세척 소금), 지하수를 사용하여 만들어야 한다. 이러한 원칙하에 현재 천주교에서 된장에 관심 있는 분은 없으며, 한 수사님이 유일하다. 그래서 앞으로 된장·간장 학교를 열고 이를 수사 브랜드로 만들고 전 세계인에게 알리고 싶은 마음이 있다. 그동안 장 공부를 위하여 20여 군데의 된장 농원을 다녔으나, 모두 장단점이 있었고 성 프란체스코의 뜻에 따르는 장을 만들고 싶다고 하였다.

한 수사님의 장 담기의 엄격함은 계속 이어졌다. 무엇보다 소금 농도(한반도 중부지역 날씨 기준으로, 염도 17%에서 19%, 18%로 담갔음)가 중요하고 장독에 장류 용도를 밝힌 명찰을 붙여서 혼동하는 일이 없도록 하여야 하며, 간장독, 된장독, 장 가르는 독으로 반드시 나누어서 사용해야 한다. 그리고 햇볕을 쏘이고 이후는 완전히 봉해서 관리하는 게 가장 중요하다고 일러주었다.

사실 그동안 가톨릭 수사였던 페리뇽이 만든 최고의 샴페인 '돔 페리뇽'을 볼 때면 왜 우리는 수사님이 만드신 발효 음식이 없을까 하고 늘 생각해 왔다. 그런 생각으로 홍천에서 장 빚으시는 수사님이 계신다고 해서 만나려고 온 것이다. 역시! 한승만 베드로 수사님. 오랜 세월 빈민 노숙자의 식사를 책임지는 봉사활동을 하시다가 무엇보다 한식은 장이 중요하다는 믿음으로 이 일을 시작하였다고 했다.

지금은 강원도 홍천의 작은형제회 수도원 시설에 계시면서 2018년에 담근 장을 정확히 2년간 숙성시켜 올해 초 처음으로 맛있는 장을 수확하셨다고 기뻐하셨다. 된장을 먹어 보니 정말 맛있었다. 엄격한 장독대 관리부터 적합한 옹기, 국산 콩, 세척한 천일염 관리 등 그 엄격함에 놀라움과 존경심이 들었다. 발효 장 학교의 운영 여부는 관구 허락이 되지 않으면 깨끗이 접겠다고 한다. 수사님이 곧 장 학교를 열 수 있기를 간절한 마음으로 기다려 본다. 이제 돔 페리뇽 같은 우리 수사님의 장이 전 세계에 알려질 날이 머지않은 것처럼 느껴졌다.

2020년도 전통 된장 · 간장 담그기

재료	구입처	비고
메주	뜰안에 된장 - 이순규	장숯, 대추, 솔입, 마른고추, 대나무, 새끼줄, (꿀-산화)
천일염	뜰안에 된장 - 이순규	
항아리	여주석화옹기 - 김경섭	
장 담근 날	2020년 [illegible]월 15일 토요일 (음력 : 1월 [illegible]일)	
항아리	8말반 항아리 6개 사용	
메주(양)	메주 48말(288개) 사용 【1항아리 - 메주 8말(48개) × 6항아리】	
천일염(양)	천일염 258kg 사용 【1항아리 - 천일염 43kg × 6항아리】	
물(양)	물 960ℓ 사용 【1항아리 - 물 160ℓ × 6항아리】	
염도(%)	염도 18% 사용 (보통 17 ~ 19%)	
장 가른 날	2020년 월 4일 15일 (수요일)	
된장 1, 2, 3, 4	된장 항아리 4개 【1항아리 - 된장 12말 × 14kg (168ℓ)】	
간장 1 2 3	간장 항아리 3개 (8말반: 2개, 5말반: 1개)	
항아리 개폐	2021년 1월초 유리 뚜껑 위에 본 뚜껑을 덮는다	
개봉하는 달	2022년 3월	
봉사자 4명	서울 [illegible] 성당 4명 [illegible](루시아), 한미란(헬레나) [illegible](마리아), 심재옥(스콜라스티카)	

한승만 수사님이 보여주신 '장 담기 지침서'는 얼마나 엄격하게 장을 담그는지를 보여주는 자료라서 제시해 본다.

3장

김치와
장아찌 장인

발효 음식에서 현재까지도 우리의 밥상을 지키는 것은 김치이다. 김치 없이 한국 밥상은 성립하기 어렵다. 대기업부터 시작해 소규모 김치 공장도 많아 김치 사업에 종사하는 사람도 매우 많다. 현재 광주광역시에는 국가 연구기관인 '세계김치연구소'(김치산업진흥법에 따라 2010년 1월 1일 설립)에서 김치 미생물을 비롯한 발효 연구도 과학적으로 진행 중이다. 외국인들도 한국 하면 김치를 떠올린다고 하니, 한국 이미지 상품이기도 하다. 그러니 다른 발효 음식에 비해 김치 분야에는 장인도 명인도 그리고 김치 전문가도 많다. 김치에 관해 어떤 분과 인터뷰해야 할지가 큰 숙제였다.

우선 정부나 광역 및 기초 지방자치단체에서 지정한 김치 장인들을 살펴보았다. 농림축산식품부의 김치 분야 전통식품명인으로는 현재 김순자(제29호, 포기김치), 유정임(제38호 포기김치), 강순의(제57호, 백김치), 이하연(제58호, 해물섞박지) 씨 등이 지정되어 있다. 현재 김치는 가장 많이 팔리는 발효 음식이고, 또한 홈쇼핑을 통해서도 가장 많이 판매되는 전통 식품이기에 김치 관련 전문가들은 상당히 많다. 이외에도 외국에까지 우리 김치를 소개하고 다니는 전도사인 '박광희김치'의 박광희 대표도 있다. 얼마 전 찾아가 본 박 대표의 강원도 평창 김치 공장에서 여러 종류의 김치를 먹어보았는데, 특히 민들레김치는 특이하면서도 맛있었다. 김치로 유명한 전라도 쪽에서는 주부 대부분이 김치 명인이라고 해도 될 정도로 김치에 대한 애정도 깊고 김치를 잘 담그는 분들이 많다. 해마다 광주 김치 축제를 통해서도 김치 명인 수상자들이 배출되고 있다.

그런데 내게 인상 깊었던 김치 전문가가 있었다. 미국의 음식 평론가인 마이클 폴란은 그의 책, 《요리를 욕망하다》 중 〈발효 음식〉 편을 쓰기 위하여 한국을 특별히 찾았고 국제슬로푸드한국협회와 연결되어 남양주를 방문한 적이 있다. 실제로 김치 담그기를 배우기 위해서였다. 이때 필자도 이 모임에 참여하여 마이클 폴란과 한식 관련 인터뷰를 했다. 그로부터 2년쯤 후에 이 책이 출판되었고, 한국의 발효 음식으로 김치가 소개된 것을 볼 수 있었다.

마이클 폴란은 이 책에서 자신이 만난 인상적인 요리 선생님으로 한국의 이현희 씨를 소개했다. 그녀에게서 김치 담그기를 배웠는데, 몇 시간의 짧은 만남에서 주방에서의 자신을 발견하는 데 중요한 계기가 되었다고 썼다. 이현희 씨는 김치를 담그는 데에는 100가지의 서로 다른 방법이 있고, 그녀가 가르치는 방법은 어머니와 할머니에게서 전수한 한 가지 방법에 불과하다고 말했다는 것이다.

그러면서 그녀는 예로부터 한국인은 입맛과 손맛이 있는데, 입맛이란 입안에서 미뢰가 느끼는 화학적인 맛을 뜻하는 풍미인 데 반하여, 손맛은 단순한 풍미보다 훨씬 많은 것을 의미한다. 손맛은 음식과 관련된 무한히 복잡한 경험이며, 음식을 만든 개인의 특성, 즉 음식을 준비하면서 담은 정성, 생각, 개성이 뚜렷하게 새겨져 있다는 것이다.

"이현희 씨는 손맛은 속일 수가 없으며, 우리가 배춧잎 한 장 한 장에 양념을 발라 오므린 후 항아리에 담는 이 모든 고생을 하는 이유도 손맛 때문이라고 말했다. 그때 나는 불현듯 깨달았다, 손맛은 사람의 맛이라는 것을." 마이클 폴란은 이렇게 묘사했다. 마이클 폴란이 감동한 이현희 씨야말로 한국의 이름 없는 김치의 장인이 아니겠는가. 우리나라는 곳곳에 이렇게 숨은 김치의 장인들이 차고도 넘치는 '김치 요리의 나라'이다.

1. 김치 장인, 이하연 명인

전통 식품 김치 분야 명인인 이하연 대표는 2020년 현재 대한민국 김치협회 회장직을 맡고 있다. 현재 한식당을 25년째 운영 중인 김치 전문가이다. 인터뷰이로 정하는 게 부담스러웠다. 맨 마지막에 인터뷰를 진행하게 된 이유이다. 개인적으로 그녀를 알게 된 지도 십수 년이나 되었다. 그녀의 김치는 너무 유명하고 잘 알려져 있어 더 보탤 것이 있을까 싶었다. 그러나 김치 명인을 잘 모르는 일반 독자도 있을 수 있고, 무엇보다 김치를 향한 그녀의 삶 자체가 드라마틱해서 소개하기로 하였다. 그녀가 마지막으로 자신의 김치에 대한 열정을 피우기 위해 마련한 경기도 남양주시 조안면 삼봉리에 소재한 김치 곳간에서 그녀를 만났다.

이하연 명인은 스스로 음식 만들기를 좋아하고 특히, 김치를 사랑하여 그 분야에서 최고의 자리에 오른 사람이다. 지금도 그녀는 대중과 소통하기를 좋아해 김치 박람회에서는 직접 김치 담그는 시연을 즐긴다. 요새 유튜브가 대세라는 말에 유튜브에 도전해 수만 명의 구독자를 가지게 되었다고 좋아했다. 유튜브에 아낌없이 자신의 김치 비법을 소개해 자신의 제자들이 말렸을 정도이지만, 다 알려야 장인의 자세라고 생각해 김치 담그기를 열심히 전도하고 있다.

전라북도 익산시 웅포면 곰개 출신인 그녀는 9남매의 막내였다. 어려서부터 어머니를 도와 음식 일을 하기 시작하였고, 이를 통해 음식을 배웠다. 어머니는 음식 솜씨가 좋았다. 어머니의 고향은 전북 임실로 임실과 가까운 전라남도 음식의 영향이 있었다고 하였다. 현재 그녀가 좋아하는 고들빼기김치는 자신의 고향인 전북 익산에서는 담지 않으나, 어머니는 임실이라 전남과 가까워 어려울 때부터 이 김치를 담갔고 지금도 가장 좋아하는 김치라고 한다.

봄에는 미나리김치가 맛있었고, 가을에는 고들빼기김치가 최고의 맛을 낸다고 하였다. 또 가장 기억나는 김치를 물었더니 재미있게도 셔틀김치(?)가 있었는데, 너무 맛있고 기억나는 감치라고 대답하였다. 어릴 적에 구전으로 전해져 셔틀김치라고 들렸는지 그녀는 그렇게 기억하고 있었다. 그러나 이름이 의아하여 생각해 보니 아마도 이 김치는 덤불김치로 추측된다. 무의 잎과 줄기, 또는 배추의 지스러기로 담근 김치를 덤불김치라고 한다. '덤불'이 수풀이 어수선하게 엉클어진 것을 가리키는 말이니 '덤불김치'가 어떤 모양인지도 쉽게 짐작할 수 있다. 어떤 세련된 김치보다도 어릴 적에 맛있게 먹었던 무나 배추의 지스러기로 어머니가 담갔던 그 김치가 가장 기억에 남은 소울김치라는 것이다.

어릴 때 막내딸로 자라나고 언니들이 혼인하면서 모두 집을 떠난 후 어머니를 따라다니면서 도왔고, 특히 김치도 어릴 때부터 어머니를 도와 담그면서 익힌 것이 후에 김치 담그기의 바탕이 되었다. 김치 담글 때 전라도식인 확독에 양념을 넣어 짓찧어 만드는 법으로 담갔다고 한다. 그리고 주로 불을 때서 밥을 하고 떡도 많이 하였다고 하니, 전통 음식을 만드는 마지막 세대일지도 모르겠다. 아마도 음식이 맛있는 전북의 맛 솜씨와 어머니의 영향이 컸을 것이다.

결혼하면서 서울로 올라와 스물아홉 살에 남편을 유학 보내고 처음에는 햄버거를 팔았지만, 장사가 안 되었다고 한다. 그래서 자신이 담근 김치와 돼지고기를 넣은 50원짜리 만두로 바꾸어 리어카에서

서울 서초동 소재 발효아카데미센터에서 보쌈 김치 강의 중인 이하연 김치 명인 ‖‖‖‖‖‖‖‖

* 출처: 헬스레터 출판 DB

팔았는데, 사람들이 줄을 서서 사 갔다고 한다. 하루 세 시간밖에 못 자면서 만든 50원짜리 이 '길거리 고급 만두'는 사람들의 입소문을 타고 삽시간에 인기를 끌었다. 그게 바탕이 돼 한정식집을 열었고, 김치 사업으로까지 발전했다. 그때 깨달은 것은 내 가족에게 먹인다는 생각으로 음식을 까다롭게 만들면 성공한다는 것이다.

이하연 명인이 김치 사업에 뛰어든 것은 2003년이었다. TV 뉴스에 강원도 지역 폭우로 배추와 뭇값이 폭등하는 바람에 중국산 김치가 무더기로 수입되는 장면을 보고 저건 아니라는 생각이 들어 바로 김치 사업에 뛰어들었다고 한다. 그 후 빙어김치, 홍어김치 등 실험

* 출처: 헬스레터 출판 DB

적인 김치도 많이 만들어 보게 되었다. 또 멍게김치, 갓김치, 총각김치, 전복김치, 해물섞박지, 비늘김치 등 수도 없이 많은 김치를 만들었다. '비늘김치'는 총각무보다 약간 큰 초롱 무에 어슷한 칼집을 내고 사이사이로 갖가지 고운 채를 넣어 모양을 낸 궁중 김치다. 특히, '해물섞박지'는 낙지·새우·문어·전복 등 해산물을 넣어 만든 김치로, 이 해물섞박지로 농림축산식품부의 전통식품명인으로 지정되었다.

그의 김치는 담백하다. 조미료와 설탕을 넣지 않는다. 일반 김치에 익숙한 사람들에게는 밍밍한 맛이다. 첫맛에 입에 착 감기지는 않았지만, 자극적이지 않으면서 원재료의 맛이 살아 있어 뒷맛이 깔끔했다. 설탕을 넣지 않았다는데도 달짝지근한 맛이 났다. 좋은 배추와 무는 달달하고 고추를 60℃ 이상의 화력기에서 쪄서 말린 화건초는 태양초보다 단맛이 강하다. 또 빛깔 고운 태양초와 화건초를 잘 배합하면 텁텁하지 않으면서도 깔끔한 단맛을 낼 수 있다. 또 신선한 재료로 만든 젓갈은 짜지 않고 단맛이 난다. 무엇보다 가장 인기 있는 김치는 묵은지라고 한다. 땅에 묻은 항아리 안에서 1년 이상 묵혔다는 김치는 군내가 나지 않으면서도 배추의 사각거리는 식감이 살아있었다. 그의 김치 맛은 엄선된 재료에서 시작됐다. 좋은 재료를 찾아 전국 팔도를 누비기도 했다.

이하연 명인에게 '발효란 무엇인가?'를 물었다. "음식은 문화다. 그래서 문화로서 음식을 풀려고 노력한다. 그리고 발효는 기다림이다. 기다려 오래 숙성해야 맛이 제대로 난다. 이를 위해서는 온도, 염도, 시간을 잘 맞추어야 한다. 아무리 똑같이 김치 담그는 과정을 가르쳐도 절대 똑같은 맛이 나오지 않는데, 이는 발효이기 때문"이라고 말했다.

이하연 명인은 경기도 덕소 1,500여 평의 부지에 김치 항아리 800개를 묻었다. 한국 최대의 김치 박물관을 꾸리겠다는 청사진을 가지고 지금도 노력하고 있다. 나는 코로나가 기승을 부리던 2020년 9월의 햇볕 따뜻한 날, 그녀의 남양주 김치 곳간을 찾아갔다. 이날 그녀에게서 익산에서의 어릴 적 요리 인생 이야기부터 김치가 모든 것이 되어 버린 그녀의 발효 인생을 들을 수 있었다. 그리고 필자가 찾아간 날, 마침 계절 김치 촬영이 있어 최고의 얼갈이김치와 고구마순김치를 담그는 과정과 그 맛을 볼 수 있었다. 필자도 무려 1시간에 걸쳐 고구마 순 껍질을 벗겼다. 촬영이 끝난 후 함께한 촬영 팀과 제자들과 함께 늦은 점심을 먹었다. 고명 올린 보리굴비, 묵은 김치 산적, 더덕 잣즙채, 삭힌 갈치김치(가장 맛있음), 돼지갈비찜, 가지나물, 갓 담근 얼갈이김치와 고구마순김치, 노각무침, 콩밥과 토란탕으로 차린 밥상이었다. 김치에 설탕, 조미료를 쓰지 않은 김치와 주로 자연 식재료로 차린 자연 밥상의 곰삭은 맛을 어디다 견줄까 하는 생각이 들었다.

그녀의 꿈을 펼칠 남양주 김치 곳간은 말할 수 없이 아름다운 곳이었고, 이미 가을이 살포시 와 있다는 느낌마저 받았다. 대규모 김치 공장을 할 수 있는데도 딱 본인이 참견할 수 있는 규모로만 김치를 만들겠다는 그녀의 고집에서 진정한 장인이란 이런 거라는 느낌을 받았다.

2. 장아찌 장인, 이선미 박사

장아찌는 전통 발효식품 가운데 하나이다. 장아찌는 오랜 발효 기간을 거치며 독특한 향과 맛이 덧입혀져 특유의 개운함과 칼칼함으로 한국인 입맛을 사로잡았다. 특히, 주식인 밥과 찰떡궁합이다. 근대 이전에 장아찌는 명문가에서 맛깔스럽고 풍요로운 밥상을 주도했다.

최근 장아찌는 짠맛으로 사라져 가는 추세이다. 그런데 이 장아찌에 자신의 모든 것을 걸고 연구, 개방하는 장아찌 장인이 있다. 바로 식품영양학을 공부한 이선미 박사다. 이선미 박사는 음식 만들기를 좋아하고 한식에 빠져 이를 배우러 다니다가 결국 한식 이론이 더 필요하다고 생각돼, 석사 과정부터 다시 공부하고 결국 박사 과정까지 거쳤다. 음식이 우선이었고, 이를 제대로 알기 위해 부수적으로 학위를 선택한 셈이다. 현재 그녀는 현장에서 요리를 직접 하며 음식 연구에 몰두하는 실물 음식 연구가로, 약선 요리와 장아찌 레시피, 한식 디저트 등을 개발 중이다. 숙명여대 한국음식연구원 책임연구원, 청운대 강사를 지냈다.

처음 만난 곳인 마포의 '이선미 장아찌랩'은 자신만의 연구 공간이었다. 한 방 가득한 여러 대의 김치냉장고가 인상적이었다. 오래 두고 먹기 위해서 소금에 절인 짠맛의 전통 장아찌는 더 이상 만들고 있지 않았다. 장아찌는 진화하여 덜 짜고 발효 감칠맛을 살려서 새롭게 재창조되고 있었다. 그러니 이 덜 짠 장아찌는 보관이 어려울 수밖에 없고, 이를 해결한 것이 바로 김치냉장고다. 현대인의 입맛에 맞춘 새로운 장아찌를 만들기 위한 가장 중요한 현대의 이기인 셈이다. 발효 음식 장인도 시대에 맞게 진화해야 함을 그녀에게서 배웠다.

이선미 박사의 장아찌 입문 사연을 들어보자. 요리 공부에 처음부터 장아찌에 매진했던 것은 아니라고 하였다. 1956년생인 그녀는 대학 졸업 후 결혼하고 주부의 길을 갔다. 친정에서는 딸이 음식 만드는 것을 못마땅해했고 어머니에게서 음식을 배우지는 못했다. 오히려 어머니는 딸이 음식을 하지 않고 편안하게 살아주기를 바랐다. 지

* 출처: 헬스레터 출판 DB

금은 어머니께 음식을 잘해 드린다고 한다. 반면에 음식을 잘하시는 시어머니 밑에서 시집살이도 하였지만, 시어머니에게서 그녀는 음식 만드는 것을 많이 배웠다. 또 입맛이 까다로웠던 남편 덕에 음식이 많이 늘었다.

그러나 워낙 음식 만들기를 좋아하고 공부에 대한 열정을 놓기 어려워 왕준연 요리 학원부터 다니기 시작, 세종대학의 조리학과에서도 조리를 배우러 다녔다. 아이들이 성장하자 주부클럽이라는 곳에도 가입하여 음식을 배우고 해주고 다녔다. 그러다가 음식에 대한 갈증으로 40세에 숙명여대 대학원에 입학하여 석사와 박사 과정을 마치게 되었다. 대부분의 석·박사들과는 달리 그녀는 계속 음식 조리의 길을 간 것이다. 대학에 출강하면서도 음식을 계속 만들고 사람들에게 나누어 주고 하는 일을 해 왔다.

그러다가 운명적으로 만난 발효 음식이 바로 장아찌였다. 일단 이 분야는 미개척지로, 전문가가 별로 없었고, 전통 장아찌에서 현대인에게 맞는 새로운 장아찌로 변신할 수 있다고 보았다. 이후 그녀는 장아찌에만 매달려 150여 종의 장아찌를 담그고 이를 책으로 엮어서 내게 된다.

　　이선미 박사는 "장아찌는 '옛날식 저장 식품, 짠 음식'의 편견에서 벗어나, 밥상의 감초 몫을 하려면 식재료에 따라 표준화한 레시피 개발이 중요해요."라고 말한다. '무 간장 장아찌 제조 방법', '꼬시래기 고추장장아찌의 제조 방법', '발효 백김치 제조 방법' 등을 특허 출원한 이유라고 하였다. 자신이 집필한 책인《집밥엔 장아찌_자연 품은 슬로푸드 발효 음식》에서 장아찌의 아삭하고 감칠맛을 살릴 수 있는 비법 레시피와 식재료의 특징과 효능, 쓰임새까지 꼼꼼하게 구성했다.

　　현재 '장아찌의 국민 밥상'을 기대하며 장아찌를 활용한 요리법을 개발하였다고 하였다. 즉, 장아찌가 식탁에서 저장성 음식이자 밥맛을 살려주는 조연급 밑반찬 정도로 생각하는 게 안타까워 가정마다 '장아찌 밥상'이 특별식으로 차려지고, 현대 감각에 맞게 재해석된 장아찌가 건강한 국민 밥상의 품격과 가치를 높이게 될 수 있다는 믿음으로《장아찌 밥상》책 집필을 마쳤다. 제철에만 구할 수 있는 식재료를 간장·된장·고추장에 넣었다가 맛이 스며들면 그대로 먹거나 양념해서 먹는 장아찌는 오랜 시간 기다림과 숙성을 거쳐야 맛볼 수 있는 발효 음식의 으뜸이라고 거듭 강조했다.

사실 알고 보면 장아찌는 명문가에서 맛깔스럽고 풍요로운 밥상을 주도했던 발효식품이다. 하지만 근대화를 거치면서 고염도 식품이라는 선입견과 옛날식 저장 음식이라는 고정관념에서 벗어나지 못했다. 장아찌 재료 전처리 과정에서 염도를 낮추는 방법과 산야초나 나물류가 재료 본연의 맛과 기능성을 살릴 수 있게 하는 것이 중요하다.

이를 위해 그녀가 쓰는 방법은 간장·고추장·된장 등을 발효원으로 주로 활용하고 있고, 술지게미나 소금 등도 활용하고 있다. 그런데 흥미롭게도 여기서 사용하는 된장·간장·고추장은 전통 집에서 담근 것이 아니라 시판 간장·된장·고추장이다. 아무래도 전통 장들은 가격이 비싸고 짠맛이 있다. 그런데 이 시판 장류들도 사용하면 그 역할을 다하고 또 무엇보다 일반 소비자들이 쉽게 사서 사용할 수 있으며, 그대로 응용할 수 있기 때문이라는 것이다.

또 인상적이었던 것은 아삭한 식감과 향, 맛이 살아있는 장아찌 비법 중 하나는 재료의 전처리와 절임 방식이다. 저장 기술이 발달하지 않았던 시절의 옛날 장아찌는 소금에 절여 장류에 담가 숙성했기 때문에 염도가 높을 수밖에 없었다. 그래서 재래식 장아찌의 지나치게 짠 문제를 해결하는 방안으로 재료의 수분을 제거할 때 소금 대신 물엿이나 조청·설탕 등을 활용하였다. 이 또한 흥미로운데, 물엿이나 조청은 발효 시간을 늦추고, 단맛 때문에 전통 발효 음식에서는 배제하고 있다. 그런데 현대인의 입맛에 맞게 이를 적절히 과감하게 사용하고 있다.

* 출처: 헬스레터 출판 DB

그녀가 알려주는 참외장아찌 하나를 소개한다. 재래 방식의 참외 장아찌는 덜 익은 참외를 소금에 절였다가 고추장이나 된장에 박아서 만든다. 그런데 그녀는 참외의 수분을 제거하는 방법으로 소금뿐 아니라 설탕과 물엿을 적극적으로 활용한다. 참외씨를 제거한 후 천일염을 과육 무게의 3~5%, 설탕을 3~5% 넣고 무거운 것으로 눌러서 수분을 제거한다. 이틀 후에 참외를 물엿에 버무려 하루 정도 더 눌러주면 수분이 잘 빠진다. 이어서 참외를 꾸덕꾸덕하게 말린 다음 조청, 생강즙, 고추장(된장) 등으로 만든 양념장으로 버무려 숙성하면 짜지 않고 아삭하면서 향이 좋은 참외장아찌를 맛볼 수 있다. 이렇게 재료 고유의 향이 살아 있고 발효 숙성이 잘된 장아찌 맛을 즐기려면 재료마다 전처리 방식과 만드는 법, 숙성 기간 등을 달리해야 한다.

장아찌라는 고전적인 발효 음식은 이제 사라져가고 있다. 그런데 이선미 박사는 오히려 현대인이 이를 즐길 수 있도록 새롭게 재창조하고 있다. 그런 면에서 그녀는 이 시대의 새로운 진정한 장인이 아닐까 생각한다.

4장

젓갈과
식해 장인

우리나라에서 젓갈과 식해의 역사는 오래되었다. 그럼에도 발효 음식 중 젓갈과 식해는 점차 사라지고 있다고 해도 과언이 아니다. 특히, 젊은 층에서는 젓갈과 식해는 환영받지 못하고 있으며, 짠맛 때문에 외면당하는 것이 아픈 현실이다. 그러나 그 특유의 감칠맛 때문에 젓갈과 식해를 잊지 못하는 사람들이 많으며, 젓갈과 식해로 생계를 유지해 온 사람들이 아직은 많다. 대규모로 젓갈 공장을 4대째 유지하고 있는 아산의 한 젓갈 장인과 우리나라 식해의 대명사인 가자미식해를 현재 직접 만들어 식당에서 선보이고 있는 식해 장인을 만나 그들의 생생한 이야기를 들어보았다.

국내 유일의 해양수산부 수산전통식품 1호인 박정배 젓갈 명인.
새우젓과 어리굴젓 등재

아산 젓갈 장인, 박정배 대표

충남 아산에는 아산만, 삽교천 방조제가 생기기 전 포구였던 백석 포구에서 시작해 4대에 걸쳐 80여 년간 가업을 이어온 굴다리식품 이 있다. 공장은 이제 산속이 되었고 그 옆은 배나무 과수원이다. 굴 다리식품 젓갈 공장(1만 3200㎡의 부지)에서 박정배 명인(1958년생)을 2020년 7월에 만났다. 그는 해양수산부의 새우젓 분야 전통식품명 인이다.

온양에서 온양 젓갈의 명맥을 잇고 있는 굴다리식품은 1955년 백 석포구에서 객줏집과 젓갈 가게를 운영하던 외조부와 부모의 뒤를 이어 가업을 이어받았다. 결혼과 함께 외조부의 뒤를 잇고 있는 아버지에게서 젓갈 가게를 넘겨받아 아내와 함께 전통의 맛을 이어 가고 있다. 지금은 전철이 다니고 있지만, 과거에는 장항선 철길이 지나던 굴다리 밑에서 온양 젓갈을 생산해 왔다. 값비싼 국산 재료만을 고집하는 게 오늘의 굴다리식품의 명성을 가져오게 했다.

굴다리식품에서 만든 젓갈은 오징어젓·창난젓·아가미젓·밴댕이젓·황석어젓·낙지젓·어리굴젓·조개젓·새우젓·가리비젓·꼴뚜기젓·명란젓 등 12종이다. 1층은 젓갈 공장 HACCP(해썹)[99] 시설을 갖춘 공장이다. 공장 앞쪽 건물은 냉장고 시설을 갖춘 곳이다. 영하 7℃, 영하 20℃ 냉동 창고가 있는 곳이다. 이런 현대식 시설과는 별도로 전통 젓갈 저장고인 토굴이 있다. 입구부터가 스산한 기운이 나온다. 다음 두 번째 문을 열고 들어가자 냉기가 돌았다. 이곳이 굴다리 새우젓갈의 맛을 내는 숙성실이다.

'토굴 100일 숙성'의 가업 전통을 지금도 지키고 있다. 토굴 안에서 새우젓이 숙성되는 데 적당한 온도는 11~13℃로 맛과 영양분이 파괴되지 않게 하는 게 비법이고 젓갈용 옹기가 중요하다고 하였다.

"굴다리식품의 가장 큰 장점은 옛 방식을 지키는 것입니다. 40년 된 토굴에서 신안 소금으로 3개월 숙성 과정을 거칩니다. 오랜 숙성 과정을 거친 뽀얗고 통통한 육질의 새우젓은 기분 좋은 짠맛이 납니

---

99 HACCP(Hazard Analysis and Critical Control Point, 해썹): 식품의 원재료 생산에서부터 최종 소비자가 섭취하기 전까지 각 단계에서 생물학적·화학적·물리적 위해요소가 해당 식품에 혼입되거나 오염되는 것을 방지하는 식품안전 위생관리 시스템.

* 출처: 헬스레터 출판 DB

다." 박정배 대표의 말이다. 그래서 한번 맛보면 평생 단골 고객이
된다.

김정배 대표는 가업이 4대째 이어지길 기대했다. 아들은 고려대
식품공학과를 졸업하고 이 분야의 전문 연구를 하고 있다니 가능할
듯하다. 딸은 현재 굴다리식품에 재직 중이니, 온전히 가족 회사로
대를 이을 수 있을 것 같다.

'발효란 무엇인가?' 그에게 물어보았다. "'곰삭음'이다. 모든 것은
젓갈이 될 수 있다."

그는 죽을 때까지 발효에 전념할 것이다. 배 속에서부터 발효와 함
께했다. 학교 다닐 때도 그랬다. 아버지께서 젓갈을 만들어 왔기 때
문이다. 그러다가 1990년부터 굴다리식품의 대표가 되었다. 그에게

발효는 인생 전부인 셈이다.

가장 중요한 젓갈은 새우젓이다. 과거에 현충사 앞길까지 배가 들어와서 젓갈을 담글 수 있었다. 아산만방조제 이후 사라졌다. 지금은 신안군 수협 공판장에서 배에서 직접 소금을 뿌린 새우젓을 떼어와서 재가공해서 판매하고 있다. 현재 새우젓 농도는 25%로 하고 있다. 대부분 새우젓 소금 농도를 27~28% 정도로 하니 좀 싱겁게 만드는 편이다. 현재 새우젓 농도는 염도 몇 퍼센트로 정립된 것은 없다고 한다. 젓갈은 조선시대에 무려 180여 종이라고 하나, 지금은 20~30여 가지 정도가 남았다고 하며, 새롭게 낙지 젓갈도 나오고 문어 젓갈도 개발 중이다. 지금 공장에서는 대부분 한국 젓갈을 만든다. 명란젓도 일본식이 아닌 전통 한국식으로 담그려고 한다. 소금물에 담가 염장하여 말리는 방식으로 만드는 것이 한국식이다. 어란도 마찬가지다. 숭어나 민어 어란은 비싸서 명태 어란을 만들어 보려고 계속 진행 중이라고 했다.

그래서 젓갈은 온전히 한국식으로 첨가물 없이 만들고 보존제도 쓰지 않는다. 전통 식품 보존의 식품의약품안전처 기준은 0~17℃로 문제가 많다. 현재는 영하 20℃에 보존하거나 1~5℃에서 보관하고 있다. 식품의약품안전처 기준에 따르면, 0℃ 이하이면 위법이다. 현실상의 문제가 있다고 본다. 사실 용기 문제도 그렇다. 옹기 발효가 전통방식이지만, 최근에는 간편한 플라스틱 용기를 활용한 발효를 한다. 그러나 옹기 숙성이 발효가 빨라서 맛은 좋다.

숙성 기간은 전통적으로는 6개월을 우선시하지만, 새우젓은 1년

숙성이 가장 좋다. 3개월부터 맛이 시작된다. 보통은 1주일 후부터 먹기 시작한다. 사실 잘 숙성되면 조미료가 필요 없다. 젓갈을 너무 좋아해 밥상에 새우젓이 없으면 식사가 안 된다. 요리하기를 좋아해 김치도 잘 담근다. 지금은 통영산 고동 젓갈을 개발 중이며, 40년 된 토굴에서는 지금도 젓갈을 보관하고 발효 실험 중이며, 한국식품연구원과 발효 숙성 실험을 진행하고 있다.

젓갈 또한 예전에 비해서 찾는 사람이 많지 않지만, 우리의 중요한 전통 발효 음식이다. 4대째 가업을 잇기 위하여 뛰고 있는 박정배 명인에게서 그나마 한국 젓갈의 미래를 보는 듯하였다. 젓갈도 이제는 위생적인 기준에서 과학화해야 살아남을 수 있을 것이다. 이러한 생각으로 현재는 바다와 먼 곳이지만, 할아버지가 터를 잡은 한때 포구였던 바로 그 장소에서 꿈을 실현해 나가고 있다.

조선 명란을 연구하는 장종수 대표

우리 발효 음식 중에서도 젓갈은 사라질 위기에 놓인 음식이다. 이는 짠맛 기피와 젊은 친구들이 젓갈을 좋아하지 않는 이유가 크다. 그런데 우리의 이러한 전통 젓갈을 부활하려는 노력을 하고 있는 젓갈업계의 젊은 대표가 있다. '덕화푸드'의 장종수 대표로, 그는 최근 조선 명란을 복원하는 데 성공했다. 그는 명란 명장이었던 부친이 창업(1993년)한 부산 덕화푸드를 이어받아 우리 명란의 새로운 역사를 쓰고 있다.

장 대표는 명란젓을 일본 전통 음식으로 생각하는 사람들이 많은데, 우리나라에서 일본으로 건너간 음식으로, 조선식 제법이 복원되어야 한다고 생각했다. 즉, 명란젓은 두 가지 제조 방법이 있다. 조선식 제법은 명란에 고춧가루와 소금을 넣는 제법이다. 염도가 높아 젓갈에 가깝다. 일본식의 후쿠야(ふくや)사가 개발한 '카라시멘타이코(からしめんたいこ, 辛子明太子, 매운 명란)' 제법은 소금을 줄이고 고춧가루, 가쓰오부시(かつおぶし, 鰹節), 청주 등을 넣어 일본 사람 입맛에 맞게 개량한 것이다.

현재 일본인들은 명란을 카라시멘타이코라 부른다. 여기에서 카라시(からし)는 고추를 가리킨다. 명란의 덩어리 곁에 고춧가루를 발랐기 때문에 생긴 이름이다. 그런데 1908년에 후쿠시마 출신 히구치 이쓰하(1872–1956)가 부산에서 명란을 제조하여 시모노세키(しもの

* 출처: 덕화푸드 홈페이지

せきし, 下関)로 보냈는데, 이 카라시멘타이코 제조 방법을 사용했을 것으로 추측한다. 이후 카라시멘타이코 제법은 1960년대에 완성됐는데, 1975년 후쿠오카까지 신칸센이 들어와 일본 전국으로 확산했다는 것이다. 일본의 명란 시장 규모는 우리보다 10배 크다. 후쿠오카에 등록된 명란 회사가 200여 곳인 데 비해, 부산은 10여 곳에 불과하다.

조선식 명란 제법은 이후 거의 사라졌고 우리가 아는 명란젓은 카라시멘타이코 제법으로 만들어진 것이 대부분이다. 카라시멘타이코 제법은 굽거나 찌는 등 다른 요리에 응용하는 데 한계가 있다. 그래서 장 대표는 조선식 제법은 젓갈의 형태라 찌개나 국에 잘 어울릴 것으로 보여 조선식 제법을 복원하고 계승·발전시키는 것이 과제라고 본 것이다.

장 대표는 금융 관련 일을 하다가 아버지의 요청으로 가업을 잇기 시작했다. 일본 명란 제조업체의 공장에서 허드렛일부터 하며 현장에서 일을 배웠다. 그러다가 우리 조선 명란의 중요성을 깨닫고 이에 주력하여 2020년 조선 명란을 복원하기에 이른다. 필자는 그의 조선식 명란으로 만든 새로운 명란 메뉴를 서울 통의동 한 커피숍에서 맛보았다. 새롭고 충격적인 맛이었다. 이를 통해 우리 젓갈이 젊은이들 입맛도 사로잡을 수 있다고 생각했다.

한국 발효 음식이 앞으로 지속하려면 장 대표와 같은 젊은 젓갈 장인들이 많이 나와야 한다. 그래서 그를 오랜 시간 한 분야에서 노력한 기존 개념의 장인으로보다는 이 시대가 요구하는 새로운 표상의 장인으로 이 책에서 소개한다.

가자미식해, 신금녀 대표(강릉 은총횟집)

식해 분야에서는 유명한 가자미식해를 잘 만드는 장인을 만나고 싶었다. 요즘은 공장식 가자미식해가 대세이고, 직접 만드는 분들은 많지 않다. 강원도 속초 쪽에 북한식 가자미식해를 만드는 마을이 있다고 했으나, 주로 실향민이 만든다고 보았다. 그래서 가능하면 동해의 원조 가자미식해를 만나고 싶었다. 가자미식해는 유명한 데 비하여 만드는 분을 찾기는 쉽지 않았다. 로컬푸드를 연구하는 강릉 농업기술센터에 문의했더니 은총횟집을 소개해 주었다. '가자미 정식' 메뉴를 개발한 김용관(69세) 대표와 가자미식해를 사계절 만들고 있는 부인 신금녀(63세) 씨다.

* 출처: 헬스레터 출판 DB

2020년 9월 1일 강릉 남항진 해변의 은총횟집에서 신금녀 대표 부부를 만나고 왔다. 그동안 미루어 온 강릉 은총횟집의 가자미 정식과 가자미식해를 맛보는 기회를 누렸다. 부부는 20여 년 전 이 자리에 식당을 열었다. 가자미 정식 코스(14,000원, 20,000원)를 개발했는데, 가자미회, 가자미튀김, 가자미찜 그리고 필자가 관심 있는 가자미식해가 포함된 코스이다. 참가자미나 줄가자미 등 가자미의 종류는 많지만, 일 년 내내 나오는 값이 비교적 저렴한 물가자미로 가자미식해를 만든다고 한다. 참가자미는 식해를 만들면 뼈가 잘 삭지 않는다.

그리고 차조를 쓰는 속초식 식해와 달리 기장을 쓰고 염도를 낮추었다. 처음에는 차조를 넣었지만, 기장이 더 알도 굵고 보기도 먹기도 좋았다고 한다. 이 가자미식해는 최근에 많이 나오는 공장식 가자미식해와 달랐다. 꼼꼼하게 가자미를 손질하는 데에서부터 시작하는 게 중요하다. 핏대를 제거하는 수작업의 정성 어린 전처리와 싱싱한 생물 물가자미를 써야 하고, 국내산 찰기장과 국내산 고춧가루 등 좋은 식재료가 중요하다.

　가자미식해를 만드는 법은 먼저 가자미 손질을 해야 하는데, 핏대를 잘 긁어내는 것이 중요하다. 둘째, 가자미에 밑간을 한다. 엿기름과 마늘, 고춧가루를 조금 넣고 1~2일 정도 삭히는 과정을 거친다. 셋째, 1~2일 삭힌 가자미에 물을 빼 둔 무, 물엿, 설탕, 고춧가루, 소금, 생강 등으로 양념을 한다. 이때 요즘의 물엿 범벅의 가자미식해와는 달리 물엿을 조금만 넣는다. 겨울에는 1주일 정도 숙성시키고 여름에는 1~2일 정도 숙성시키면 된다. 과거에는 쌀밥을 넣기도 하였으나, 시각적 효과가 낮아서 이제는 기장을 쓴다. 물가자미 생선은 겨울에 맛있고 가자미식해도 겨울에 숙성된 맛이 더 좋다. 오래전에 이명박 전 대통령이 강릉에 와서 시에서 마련한 점심에 이 식당의 가자미식해가 올랐고 맛있다는 평을 하였다고 한다. 그래서 명성을 얻기도 하였지만, 지금은 이러한 사실을 홍보하지도 않고 찾아오는 손님들에게 식해를 제공한다.

　가자미식해를 만드는 방법은 동네의 가자미식해를 잘 만드는 할머니들을 찾아다니며 배웠다고 한다. 부인은 동해시 출신이고 남편은 춘천 출신으로, 집안에서 가자미식해를 만들어 먹지는 않았고, 부인은 직장생활을 하고 결혼 전에는 요리를 못했다. 그러나 중년 이후 식당업을 위해 식해 만드는 법을 배우고 이를 나름대로 계속 발전시

* 출처: 헬스레터 출판DB

켜 왔다. 실제로 신금녀 씨는 식해를 잘 안 먹는다. 그러나 계속 만들면서 색만 보아도 맛을 짐작할 수 있다고 하여 흥미로웠다. 가자미식해는 주로 소울푸드로 찾는 고연령층에서 좋아하고 젊은이들은 좋아하지 않아서 걱정이란다. 딸과 사위가 강릉 중앙시장에서 횟집을 운영하면서 가자미식해도 같이 파는 정도라고 하여 전승은 어려워보였다. 아마도 자신도 더 나이 들면 접어야 할 것이라고 하여 무척 아쉬웠다.

　신금녀 대표는 발효를 어떻게 생각할까?

"발효는 숙성이고 시간이다. 시간을 잘 맞춰야 맛이 결정된다. 그리고 무엇보다 발효 음식이라서 소화도 잘된다. 그런데 요새는 대량으로 만드는 공장식 식해가 대세이고, 이렇게 섬세하게 발효 숙성을 요구하는 식해는 만들기가 어려워 사라지고 있어 발효 음식 중에도 식해의 운명이 가장 짧을 것으로 생각한다." 가자미식해가 사라져 가는 것에 대해 아쉬워했다.

강원도에는 가자미식해 외에도 횟대기 식해, 도루묵 식해, 새치(이면수) 식해도 유명하다. 횟대기는 홍치인데, 포항에서는 횟대기 또는 홍데기라고도 하는 비교적 작은 물고기로, 감포나 영덕 앞바다에 서식하는 고유 어종이다. 이 횟대기를 밥식해용으로 만든다. 영덕 위쪽으로는 가자미식해를 많이 해 먹는다. 식해는 소금만 쓰는 젓갈류와 달리 곡물을 첨가한다. 식해는 동남아시아에서도 보편적인 발효 음식이고, 일본 스시의 원형이 된 음식이다. 우리나라에서도 좁쌀·기장, 그리고 포항 감포항 이남에서는 쌀밥으로 식해를 주로 만들어 먹는다.

식해는 소수의 사람만 찾는 호불호가 갈리는 음식으로 사라질지도 모르는 음식이 되었다. 식해와 식혜를 혼동하기도 한다. 식해는 생선 발효 음식으로, 식혜는 엿기름으로 전분 분해한 쌀음료이다. 근데 해(醢)와 혜(醯)는 출발이 같아서인지 현재는 혼동되어 쓰이고 있다. 중국 고문헌에도 '해'와 '혜'는 자주 등장하는 대표 발효 음식이었으나, 우리나라는 두 가지 형태로 분화된 듯하다.

가자미식해 또한 점차 사라질 위기에 놓인 음식이다. 지금 전통적인 수작업으로 이 가자미식해를 만들지만, 좀 더 식당 운영이 어려워지면 가게를 접겠다고 하였다. 공장식 가자미식해 외에 수제식 가자미식해 장인이 더 오래 남아주기를 바랄 뿐이다.

5장

전통 발효식초
장인들

우리나라는 주로 곡물 발효식초를 빚어왔다. 이렇게 집집마다 만들어 온 식초는 일제강점기 때 집에서 술을 빚는 것을 금지한 조선총독부의 주세령(1907년) 시행으로 술에 기반한 전통 식초의 맥 또한 끊긴다. 이후 식초는 주로 식품산업이 발전하면서 식품 공장에서 대량 생산한 주정 식초를 주로 먹게 된다. 서구식 식초 제조법으로 만든 사과식초나 이배식초 등이 대표적이고, 석유에서 중금속을 빼고 추출한 빙초산에 물을 타 희석한 식초도 우리 식탁을 점령하게 되었다.

최근에는 이렇게 사라질 위기에 있던 전통 발효식초 제조법이 여러 식초 장인에 의해서 되살아나고 있다. 농림축산식품부 산하 사단

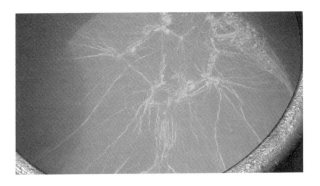

* 출처: 헬스레터 출판 DB

법인 전통식초협회가 2014년 설립돼 식초 제조 기술 교육과 각종 발효식초 정보, 식초 콘퍼런스와 대한민국 전통 발효식초 대전을 개회하는 등 우리 전통 식초는 이제 새롭게 재도약하고 있다. 그리고 이러한 전통 발효식초 부활에 힘입어 최근에는 전통 식품 분야의 명인이 지정되기 시작하여, 현재 임장옥(제41호, 감식초), 현경태(제73호, 흑초), 임경만(제86호, 보리식초) 등의 식초 명인이 있다.

한편, 국내 지방자치 단체로는 처음으로 전북 고창군이 '식초 문화도시'를 2019년 11월 1일 선포한 후, 매년 식초 전시회 등 다양한 활동을 개최하며 전국의 식초인들을 불러 모으고 있다. 고창군은 세계의 대표적인 식초 도시인 이탈리아의 모데나와 중국의 4대 식초 중 향초 도시인 전장[鎭江], 일본의 가고시마를 꿈꾸고 있다.

가고시마에서 식초 연수를 한 바 있는 유기상 고창 군수는 복분자의 도시인 고창군의 미래 먹거리로 전통 발효식초를 지정하고, 발효 식초 육성에 정책적 힘을 기울이고 있다. 사업 추진 기관인 고창군 농업기술센터는 고창이 고향인 정일윤 회장(한국발사믹협회)을 영입해 식초 도시를 만들기 위한 식초 마을 산업특구 지정 등 다양한 지원책과 식초 교육 활동을 펼치고 있다. 한국을 대표하는 식초 도시로 성장하기를 기대한다.

한국 전통 발효식초의 선구자 격으로 한상준 대표(초산정)가 있다. 그는 "전통 식초는 사람이 만드는 것이 아니라, 하늘이 만드는 것이다."라고 늘 강조했던 할머니의 말씀대로 식초를 담기 시작하였다고 한다. 할머니는 술 담그는 것을 금지하고, 높은 세금을 매겼던 시절, 할아버지를 위해 할머니는 단속을 피해 소의 거름 더미에 항아리를 몰래 숨겨두고 술과 식초를 만들었다. 거름 속은 일정하게 따뜻함을 유지해서 추운 겨울에도 발효가 잘됐다. 그때부터 쌓인 노하우는 한 대표의 어머니에게 전수됐고, 결국 한 대표가 체계화하기 시작했다. 처음부터 한 대표가 전통 식초를 되살리겠다고 마음먹은 것은 아니었다. 8년간 직업군인으로, 제대 후에는 수년간 컴퓨터 프로그램을 만드는 프로그래머로 활동했으니, 전통 식초와는 직접적인 관련이 없는 삶이었다.

그러던 중 책을 통해 '초산균(아세토박터 *Acetobacter*, 아세트산 CH_3COOH을 생성하는 세균군의 속명)'이 우리 몸에 좋다는 것을 알게 된다. 그냥 흥미롭게 읽고 지나칠 수도 있었던 내용이지만, 한 대표는 그 점에 주목했다. 좀 더 조사해 보니 당시 전통 식초를 만드는 우리나라만의 방식이 일제강점기를 거치며 거의 사라졌다는 사실을 알게 된다.

1년 가까이 전국의 개인 식초 제조업자와 영농조합을 찾아다니며 기술을 습득했다. 다양한 실험을 통해 최고의 전통 식초를 찾아내기까지 1년이 넘는 시간이 걸렸다. 그렇게 현미와 보리·수수·차조·기장과 같은 오곡을 두루 섞어 발효한 '오곡명초'가 탄생했다. 《한상준의 식초독립》)

한 대표가 전하는 우리의 전통 식초인 곡물 식초 제조법을 들어보자. "고두밥에 누룩과 물을 혼합하고 발효시켜 알코올 농도 4~8%인 술을 만들어 옹기에 넣어 산소가 잘 들어가도록 옹기 입구를 삼베 보자기로 덮는다. 이 옹기를 30~35℃에서 약 한 달간 보관하면 초산균이 생기면서 식초가 된다. 물론 이때 음용해도 괜찮지만, 좀 더 부드러운 맛을 내려면 약 15℃ 정도 서늘한 곳에서 1년 이상 숙성시켜야 한다."라고 밝히고 있다.

흑초; 노지 식초의 비니거파크 최진섭 대표

흑초는 우리나라에서 불리던 식초 명칭은 아니다. 현대에 들어와 노지(露地)에서 자연 발효시키면 색깔이 점차 검어져 흑초라고 이름 붙인 식초이다. 제조법을 살펴보면 찹쌀과 누룩 그리고 물로만 빚는 전통 자연 발효식초이다.

그러면 어떻게 한반도 노지에서 흑초 생산이 가능할까? 식초 제조의 기준으로 보면, '노지에서 알코올 발효와 초산 발효가 가능할까?'

전남 보성 소재 노지에서 흑초를 빚고 있는 최진섭 대표

이다. 식초 제조의 2단계 발효는 온도가 가장 중요하다. 초산균은 온도에 아주 민감해서 노지에서 초산 발효 온도를 일정하게 유지할 수있는가가 문제이다. 그런데 우리나라에서 노지 흑초에 도전해 전통발효식초법으로 흑초 생산법을 성공한 식초인이 있다. 전남 녹차의땅 보성에서 그 꿈을 이룬 식초인이 (주)보성천연발효메카의 최진섭대표이다. 2020년에 8월 서울 삼성동 코엑스에서 열린 전통 발효식초 컨퍼런스에서 그를 만났다.

60대 후반의 최진섭 대표는 식초 빚기를 2013년부터 시작했고, 계속 빚으면서 품질을 개선하고 있다. 고향은 광주광역시이며, 원래 유

통 관련 일을 하다가 발효에 관심이 생겨 식초를 빚게 되었다. 처음에는 된장이나 간장 등 장류로 시작하였으나, 식초 쪽이 더 적성이 맞고 '발효식초는 곧 건강'이라고 생각하여 관심을 갖게 되었다.

흑초에 관해 물어보니 우리 전통 식초에는 흑초라는 것이 없으나, 자연히 노지에서 발효시키다 보니 노란색에서 '마이야르 반응'(갈변현상, 아세트산과 당이 갈색으로 변함)으로 흑색으로 변하고 이를 흑초라고 부르게 되었다. 흑초 생산의 노지 발효는 잔디에서 이루어진다. 그런데 그의 노지 재배는 일본 가고시마의 식초 빚기에서 영향을 많이 받았다고 한다. 그러나 흑초 제조법은 전통 방식의 식초 제조법이다.

흑초 제조법을 살펴보자. 5~6월경에 유기농 현미와 누룩 그리고 물로만 담가 옹기 항아리에 보존하는 방식이다. 현재 60L 항아리 2,000여 개가 있고, 90% 이상 식초가 담겨 있다. 현재 항아리 속에서 식초가 발효 중이며, 5년 동안 숙성된 발효식초도 있다. 판매 제품으로는 최소 2년 숙성 후 내보낸다.

식초 제조에서는 무엇보다도 누룩 제조가 중요한데, 최진섭 대표는 직접 누룩을 빚는다. 누룩은 감칠맛이 강한 쌀누룩을 사용한다. 현미와 누룩 비율은 15~18%. 현미는 보성산 현미, 그리고 식초 발효에서는 옹기 숙성이 중요하다고 보아 전통 옹기를 사용한다. 옹기는 보성에 있는 미력옹기를 사용하는데, 이 미력옹기는 전남 무형문화재 제38호로 지정된 이학수 옹이 만든 것이다. 그리고 마지막 중요한 재료인 물은 80m 지하 암반수를 사용한다고 하였다.

그에게 발효가 무엇인가를 물어보았다.

"발효는 곧 건강이고 기다림이다. 앨빈 토플러는 발효를 제4의 새로운 맛이라고 했다."

그는 또 자신의 집안에서 식초를 빚어 온 것은 아니고, 한성준 식초 장인에게 배우고 이를 적용하여 여기에 이르렀다고 한다. 새로운 시대, 새로운 장인은 얼마든지 노력과 자본에 의해 탄생할 수 있다는 생각을 확인할 수 있었다.

좋은 식초의 조건을 물어보았다. 오래 숙성될수록 목 넘김이 좋고 영양 성분이 농축된다고 생각한다, 그리고 초기에는 누룩만으로 담그다가 발효가 잘 안 되어 엿기름을 넣는 시도를 해보았으나, 2년 전부터는 엿기름도 빼고 누룩만으로 담고 있다. 그리고 여과와 통 발효 등 초산균의 성질을 계속 공부 중이다.

녹차를 넣어 발효시킨 발효 녹차도 만들고 있으며, 흑초의 질을 높이기 위해 계속 실험 중이다. "여과한 식초는 산도 6.2입니다. 통 발효는 5.4이지요, 시음해 보면 신맛은 6.2도 식초가 더 부드러운 맛을 냅니다. 5.4도 식초는 오히려 센 맛이 나요." 그러니까 여과 과정을 거치면 산도가 강해도 더 부드러운 맛이 난다고 최 대표는 말했다. 그는 끊임없이 노력 중이다. 판매에 관해서는 현재 백화점에서 주로 판매하고 재구매율도 높은 편이다. 음용 식초로 주로 먹고 있지만, 조미료 식초로도 가능하다. 다음 세대로 잘 넘길 수 있도록 생각하며, 시음할 수 있는 카페를 내년에 오픈할 예정이다. 와이너리(winery)와 같은 개념으로 준비 중이다.

노지에서 숙성 중인 전남 보성의 비니거파크의 봄 풍경 |||||||||||||||||||||||||||||||||||||||

* 출처: 헬스레터 출판 DB

개인적으로 이 흑초 비니거파크가 있는 전남 보성은 여러 번 가 본 곳이다. 우선 '뿌리깊은나무'의 징광 옹기와 한창기 가옥, 야생 녹차 밭이 있고, 벌교 꼬막, 그리고 소설 《태백산맥》을 만날 수 있는 곳이다. 그러나 노지 발효 중인 수천 개의 옹기가 존재하는 흑초 비니거파크가 있는지는 모르고 있었다.

보성의 흑초 비니거파크는 60여만 평에 이른다고 한다. 예부터 사계절 먹을 양식이 넘쳐난다는 보성 득량면 예량리의 득량만에 있다. 앞산을 넘으면 바다이다. 직선거리로 약 2km이다. 비니거파크에서 산 쪽으로 올라가면 문화재청에서 발굴 중인 개응사 터인 득량절 골이다. 그곳에 7만 평 규모의 저수지가 눈앞에 펼쳐진다. 식초 생산단지로서의 입지 조건을 갖춘 셈이다. 양질의 맥반석이 산의 중간중간 솟아 있다. 그 주위로 편백나무 10만 주가 있다. 이렇게 자연적인 입지 조건을 갖춘 곳에서 2,000여 개의 60L 옹기에서 노지 흑초가 익어가고 있다. 직접 쌀누룩을 빚고, 유기농 현미에 80m 지하 암반수로 빚어 노지에서 그대로 발효시킨 식초이다. 따뜻한 5~6월경에 담가 20~25℃에서 알코올 발효, 7~8월 여름 30~35℃에서 초산 발효, 그리고 숙성으로 이어지는 온전한 자연 발효 속에서 탄생한 흑초이다. 이곳에서 유럽형 와이너리처럼 우리 흑초를 직접 체험할 수 있는 공간까지 만들어 사람들이 직접 우리 노지 식초를 맛보고 체험하게 될 날이 머지않았다.

현재 발효 숙성 중인 흑초는 10여 년 전부터 시작해 지금 5년 숙성의 식초가 가장 오래된 것이지만, 앞으로는 100년 혹은 200년 된 우리 흑초도 만날 수 있을 것으로 기대한다. 위대한 자연 발효의 힘을 다시 한번 느낀다. 그래, 역시 발효는 천지인(天地人)의 조화가 빚어낸 신의 선물이다. 이를 잘 실천하고 있는 공간이 자연 속에서 발효된 전남 보성의 흑초이다.

6장

술을 빚는
장인들

30여 년 이상을 우리나라의 음식 문화를 공부하다 보니 한국 음식
분야의 많은 분을 만나 왔다. 특히, 우리 전통주를 빚는 분들과도 다
수 만났다. 우리 술에 대한 관심으로 혹은 전통주 분야의 평가나 사
업을 위한 무형문화재 보유자나 전통식품명인을 주로 만났다. 그분
들을 만날 때면 우리 전통주에 대한 열정을 느낄 수 있었으며, 또 우
리 술을 전승하는 게 얼마나 어려운지를 알 수 있는 기회도 되었다.

처음 전통주에 눈을 떴을 때 전통주연구소의 박록담 소장님의 술
에 관한 책을 찾아 읽었고, 이를 통해 우리 술의 역사와 술 제조법을
공부하게 되었다. 박록담 소장님을 만나 술 강의를 듣기도 하였고,
전통주 조리서에 관해 함께 공부하기도 하였다. 우리 술을 지키기 위

한 열정과 우리 술이 현재 처한 어려움에 대해서도 알게 되었다. 전통주를 제대로 살리려면 정책과 지원이 무엇보다 필요해 보였다.

　그리고 국가무형문화재 심사위원 자격으로 현재 우리나라 국가무형문화재 술인 경주 교동법주, 문배주, 면천 두견주를 빚는 보유자들을 만나 보았다. 또 충남의 무형문화재 술인 한산 소곡주, 아산 연엽주, 금산 인삼백주, 청양 구기자주의 보유자들을 만나서 그분들이 빚는 술에 관해 경청하는 시간도 가졌다. 특히, 충남 무형문화재 중에서 두 가지 술인 금산 인삼백주와 청양 구기자주에 대해서 그분들의 술 빚는 과정을 취재한 책[100]을 집필하기도 하였다. 이 무형문화재 보유자를 만나면서는 우리 전통주의 많은 것에 관해서 배웠다. 무형문화재 술의 보존과 계승이 얼마나 지난한 일인지, 앞으로 갈 방향이 얼마나 어려운지도 알았다.

　이외에도 졸저《한국인에게 막걸리는 무엇인가》에서 소개한 충남 당진의 신평주조를 방문하기도 하였다. 또한, 서울특별시 무형문화재 제8호인 삼해주[101] 약주(권희자)와 삼해주 소주(김택상) 보유자들을 만나, 서울 지역 전통주에 관해 듣기도 하였다. 모두 우리 전통주의 장인들로서 우리 술 제조에 평생을 걸고 계신 분들이다.

─────

100 정혜경·우나리아(2017). 《충남 금산백주 청양 구기자주》. 민속원
101 정월 첫 해일(亥日)에 시작하여 해일마다 세 번에 걸쳐 빚는다고 하여 삼해주라고 한다.

국가무형문화재 술:
경주 교동법주, 문배주, 면천 두견주

현재 한국 국가무형문화재 술은 경주 교동법주, 문배주, 면천 두견주 등 총 3종이다. 이 세 가지 술은 88올림픽을 앞두고 1986년에 동시에 지정되었고, 지금까지 추가 지정없이 3종만 유지되고 있다.

문배주는 북한 평양의 술로, 차조와 수수로 빚는 증류주이다. 문배주는 해방 전에는 평양 대동강 유역의 석회암층에서 솟아나는 지하수를 사용하였다. 원료는 밀·좁쌀·수수이며, 누룩의 주원료는 밀이다. 술의 색은 엷은 황갈색을 띠며 문배 향이 강하고, 알코올 도수는 본래 40도 정도이지만 증류 및 숙성이 끝난 문배주는 48.1도에 달하므로 장기간 저장할 수 있다. 1대 이경찬 보유자에 이어 지금은 아들인 이기춘 보유자가 맥을 잇고 있다. 그리고 면천 두견주는 충남 면천 지역의 술로, 진달래꽃을 넣어 빚는 향기로운 가향주이다. 1대 보유자 사망 이후 지금은 보유자 없이 마을 주민이 함께 공동체 보유자로서 맥을 잇고 있다. 면천 지역의 중요한 공동체 성격의 술이다.

경주 최부자댁의 교동법주

얼마 전 이 세 가지 술 중에서도 특히, 종가 가양주로서의 명맥을 잇고 있는 경주 교동 최부자댁에 가보는 기회가 있었다. '경주 최부자댁'은 국가민속문화재 제27호로 지정된 만석꾼 경주 최씨의 가옥이다. 교동법주 최경 보유자님을 만나 뵙고 교동법주 제조 과정도 자세히 들었다. 교동법주는 숙종대 왕실 사옹원서 술을 빚던 조상 최국선이 고향에 내려와 전해준 비법대로 빚어 온 집안 가양주이다. 찹쌀로 죽을 쑤고, 밀누룩을 넣고 덧술을 한 이양주(二釀酒)의 전통 청주이다. 현재 시중의 경주법주는 교동법주와 관련이 없다.

교동법주라는 상호로 판매(최근 온라인으로 10% 정도 판매)하는데도 수십 년째 종가 가양주의 명예를 잘 지켜내고 있었다. 고택을 유지한 채 뒤뜰에 정갈한 현대식 전통주 제조시설을 갖추고 가족 체제로 운영하고 있다.

'노블레스 오블리주(Noblesse oblige)'의 전형을 보여주는 경주 최부자댁은 독립운동에 재산 대부분을 사용한 독립운동 가문으로도 유명하다. 이 가문 종손으로 보유자인 최경 어르신은 교동법주 양조에 온 힘과 정성을 쏟은 탓인지 편찮으셔서 얼마 전 수술까지 받으셨다고 한다. 아들은 식품공학을 전공하고 이수자의 길을 가고 있으니 다행이다.

교동법주를 제조하는 경주 최부자댁은 오래된 고택에서 타협 가능한 전통주 생산 규모를 보여주는 생생한 전통주 생산 현장이었다. 앞으로도 수백 년 지속하시기를 바란다. 최경 보유자님께서 오래도록 건강하셔서 우리 전통 가양주의 품위를 지켜주시기를 간절히 바라는 마음이다.

홍천 예술주조, 정회철 대표

2020년 7월, 여름 비가 많이 내리던 날 강원도 홍천군 내촌면 물걸리 소재 전통 주조 '예술'에 다녀왔다. 정회철 대표를 만나 그의 술에 관한 이야기를 들어 보았다. 정회철 대표는 변호사, 법학전문대학원 헌법학 교수를 지냈으며, 지금은 술을 빚는 양온서를 운영하고 있다.

그러나 직접 전통 양조장을 다녀오니 감회에 젖는다. 10여 년간 우리 술에 기울인 그의 땀과 정성이 고스란히 전해져 왔기 때문이다. 포르투갈에서 제조 직수입한 동으로 만든 증류기부터 다단계 압력 증류기, 여전히 고집하는 전통 상압식 증류 방식, 그리고 200L들이 수십 개의 옹기에서 익어 가는 우리 증류주들이 예술주조에는 있었다. 규모 있는 양조장에서 대부분 입국으로 제조하며 포기하는 전통 누룩을 직접 만들어 예술의 다양한 술을 빚고 있었다. 전통 보존 측면뿐 아니라, 과학과 위생 면에서 내가 그동안 다녀 본 어느 양조장보다 최고의 시설이었다.

전통 주조 예술의 정회철 대표

* 출처: 헬스레터 출판 DB

예술주조의 술 빚는 곳이라는 의미의 양온소(釀醞所, 조선 시대 임금에게 진상하던 술을 만드는 기관)는 강원도 홍천군 내촌면 물걸리의 동창마을 복골에 있다. 1919년 3·1운동 당시 만세운동을 하다가 여덟 열사가 일제에 의해 잔혹하게 살해된 역사가 서린 장소이다. 백운산 자락이나 내촌천이 흐르는 지역의 특성은 술 빚기에 아주 좋은 조건이다. 그가 처음부터 술을 빚기 위해 이곳에 온 것은 아니었다. 건강이 좋지 않았던 그는 7년 전, 요양을 위해 지금 온양소로 쓰고 있는 집을 마련했다.

"17년 된 한옥으로, 두 차례에 걸쳐 리모델링했습니다. 작은 한옥인데도 방이 다섯 개나 됩니다. 술 만들기에는 딱 좋은 집이지요. 방마다 숙성실, 발효실 등으로 나누어 쓰고 있어요."

예술주조라는 양온소를 열게 된 동기가 무엇일까?

"술은 취하려 마시는 것이 아니라 맛있기 때문에 마신다."라는 것을 우리 술을 통해 처음 알았다고 하였다. 정회철 대표의 전통주 예찬론은 이어진다.

"밤새 먹어도 다음 날 숙취가 전혀 없고 속이 깨끗합니다. 따로 해장할 필요가 없어요. 그리고 술은 사람의 품성을 바꿉니다. 우리 술은 그 성질이 우리 산하를 닮아서 온순하면서도 강직하고 그래서 그런지 우리 술을 대하면 자세가 바르게 되고, 술을 먹을수록 마음은 부드러워지고, 흥겨워집니다. 나아가 우리 술은 아무리 많이 먹어 취하더라도 어느 선을 넘지 않습니다. 기억을 하지 못한다거나 스스로 통제하기 어려운 상태가 되는 법이 없지요."

우리 술의 매력에 빠져 직접 전통주를 빚게 되었고, 이를 사람들에게 알리고 싶었다. 지금은 가양주 형태로 전통주가 서서히 복원되고 있으나, 전통주가 발전하려면 더 많은 사람들에게 사랑을 받아야 한다. 우리 술이 많은 사람에게 사랑받으려면 이를 상품화해야 한다. 이렇게 좋은 술을 나와 내 주변의 소수 사람만 즐길 것이 아니라, 많은 사람이 즐길 수 있어야 한다. 본래 우리의 술인데, 우리 조상들이 먹었던 술이고, 우리 유전자에는 그 술에 대한 그리움이 남아 있다고 아쉬워하였다. 오랫동안 목공이 취미였던 그는 양조 도구와 가구도 직접 만들었다. 그는 몇 해 전부터 집 주변에 백합나무를 심었는데, 500여 그루에 이른다. 체험관과 주막을 만들어 우리 술 문화를 알릴

홍천 소재 전통 양조장 예술 전경.
왼쪽 한옥이 양온소, 오른쪽 원형의 현대식 건물은 양조 체험장이다.

* 출처: 헬스레터 출판 DB

계획이다. 그는 어릴 때부터 음식과 술에 관심이 많았다고 한다.

집안에서 할아버지 댁(군산)에 가면 동네 항아리에 막걸리를 담가 두고 마시고 있었다. 어머니는 전업주부로 음식을 잘하시는 분이었다. 그러나 아버지는 사업을 하셨으나 망하셨다. 그래서 정 대표는 사업은 안 하려고 했으나, 결국 이렇게 사업을 시작하게 되었다. 그는 가족에 대해 말했다.

"음식 솜씨 좋은 어머니를 보면서 저도 자연스럽게 음식에 관심을 가지게 되었지요. 떡도 제가 직접 만듭니다. 평생 농사를 지은 할아버지는 100세까지 사셨는데, 일하고 나신 후에는 꼭 막걸리를 드셨어요. 어릴 적 그 모습을 보면서 '막걸리가 얼마나 맛있으면 매일 드실까?' 하는 호기심이 생겼죠." 그가 음식과 술에 관심을 갖는것은 자연스러운 것이었다.

그는 누룩을 직접 제조하고 있었다. 밀누룩과 쌀누룩 모두 제조하고 있었다. 그리고 수년간 발효한 증류주의 향은 놀라웠다. 증류주를 빚는 방식은 포르투갈산 수입 동고리- 상압 방식 75도 첫맛이 다소 문제가 있으나 향이 좋으며, 첫맛은 숙성을 통해 해결된다. 일본은 감압식으로 첫술부터 좋으나, 향이 잘 안 나오는 문제가 있다. 그러나 전통 상압 방식은 첫맛만 빼고는 향과 맛이 좋아 이 방법을 사용하고 있다. 증류를 위한 원주는 보통 막걸리를 사용하나, 예술은 청주를 넣어 증류하고 있어 비용이 많이 든다.

증류주는 입안에서 향을 느끼기보다는 한 번에 넘겨서 배 속에서

* 출처: 헬스레터 출판DB

향이 나와야 하며, 두 번 정도 나누어 마시는 게 좋다. 이렇게 첨가제 없이 술을 만드는 게 어렵다. 균 없이 쌀 증류주를 만들기는 어렵다. 그러나 이러한 방법을 버리면 안 되기 때문에 우리의 전통 누룩을 이용한 쌀 증류주를 빚고 있다.

그에게 '발효란 무엇인가?' "우리 술을 알릴 목적으로 발효를 시작하였고, 부인도 술을 좋아해 술을 빚기 시작하였다. 발효의 철학은, 술은 음식이고 발효의 하나이다. 서양의 와인은 발효 음식으로 받아들여지는 데 비해 우리는 의식 속에 약하다. 발효의 힘을 잘 알고 술을 빚어야 한다."

그에게 '장인'이란 어떤 사람인가? 그는 우선 술을 잘 빚는 것이 중요하고 전통 누룩으로 고집하는 것도 장인 정신에서 나온 것이라고 하였다. 반드시 우리 누룩을 써야 한다. 만약 배양 효모를 쓰면 일본 사케의 아류에 지나지 않는다는 것이다. 누룩은 포기 대상이 아니라 연구 개발해야 할 과제이다. 그런데 개인이 누룩을 빚기가 어려우니 국가 차원의 누룩 양성이 필요하다.

전승의 문제를 어떻게 보느냐에 대해서는, 전통주는 전승이 쉽지 않다고 한다. 우선 가족 승계로는 큰아들은 교사여서 어렵고, 작은 아들은 자기 사업을 하고 있어서 자식 승계는 쉽지 않고, 외부인들은 와서 배우는 것이 어렵다고 포기하고 있어서 걱정이라고 하였다. 그래서 생산 체계가 바뀌어야 한다고 한다. 즉, 과학적으로 바뀌어야 전승할 수 있다고 본다. 물론 누룩의 전통은 유지하면서 해야 한다고 한다.

앞으로 전통주가 어떻게 소비되느냐에 대해서는 나이 든 사람들은 전통주에 대한 편견이 있고 비싼 가격으로 소비하기 어렵다. 현재 주 소비층이 젊은이들이나, 이 또한 쉽지 않다. 증류주는 4년 숙성으로 가격이 비쌀 수밖에 없다. 특히, 양조장 스토리텔링은 오랜 세월에서 나오나, 현재 10년밖에 안 되어 이 또한 어렵다고 하였다. 현재는 어려운데 극복 방법은 시장에서 우리 술을 알리고 돈이 되어야 한다는 생각으로 시작했다고 한다. 선발 주자로서 돈이 될 것으로 생각했으나, 현실은 매우 어렵다고 한다. 사업하면서 사람을 만나는 것이 어렵다. 연고도 없는 강원도 홍천에 들어와 사업하느라 여러 가지 어려움에 봉착하고 있다. 네트워크가 필요한데, 이게 잘 안 되고 있다고도 하였다.

　그는 지쳐 있었다. 코로나로 그리고 인력 부족으로 부인과 함께 두 분이 그 큰 술도가를 운영하니, 그 고통이 내게도 전달되었다. 일면 식도 없는 분이고, 한 개인이 이룬 이러한 우리 술, 전통주 복원이라면 정부든 지자체든 관심과 지원이 필요하다는 생각이 들었다.

　인터뷰하는 날 종일 내리는 비처럼 슬프고 아득했다. 힘들겠지만, 앞으로도 정 대표께서 우리 술의 메카인 전통주조 예술을 지속 성장할 수 있게 하시기를 바란다.

코로나 시대, 맞춤 음식
발효 한식이 면역 음식

책을 세상에 내보내는 지금, 전 세계는 코로나-19(COVID-19)로 고통받고 있다. 코로나로 인류의 건강은 여전히 불안하고, 먹거리는 더욱 중요한 문제가 되었다. 코로나 바이러스의 발병 원인으로 오염된 음식이 거론되기도 하지만, 코로나를 이겨내는 면역 음식이 무엇인가에 사람들은 관심을 둔다.

2020년 5월 14일 하버드 T. H. Chan School 퍼블릭 헬스 대학의 영양과에서 covid-19 예방 면역 음식 식생활 지침[102]을 발표하였다. 내용을 살펴보니, 채소, 과일, 전곡물, 콩, 견과류 등을 많이 먹고, 적색육과 가공육을 피하고 설탕은 적게 먹고, 종합 비타민 특히, 비타민 D를 챙기라고 권한다. 그리고 술을 포함하여 지방 열량을 제한하라는 내용이다.[103] 늘 우리가 지켜야 하는 가장 보편적이고 과학적인 식생활 지침이다.

그런데 지침의 마지막 권고안을 보고 좀 놀랐다. 그 내용이 "섬유소가 많은 식품을 먹고 인체 내 건강한 미생물 생태계인 마이크로바이옴(microbiome)[104]을 유지하라"는 것인데, 바로 마이크로바이옴을 유지하기 위한 발효식품으로 콕 집어 '요구르트'와 '김치(kimchi)'를 이야기[105]하고 있기 때문이다.

이렇게 그 많은 세계 발효 음식 중에서 우리 김치를 전면에 내세운 것을 보면, 우리 발효 음식이 대단하다는 생각이 든다. 그래서 중국이 그렇게 김치 타령을 하나 하는 생각도 들고, 암튼 우리 발효 음식 김치는 이제 BTS, 기생충 못지않은 우리의 자랑이고 한국이 김치 종주국임을 알려야겠다는 생각이 든다. 이 책을 쓰는 내내 가졌던 우리 발효 음식에 대한 자부심이 이제 현실로 드러나고 있다.

---

102 "Nourish the body, support the immune system.
　　Eating healthy food—along with getting adequate sleep, exercise, and managing stress—can help the body maintain a strong immune system. In a May 14, 2020 post on Thrive Global, Lilian Cheung, lecturer and director of health promotion and communication in the Department of Nutrition at Harvard T. H. Chan School of Public Health, offered tips for what to eat to help our bodies fight infection during the COVID-19 pandemic and beyond. They include:"

103 "Eat a balanced diet rich in fruits, vegetables, whole grains, legumes, and nuts, and low in red and processed meat, refined carbohydrates, and sugar.
　　Consider taking a multivitamin.
　　Maintain adequate levels of vitamin D.
　　To prevent weight gain, eat on a regular schedule, choose healthy snacks, and limit liquid calories including alcoholic beverages."

104 마이크로바이옴은 인체에 사는 세균, 바이러스 등 각종 미생물을 총칭하는 것으로, 인간의 건강에 영향을 미친다.

105 "Support the growth and maintenance of a healthy microbiome with a high fiber diet, and consider adding fermented foods such as yogurt or kimchi."

면역계 강화하는 한국의 발효 음식

우리 몸의 면역체계에 큰 영향을 주는 곳은 장(腸)이다. 장은 우리 몸으로 들어온 음식과 미생물, 이물질, 병균 등이 모두 모이는 마지막 소화기관이다. 몸에 필요한 영양분과 노폐물을 구분하고 챙길 것과 버릴 것을 결정한다. 장의 기능이 잘 발휘되려면 장을 움직이는 에너지가 풍부하고, 점막 조직이 탄탄해야 한다.

면역계를 강화하려면, 몸속 면역세포들이 활발하게 활동할 수 있도록 돕는 에너지원이 풍부해야 한다. 우리가 먹는 식품 중에는 몸속 면역세포를 강화하고 활성화하는 데 탁월한 식품이 있다. 우리 몸에 있는 면역세포 중 약 70% 이상이 장 점막에 분포되어 있다. 장 건강을 지키는 게 우리 몸의 면역 기능을 높이는 지름길이다. 청국장과 김치 등 발효식품에는 유산균이 풍부한데, 유산균은 면역 기능을 하는 T 림프구와 B 림프구를 자극해 면역 세포의 활동력을 강화한다. 특히, 김치 유산균은 면역 시스템을 총괄하는 백혈구 수를 높이는 데 탁월하다.

김치는 산화적 스트레스를 줄이고 암 예방을 돕고 면역계 기능을 높이며 염증을 완화하고 피부 건강에도 효과를 보였다. 한 연구[106]에서는 김치를 일주일 동안 매일 150g씩 먹은 성인 여성의 경우, 이보다 적은 양(15g/일)을 섭취한 여성에 비해 장내 유해 미생물의 증식이

---

106 Lee, Hae-Jeung(Department of Food and Nutrition, Gachon University) ; Cha, Youn-Soo (Department of Food Science and Human Nutrition, Chonbuk National University). (2018. 2. 28). 〈김치 및 김치 유래 유산균의 건강 기능성에 대한 연구 동향 조사〉. 《식품영양과학회지》. 한국식품과학회.

억제되고 유익 미생물의 증식이 촉진되는 효과가 있는 것으로 나타났다. 또 성인을 대상으로 2주간 김치를 매일 200g씩 먹고, 2주간은 먹지 않게 하는 패턴을 8주간 반복하게 한 결과, 김치 섭취 기간에 장내 유익한 효소들이 증가하고 유해한 효소들은 감소했다[107]는 연구 결과도 있다.

    콩을 발효시켜 만든 장류도 미네랄과 식이섬유가 풍부하고 콜레스테롤이나 중성 지방이 없어 체내 유익한 균을 높이는 음식으로 추천되고 있다. 대표적인 장류 식품인 된장은 콩으로 만든 메주를 발효시키는 1년여 동안 유익한 물질이 생성되며, 항암, 항비만, 항산화 등의 효능이 있다. 재래식 된장은 백혈구의 양을 늘려 면역계 기능을 강화하는 식품이다. 콩을 불릴 때 생기는 하얀 거품 성분인 사포닌은 체내 활성 산소를 제거해주는 항산화 효과로 면역체계를 강화한다.

    더불어 대두의 리그닌(lignin) 성분은 직장에서 발암물질을 흡수하고 장내에 머무는 시간을 짧게 해 발암물질에 의한 질병을 예방할 수 있다. 이처럼 신종 코로나바이러스감염증에 걸리지 않으려면 개인 위생관리도 중요하지만, 면역력을 높여주는 식품을 챙겨 먹는 것도 중요하다는 게 전문가들의 중론이다.

    우리 전통주 중에서도 막걸리는 면역 효과가 있는 것으로 보고되

---

107 이기은·최언호·지근억(1996). 〈김치의 섭취가 인체의 장내 미생물에 미치는 영향〉. 《한국식품과학회지》. 한국식품과학회.
108 이상진·김지혜·정용우·박선영·신우창·박천석·홍성렬·김계원(2011). 〈시중 유통 막걸리의 유기산 조성과 생리활성〉. 《한국식품과학회지》. vol. 43. no. 2. pp.206-212.

고 있다. 면역세포에 독소를 넣은 후 막걸리 농축액을 투여한 실험군과, 그대로 방치한 대조군의 두 세포를 비교 실험한 결과, 막걸리 농축액을 주입한 곳에서 독소 물질을 저해하는 등 항염증 활성 기능을 갖춰 면역을 높이는 것[108]으로 확인됐다.

최고의 면역 밥상은 전통 식단

김치와 된장, 간장 등 미생물이 풍부한 발효 음식이 주를 이루는 한국의 전통 식단은 면역계를 활성화시키는 최고의 건강 식단이다. 한국의 발효 음식은 치즈와 요구르트 등 동물성 재료를 발효시킨 서양의 발효 음식과 달리 배추와 콩 등 섬유질이 풍부한 채소 발효식품으로, 장내 미생물의 다양성과 개체수 증가의 역할을 한다.

김치와 된장 및 우리 전통 식초를 매일 챙겨 먹고, 식물의 면역 물질인 파이토케미컬(phytochemical)이 풍부한 채소를 자주 곁들이면 코로나에 대한 막연한 두려움을 줄일 수 있다. 두려움을 덜어내면서 마음의 평정을 유지하면 이 또한 면역력을 높여준다. 코로나의 대응 시스템에 대한 우리의 자긍심이 우리 음식에 대한 자긍심으로 확장되고, 건강과 음식에 대한 새로운 시선이 생겨나고 더욱더 집중되길 기대한다.

전통 발효 음식은 우리 민족의 정체성

음식을 바꾸면 세상이 바뀐다. 한 나라의 민족이 지켜 온 음식은 그 자체로 생명줄이다. 베트남 사람들은 "30년 동안의 전쟁과 식민 지배에 시달리고 난 지금 우리가 아직 하나의 민족으로 남아 있다는 유일한 증거는 문화뿐"이라고까지 하였다.

　우리 민족에게 남아 있는 문화유산 중 하나는 바로 우리 음식인 한식 문화이다. 이 한식 문화를 유지하게 하는 전통 음식은 바로 발효 음식이다. 발효 음식이 없다면 한식은 성립되지 않는다. 모든 것이 빠르게 돌아가는 현대 사회에서 우리 삶의 균형을 잡아주는 느린 음식이 바로 김치나 장류, 젓갈과 식해 그리고 식초와 전통주 같은 발효 음식이다. 우리가 우리 민족의 발효 음식을 외면하면 우리의 음식 문화가 무너지는 것은 물론이고 우리 민족의 동질성마저 사라질까 두렵다.

　우리 민족의 음식 전통과 문화를 유지하는 데 있어 가장 기본이 되는 것은 다름 아닌 발효 음식들이고, 발효 음식은 또한 한식을 가장 이상적인 자연 건강식으로 자리 잡게 한 가장 기본이 되는 음식이다. 그러니 발효 음식 문화가 사라지면 한식은 살아남을 수 없다. 우리는 우리의 발효 음식 문화를 살려내고 이를 발전시켜야 한다는 사실을 강조하면서 이 길고 지난했던 발효 음식 여행을 끝내려 한다.

● 찾아보기 ●

1월장 · 79, 80

2월장 · 79, 80

3월장 · 79, 80

ㄱ

가쓰오부시 · 55, 378

가양주 · 201, 213,214, 217, 222,
397, 398, 401,

가자미식해 · 144, 171, 178, 179,
372, 380~385

가피 · 293

가향주 · 214, 216, 217, 218, 397

각독기 144

감주 · 176, 177, 178, 218, 241,
242, 246, 275, 276, 277,

감칠맛 · 20, 36, 37, 41, 49,
53~55, 77, 78, 91, 144, 151,
158, 159, 166, 169, 172, 200,
270, 285, 305, 351, 366, 368,
372, 391

감홍로 · 215, 218, 300

개량간장 · 80, 81, 94

거노헤너 · 275

고구려병 · 226

고려장 · 92

고려채 · 83

고려취 · 83, 89

고양 · 266

고원 · 320

고주 · 184, 185~199

고초 · 70, 71, 183, 188, 193

고초장 · 100, 105, 325

고초장법 · 105

고추 · 50, 51, 101~104, 107, 112,
121, 123, 132~135, 137, 138,
140~142, 144, 150, 166, 178,
247, 265, 280, 292, 294, 304,
306, 308, 329, 332, 333, 363,
378

고추장 · 51, 52, 60, 72, 78, 99,
100, 101, 104, 105, 106, 107,
112, 115, 116, 123, 140, 201,
291, 297, 300, 306, 307, 308,
312, 313, 326, 327, 328, 348,
368, 369, 370

곡아주 · 226

곡자 • 208, 260

곡차 • 321, 322

공주깍두기 • 143, 144

과실주 • 207, 218, 291

과하주 • 207, 218, 232, 299, 300

관례주 • 233

교동법주 • 234, 299, 302, 303, 396, 397, 398

교동전독간장 • 309, 310

교여지류 • 136

교침채 • 331

구기주 • 219

국얼 • 206

국화주 • 214, 215, 218, 299

군드럭 • 266

굴소스 • 292

규곤시의방 • 131

규즙 • 169

그라리스 • 280

글루코브라시신 • 153

글루코시놀레이트 • 153

금주령 • 216, 219~221, 231

급조정장법 • 98

기(ghee) • 280

김장 • 6, 60, 106, 140~142, 144~146, 148~150, 155~157, 298, 305, 316, 317, 318, 324, 331, 332, 333,
　김장문화 • 5, 7, 141, 155~157, 316~318

김채 • 147

김치냉장고 • 156, 157, 318, 366

꿩고기김치법 • 132

나레즈시 • 180, 285, 293

나복담저법 • 137, 138

나복함저법 • 137

나복황아저법 • 137

나앙(naang) • 287

나카오 사스케 • 43, 44

난(nan) • 294

남(nham) • 287

남플라 • 293

납채 • 92, 161, 180, 186

낫토 • 35, 75, 90, 257, 259, 268, 271, 293

내림 음식 • 300~309, 311

내자시 • 325

내주방 • 330

녁남 • 294

노티 • 7, 238, 242~244, 300

누카도코 • 265

다게 • 259

다와다와 • 270

다이카개신 • 198

다쿠앙 · 129, 146

다쿠앙지 · 129

다히 · 280

단무지 · 35, 129, 146, 293

단발효 증류주 · 207

단발효주 · 206, 207

단일 발효 · 75

담뿍장 · 97, 100

담침채 · 331

대두 · 27, 45, 52, 72, 85, 94, 116, 227, 255, 268~271, 409,

대두장 · 89

대추단자 · 233

더우반장 · 292

덧간장 · 308, 309

도사 · 258, 273, 294

도우 · 271

도클라 · 273

돔 페리뇽 · 321, 355

동국장법 · 98

동궐도 · 325, 328, 329, 330

동월작가저법 · 137

동월작가저별법 · 137, 138

동치미 · 50, 134, 135, 138, 140~245, 332, 333

두(豆) · 85, 334

두견주 · 214, 218, 232, 299, 396, 397

두릅죽순채 · 232

두시 · 86, 267, 268, 292

두장 · 87, 90~96, 161, 270, 271, 286, 351,

두장청 · 91

딤채 · 146, 147

라바네 · 282

라브네 · 282

라씨 · 294

라이타 · 282

라창 · 287

라키 · 295

레비스트로스 · 7, 18, 23, 30, 47, 48

루푸 · 292

마리아주 · 231

마유주 · 42, 292

마이다 · 294

마이클 폴란 7, 24, 25, 358, 359

마리클레르 프레데리크 · 7, 19, 20

막걸리 · 71, 181, 201, 204, 207, 211, 212, 218, 221~224, 229, 234, 236, 239, 241, 249, 250, 300, 396, 402, 409, 410

막걸리식초 · 71, 181, 201

막장 · 306, 348

말장 · 92~94, 99, 268

메조 · 86

메틸케톤 · 57

며조 · 86, 93

며주 · 86, 100

면역 음식 · 406

명란곤지젓 · 305

명태서더리깍두기 · 305

명태아가미깍두기 · 305

묘주도 · 225, 226

무염저법 · 137

무염침채 · 132, 134

무장아찌 · 140, 142, 306

문배주 · 299, 300, 396, 397

물고기김치 · 337

물구가망상 · 42

물구말명상 · 42

미소 · 86, 87, 92~94, 253, 268, 293

미순 · 86, 93

미인주 · 210

미장 · 86

밀조 · 93

ㅂ

발사믹식초 · 182, 201, 295

발효 문화 · 4, 9, 17, 23, 36, 40, 41, 53, 55, 59, 61, 64, 73, 197, 298

발효식초 · 27, 199~202, 386~391

발효액 · 98, 238, 250~252

발효저 · 126

배염유숙 · 88, 93

배추김치 · 50, 135, 136, 138, 142~ 144, 149, 150, 304, 305, 316, 333

백주 · 212, 213, 218, 299, 396

백화주 · 218, 233

버터밀크 · 279, 280, 297

번초장 · 104

벵갈콩 · 273

변미주 · 194

병아리콩 · 273

병장 · 98

보김치 · 122, 140, 143

보쌈김치 · 50, 138, 140, 142, 143, 332, 362

복발효 증류주 · 207

복발효주 · 206, 207

복합 발효 · 75, 206, 261

봉제사접빈객 · 214, 217, 236

부새우젓 · 305

부초 · 194

부패 · 7, 18, 19, 24, 33, 34, 36, 39, 48, 53, 55, 57, 60, 69, 75, 119, 121, 126, 158, 172, 258, 262, 263, 306, 313

북궐도 · 328

북한의 발효 음식 · 335

분국 · 208

불구르 · 282

브리치즈 · 295

브릭 · 297

뽁작장 · 304, 306

ㅅ

사도시 · 325

사연지 · 303

사옹원 · 303, 330, 397

사우어크라우트 · 119, 155, 257, 259, 263, 264, 266, 296

사워도우 · 273, 277

사워밀크 · 280

사찰 김치 · 315, 316

사찰의 발효 음식 · 314, 315

사찰의 장 · 318, 319

사케 · 199, 204, 207, 223, 224, 237, 255, 260, 276, 290, 404

사포닌 · 115, 409

산 분해 간장 · 81, 118, 354

산도르 에릭스 카츠 · 7, 21

산갓침채 · 132

살라미 · 253, 287, 288, 295

삼일 식해 · 174

삼일 식혜법 · 177

삼해 약주 · 218, 234

새해주 · 233

생물방 · 330

생치침재법 · 132

서거리지 · 305

서거리깍두기 · 305

석명 · 88, 124

섞박지 · 137, 138, 140~142, 146, 300~332, 358, 363

선장양 · 87, 89, 186

섭산적 · 232

세르부아즈 · 42

소곡주 · 232, 299, 300, 396

소두 · 85, 98, 99, 192, 300, 348

소마 · 42, 290

소시지 · 287, 295

소식해 · 306

소주(燒酒) · 212

소주방 · 329, 330, 330

송화단 · 292

송화백일주 · 300, 321~323

송화주 · 214, 218

쇼유 · 293

수라간 · 330

수르스트뢰밍 · 169

수산식품명인 · 299, 301, 342

수수보리 · 129, 210, 211, 236

수수보리지 · 128, 129

수회기이 · 129

순창고추장법 · 105

순초 · 71, 183

술집 · 149, 219, 220~222, 230, 231

숨바라 · 270

숭저방 · 136, 137

숭침채 · 332

슈쿠르트 · 263

스시 · 86, 179, 180, 384

스자체 · 294

슬로푸드 · 58, 59, 60, 108, 117, 313, 349, 358, 368

슬로푸드 운동 · 58, 59

시(豉) · 70, 82, 83, 86, 88, 89, 90~93, 162, 197

시오카라 · 285, 293

식품명인 · 299, 300, 301, 322, 323, 342, 347, 347, 348, 358, 363, 373, 395

신키 · 266

쌈김치 · 140, 143

쑤푸 · 292

쓰케모노 · 119, 128, 151, 255~257, 259, 265, 293

씨간장 · 60, 307, 308, 309, 310

ㅇ

아룰 · 292

아르지닌 · 115

아마사케 · 276

아미노산간장 · 81, 82

아이란 · 295

아차라 · 294

아차르 · 294

아카스 · 275

아팜 · 258

안동소주 · 213, 223, 299, 300

안동식혜 · 7, 179, 238, 244, 245, 246

안초비 · 169, 293

알리신 · 151

알린 · 150

알코올발효 · 24, 33, 56, 181, 182, 201, 206, 235, 259, 289, 290, 291, 389, 294

알코올음료 · 203, 206, 260, 261, 288, 289, 291

앙칵 · 255, 256

앤지오텐신 · 154

약고추장 · 100, 306, 327

약산춘 · 213, 218

약식동원 · 101, 327

약용주 · 215, 216

약주 · 189, 204, 207, 211~215, 216, 218, 219, 223, 234, 255, 260, 303, 396

양조주 · 205, 206, 207, 235, 294

어간장 · 294

어육장 · 99, 100, 162, 163, 166, 300, 348, 349, 350, 351

어장(魚醬) · 34, 35, 91, 100, 159, 160, 255, 285, 286, 294, 351

어장장 · 161

어해(魚醢) · 162, 170, 334

엄장저 · 126

엄장채 • 122, 136

엄초저 • 126

엄황과 • 134

에도마에스시 • 180

에멘탈 치즈 • 297

에스닉 푸드 • 254

염시 • 89

오가피주 • 219

오기 • 275, 276

오룡차 • 292

오방색 • 50, 51, 52

오제 • 125

오징어지 • 305

온쫌 • 255, 256, 294

와송주 • 218

왕실의 김치 • 331

왕실의 발효 음식 • 324

왜간장 • 81

왜개자 • 133

왜된장 • 94

외주방 • 329, 330

요거트 • 281

요구르트 • 255, 279, 281, 282, 295, 410

요리를 욕망하다 • 24, 25, 358

요우르트 • 281

용인과저법 • 137, 138

우룽차 • 292

우마미 • 54

우메보시 • 293

우스터소스 • 296

우조 • 296

우타가키 • 44

유산균 • 32, 120, 123, 126, 150, 152, 154, 258, 262, 264, 277, 279, 281, 408

육장 • 68, 69, 89, 90, 91, 95, 100, 160, 161, 176, 267, 351

음식디미방 • 131, 164, 188, 191, 240

음양오행론 • 47, 48, 49, 50

응아삐 • 35, 285

이강고 • 216

이들리 • 255, 258, 273, 294

이루 • 270

이시게 나오미치 • 34, 36, 39, 43, 46

이아 • 68, 160

이양주 • 218, 398

이초 • 194

일도일민속주 • 223

ㅈ

자우어뤼벤 • 264

자우어크라우트 • 119

자채 • 122, 136

작식해법 • 174, 175

잘레비 • 273

잡저 • 141, 142, 331

장(醬) • 6, 51, 68, 72, 90~94, 96, 98, 99, 100, 127, 160, 162, 186, 320

장고 • 319, 320, 321, 324, 325, 326, 328, 329, 330, 331

장고마마 • 326, 329

장김치 • 140, 142, 144, 310, 324, 332

장똑똑이 • 327

장 부스케 • 155

장양 • 162, 197

장인(匠人) • 344

장침채 • 332

쟘, 쟝 • 86

재래간장 • 80, 81

저(菹) • 67, 119, 120, 124, 125, 127, 128, 147, 265

저채 • 122, 136, 137

적장 • 98

전국장 • 97

전통식품명인 • 299, 300, 342, 347, 348, 358, 363, 373, 395

전통주 • 7, 60, 204, 207, 216~218, 223, 224, 231, 236~299, 342, 395, 396, 398, 400, 401, 404, 405, 409, 411

절미된장조치 • 324, 327

접객도 • 225, 227

젓국지 • 140, 142, 144, 146, 331, 333

정안식해법 • 174

제민요술 • 68, 83, 89, 90~92, 95, 126, 128, 129, 160, 161, 173,

186, 206, 265, 351

제채 • 122, 136

조국 • 208

조선된장 • 87

조엽수림문화론 • 43~46

조전시장법 • 97

조초 • 191, 194

족편 • 233

종가 음식 • 301, 302, 307

주국어법 • 166

주막 • 204, 228, 229, 230, 401

주사거배도 • 230

주원 • 329, 330

주조 • 194, 223, 396, 398, 399, 400, 405

죽통주 • 218

즙장 • 95, 96, 97, 100, 300, 348

증류주 • 60, 206, 207, 212, 214, 233, 255, 261, 323, 397, 399, 402, 403, 404

증편 • 7, 238, 239, 240, 241, 242, 259

지(漬) • 128

지럼 • 86, 140

지레김치 • 332

지령 • 86

지물 • 119, 128,

지에밥 • 173

진장 • 100, 156, 300, 309, 324, 348

짐채 • 147

쪼고리김치 • 304, 305

ㅊ

차치키 • 282

참지누아리 • 304, 306

창난젓 • 123, 144, 161, 167, 169, 305, 374

채제공 • 220

천리장 • 98, 99, 300, 348

청국장 • 44, 45, 51, 52, 67, 70, 82, 91, 93, 95, 97, 99, 100, 107, 113, 116, 257, 270, 293, 294, 314, 348, 408

청근침채 • 331, 332

청주 • 42, 60, 195, 204, 207, 208, 211~213, 218, 234, 236, 290, 292, 303, 323, 378, 398, 402

체더치즈 • 281, 283, 296

초(醋) • 71, 122, 183~185, 191, 196, 198

초리조 • 287

초시 • 104

축이 • 161

치아바타 • 295

치즈 • 18, 20, 22, 32, 34~57, 60, 75, 234, 253, 254, 257, 275, 279~283, 292, 293, 295, 296, 297, 410

치차 • 42

칠저 • 125

침나포함저법 • 135

침장 • 98, 99, 146, 148, 156,

침장고 • 148, 324, 331,

침장법 • 98, 99, 100,

침채 • 122, 132, 134, 136, 137, 139, 140, 146, 147, 186, 331, 332

ㅋ

카라시멘타이코 • 378, 379

카를로스 페트리니 • 58

카망베르 • 283, 295

칸지 • 276

캡사이신 • 102, 115, 121, 151

케피르 • 295

코지 • 207, 208, 260

코코 • 275

콤부차 • 277, 278

콩코지 • 81, 208

쿠미스 • 295

크루아상 • 295

크바스 • 277

키네마 • 294

키스크 • 282

ㅌ

타마리 · 265

타바스코 · 297

타푸이 · 294

탁주 · 42, 189, 208, 211~214, 218, 236, 255, 259, 260, 291

태(太) · 85

템페 · 75, 255, 256, 269, 294

투아나오 · 259, 293

트라하나스 · 296

트립신인히비터 · 115

팀채 · 147

ㅍ

파이토뉴트리언트 · 150

파이토케미컬 · 410

파테 · 35

팍멍 · 293

페타(feta) · 296

포식해 · 306

푸토 · 255, 258, 293

풀케 · 42

프라혹 · 285

피단 · 292

피클 · 119, 128, 255, 264, 265, 294

ㅎ

하몽 · 296

하우다치즈 · 297

하월작가저법 · 137

하장동저 · 141

할라 · 273

함시 · 88

합자장 · 166

합환주 · 233

핫소스 · 297

해(醢) · 68, 69, 90, 96, 127, 160, 162, 170, 176, 177, 179, 197, 384

해썹 · 374

해저(醢菹) · 331

해저방 · 137

향양주 · 214, 216

혜(醯) · 68, 69, 92, 177, 184, 198, 384

혼성주 · 204, 206, 207

혼양주 · 214, 218

홍어 · 57, 71, 238, 246~250, 309, 362

홍어애보릿국 · 247, 249

홍어탕 · 47

홍주 · 218, 299

황과담저법 · 135, 137, 138

횟대기 · 384

흑초 · 200, 202, 300, 387, 389, 390~394

● 참고 문헌 ●

• 농촌진흥청. 국립농업과학원. 농부의 갤러리(https://famersgallery.
  modoo.at/)
• 김미숙 외(2013). 〈호남 건강 장수 지역의 우수 한식 발굴 및 한식 세계화
  를 위한 문화상품화 방안 연구〉. 농림축산식품부.
• 김상보(1988). 〈서울 지방의 무속신앙 제상 차림을 통하여 본 식문화에
  대한 고찰〉. 《한국식생활문화학회》. 3(3).
• 김화진(1973). 《한국의 풍토와 인물》. 을유문화사.
• 농촌진흥청(2010). 《내림에서 나눔으로, 종가와 종가 음식》. 농촌진흥청.
• 농촌진흥청 · 국립농업과학원(2014~2016). 지역별 종가 · 명가 내림 음
  식 조사발굴사업.
• 리처드 세넷(2010). 《장인; 현대문명이 잃어버린 생각하는 손》. 김홍식
  (역). 21세기북스.
• 마이클 폴란(2014). 《요리를 욕망하다》. 김현정(역). 에코리브르.
• 《만기요람 萬機要覽》
• 문화재청(2006). 보은 선병국 가옥.
• 박상철(2009). 〈장수 지역의 장수 요인 분석과 고령 친화 산업 발전 방안
  개발〉. 보건복지부.
• 배영동(2008). 《종가의 체통과 맛을 잇는 내림 음식, 전통의 맥을 잇는 종
  가 문화》. 한국국학진흥원. pp.202-203.
• 배영동(2009). 〈안동식혜의 정체성과 문화사적 의의〉. 《실천민속학연구》.
  (14).

- 산도르 에릭스 카츠(2018).《내 몸을 살리는 천연 발효식품》. 김소정(역). 전나무숲.
- 서유구(2020).〈정조지〉.《임원경제지》4. 임원경제연구소(역). 풍석문화재단.
- 세계김치연구소(2014),《한국 종가의 내림 발효 음식 백과》.
- 세계김치연구소(2015).《한국 종가의 내림 발효 음식; 종부의 손맛을 기록하다》. 쿠켄.
- 아당골 선씨 종가(http://blog.daum.net/sammanpyung).
- 안효성(2009).〈음양 이론의 상징 상상력〉.《철학과 문화》. 18호.
- 안희복 · 이심열(2015).〈사찰의 김장문화 실태조사〉. 동아시아식생활학회 학술발표대회 논문집.
- 야마모토 노리오(2017).《페퍼로드; 고추가 일으킨 식탁 혁명》. 사계절.
- 연합뉴스 · 세계일보 · SBS뉴스(2006. 10. 16.). 보도 자료. "350년가량 된 간장 1리터에 500만 원에 팔려".
- 오정호(2013).〈레비스트로스의 인류학적 이원론과 동양의 음양오행 – 발효 음식과 '날것/익힌 것'을 중심으로〉. 서울여자대학교. 한국연구재단 보고서.
- 윤서석(1991).《한국의 음식용어》. 민음사.
- 이규태(2000).《한국인의 밥상문화》①. ②. 원문화사.
- 이상진 · 김지혜 · 정용우 · 박선영 · 신우창 · 박천석 · 홍성렬 · 김계원 (2011).〈시중 유통 막걸리의 유기산 조성과 생리활성〉.《한국식품과학회지》. vol. 43. no. 2. pp.206–212.
- 이서래(1986).《한국의 발효식품》. 이화여자대학교출판부.
- 이성우(1984).《한국식품문화사》. 교문사.
- 이시게 나오미치(石毛直道)(2005).《魚醬과 食醢의 研究: 몬순 · 아시아의 食事文化》. 김상보(역). 수학사.
- 이시게 나오미치(石毛直道) 외(2009).《식의 문화》. 3권. 조리와 먹거리. 제4부. 발효식품의 기원과 전파. 동아시아식생활문화학회(역). 광문각.

- 이어령(2006).《디지로그 선언》. 생각의나무.
- 이해정 · 차연수(2018).〈김치 및 김치 유래 유산균의 건강 기능성에 대한 연구 동향 조사〉.《식품영양과학회지》. 한국식품과학회.
- 장지현(1996).《한국전래발효식품사연구》. 수학사.
- 전경수(2010).〈보존과 접신의 발효 문화론: 통합과학의 시행 모델을 지향하며〉.《비교민속학회》. 41권 41호.
- 정혜경(2009).《천년한식견문록》. 생각의 나무.
- 정혜경 · 김미혜(2012)《한국인에게 막걸리는 무엇인가》. 교문사.
- 정혜경 · 오세영(2013).《한국인에게 장은 무엇인가》. 효일.
- 정혜경 · 김미혜(2012).〈전남 구례와 곡성 · 장수 지역의 80세 이상 고령인의 음식 문화 특성 연구〉.《한국식생활문화학회지》. 27(2).
- 정혜경 · 우나리야(2017).《충남 금산백주 청양구기자주》. 민속원.
- 주영하(1994).《김치, 한국인의 먹거리: 김치의 문화인류학》. 공간.
- 주영하(2000).《음식전쟁 문화전쟁》. 사계절.
- 최인령 · 오정호(2009).〈인지주의와 발효 문화: 인지주의의 접근 방법에 의한 언어와 문화의 관련성 연구〉.《프랑스문화예술연구》. 제30집. 프랑스문화예술학회.
- 최인령 · 오정호(2010).〈발효 음식과 연금술적 상상력─음양오행과 감칠맛의 언어 표현을 중심으로〉. 인문콘텐츠학회. vol. no.19.
- 《태상지 太常誌》
- 한국전통식품명인협회. http://kfgm.co.kr.
- 한상준(2014).《한상준의 식초독립》. 헬스레터.
- 한상준(2019).《한상준의 식초예찬》. 헬스레터.
- 홍만선.《산림경제 山林經濟》.
- Lévi─Strauss, Claude(1964). *Mythologiques 1: Le cru et le cuit*. Paris. 클로드 레비스트로스(2005).《신화학 1 날것과 익힌 것》. 임봉길(역). 한길사.

- Steinkraus, K. H. (2002). *Food Science and Food Safety*. vol. 1.
- 小崎道雄石毛直道(1986).《醱酵と食の文化》. 東京: ドメス出版.

발효 음식 인문학

_기다림이 빚은 궁극의 맛, 문화로 풀어내다

초판 1쇄 인쇄 2021년 7월 8일
초판 1쇄 발행 2021년 7월 29일

지은이 | 정혜경
펴낸이 | 황윤억

주간 | 김순미
편집 | 황인재   교열 | 디자인창(김윤겸)
디자인 | 엔드디자인
경영지원 | 박진주

인쇄, 제본 | (주)우리피앤에스

주소 | 서울시 서초구 남부순환로 333길 36 해원빌딩 4층
전자우편 | gold4271@naver.com
전화 | 02-6120-0258(편집), 02-6120-0259(마케팅), fax 02-6120-0257
한국전통발효아카데미 | cafe.naver.com/enzymeschool, www.ktfa.kr

발행처 | 헬스레터 (주)에이치링크
출판신고 | 2020년 4월 20일 제2020-000078호

글 ⓒ 정혜경 2021, 사진 ⓒ 헬스레터 2021

이 책은 농림축산식품부와 한식진흥원의 '2020년 한식 학술연구지원' 사업의 일환으로 제작비 중
일부를 지원받아 제작되었습니다.

값 35,000원
ISBN 979-11-970366-9-9-03000